Pluralistic Counselling and Psychotherapy

心理臨床への多元的アプローチ

効果的なセラピーの目標・課題・方法

Mick Cooper and John McLeod
ミック・クーパー／ジョン・マクレオッド 著
木武康弘／清水幹夫 監訳

岩崎学術出版社

Pluralistic Counselling and Psychotherapy
by Mick Cooper and John McLeod
English language edition published by SAGE Publications of London, Thousand Oaks,
New Delphi and Singapore, © Mick Cooper and John McLeod 2011.
Japanese language edition published by arrangement with
Sage Publications Ltd, London through Tuttle-Mori Agency, Inc., Tokyo

目　次

序　文 　v
謝　辞 　xiii

第1章　多元的アプローチへの導入 　1
第2章　多元的アプローチの基盤 　19
第3章　協働的なセラピー関係の構築 　50
第4章　クライアントの目標：セラピーの出発点 　82
第5章　課題：セラピーの実践の焦点化 　116
第6章　方法：変化を促進するための資源 　130
第7章　実証的研究：多元的なカウンセリングとサイコセラピーを発展させる 　165
第8章　スーパービジョン，トレーニング，継続的専門職能力開発（CPD），サービスの提供：多元的な観点 　190
第9章　ディスカッション：新しいパラダイムに向けて 　218

文　献 　233

付録A　あなたのセラピーを最もよいものにするために 　251
付録B　セラピーパーソナライゼーションフォーム（Therapy Personalisation Form） 　257
付録C　目標フォーム 　259

監訳者あとがき 　261
索　引 　265

序　文

　私たちは政治的な時代に生きている。例えば，この序文を書く数日前に，スコットランドにおける鬱の治療のためのガイドライン 'SIGN'（Scottish Intercollegiate Guideline Network, 2010）から，カウンセリングおよびパーソンセンタードセラピーがはずされたことを知った。以前にも増してカウンセラーやサイコセラピストたちは，自分たちがセラピーの「単一文化（monoculture）」の方向へ動いていることに関心を寄せている。そこでは，認知行動療法（CBT）の影響力が強まり，他のセラピーの流派——精神力動的セラピー，パーソンセンタードセラピー，統合的セラピーといった——は周辺的なものと見なされ，そしてこれらのセラピーはCBTを積極的に拒否するクライアントに対して（National Institute for Health and Clinical Excellence, 2009），あるいはプライベートな臨床実践やボランティア活動といった領域でのみ自由に利用できるものとされている。

目　的

　本書は，このような「すべての人に合う1つのサイズ（one size fits all）」というアプローチ——その中では，1つの臨床実践があらゆるクライアントに最も適していると見なされる——の動向に対抗するものである。本書では，カウンセリングとサイコセラピーの世界に存在している膨大な諸方法や諸理論の大部分を体系化する。そのために本書では，自分に最も適したセラピーをそれぞれのクライアントが入手できるということを確かなものにするために，どうすればこの無限に近い知識の貯蔵庫を有効に活用できるようになるのかを探求する。本書の内容は，私たちがそれぞれ実践していることがもつ価値を知り，さらにセラピーの幅広いスペクトラムの中にあるさまざまな相違を積極的に是認し歓迎する，というものである。しかしそれ以上に，本書の内容の大部分は，**あらゆる**流派の臨床家をこの領域にとっての新しいパラダイムの発展に着手させようとする試みなのである。そのパラダイムとは，さまざまの流派間の相互の尊敬，サービス利用者と協働することへの積極的関与，クライアントを援助できる数多くのさまざまなやり方を理解したいという欲求に基づくものである。

この目的のために筆者らが願うのは，本書が，心理的なセラピーの世界における「学派主義（schoolism）」や「ドグマの争い（dogma eat dogma）」といった対立（Norcross, 2005: p.3）を乗り越えることに関心をもつすべての学生・大学院生たち，およびカウンセリングやサイコセラピー，カウンセリング心理学，臨床心理学の臨床家の人たちにとって，その関心の的になることである。こうした人々は，数多くのさまざまなセラピーが提供される必要があることを正しく評価する方向へと向かっているからである。また，本書のヒューマニスティックかつ進歩主義的な基盤によって，クライアントとより協働的で押しつけにならない仕方で実践するあり方を発展させること——あるいは，統合すること——に関心をもつ学生・大学院生や臨床家の人々にとって，本書は特に興味深いものになるに違いない。さらに本書にとりわけ関心をもつだろうと筆者らが考える3つ目の集団は，統合的で折衷的なやり方に関心をもっている学生・大学院生たち，あるいはそうしたやり方で実践している臨床家の人たちである。事実，統合的で折衷的な臨床家の中には，本書に示されているやり方の多くをすでに考えて実践している，と思っている人たちがいるかもしれない。しかしながら筆者らは，本書が，このような臨床実践のあり方を解説した，そしてこうしたセラピーの発展を支えうる枠組みを描き出した初めての体系的な試みである，ということを信じて疑わない（第1章参照）。

　筆者らは，「多元的（pluralistic）」なあり方で実践したいと考えている学生・大学院生や臨床家にとって，本書がその臨床実践のための価値ある出発点になることを願っている。本書には，そのような臨床実践のあり方の骨格となる基本的な原則と，臨床家が自分たちの実践で活用できる広範囲の方法（第6章参照）が記述されている。しかしながら，基本的なトレーニングプログラムの一部として本書が活用されるときには，より具体的なセラピーの方法についての詳細な入門書である，次のようなカウンセリングあるいはサイコセラピーのテキストから1つまたは数冊を補足的に用いることを勧めたい。例えば，本書の執筆者の1人であるジョン（John）の Introduction to Counselling（McLeod, 2009b），ピート・サンダース（Pete Sanders）と共同研究者による Next Step in Counselling Practice（2009）などである。あるいは，ミァーンズ（Mearns）とソーン（Thorne）の Person-Centerd Counselling in Action（2007）や，ケネレイ（Kennerley）とラーク（Lirk）の An Introduction to Cognitive Behaviour Therapy: Skills and Applications（2007）といった，特定の流派の方法に関する優れた入門書も役に立つ。

　しかしながら，本書は多様な流派の間に身を置いて実践したいと思っている学生・大学院生や臨床家のためだけに書かれたものではない。第1章で明らかにするように，1つの流派の中でトレーニングを受けている学生・大学院生や，1つの流派において実践している臨床家にとっても，多元的な見解や広範囲の多元的な方法

序文 vii

を自分の中に取り入れることはまったく可能である。多元論（pluralism）とは，**臨床実践**の具体的な形態であると同時に，ある**感性**（sensibility）でもある。この点において筆者らは，本書が，「専門化された」仕方で実践することを選択し，同時にその実践を，クライアントを尊重し，そして自分の専門外の臨床実践を尊重するようなエトスの中に位置づけたいと考えている学生・大学院生や臨床家にとって，その関心を強く惹きつけるものになることを願っている。

発　端

　本書の起源は，エディンバラからシェフィールドへと向かった2005年の列車での2人旅にある。ジョンはその時期，ダンディーにあるアバーテイ大学（University of Abertay）にカウンセリングリサーチクリニックを設立する資金を獲得していた。筆者らは，自分たちがそのクリニックにおいて，さらにカウンセリングの領域全体で実現したいと考える臨床実践や実証的研究，エトスのあり方について次第に熱心に議論するようになっていたのだ。シェフィールドまでの往復6時間の旅路の中で，本書の鍵となるアイデアの多くが描き出された。ジョンは，サイコセラピーとカウンセリングのリサーチのためのスコットランド・コンソーシアム（Scottish Consortium for Psychotherapy and Counselling Research）の同僚たちとともにテイサイド・カウンセリングクリニック（Tayside Counselling Clinic）を多元的な方針に沿って発展させていた。さらにジョンは，アバーテイ大学の同僚たちと，多元的な臨床実践によって大学院生をトレーニングするカウンセリング・ディプロマを新設していた。一方，当時ミック（Mick）はグラスゴー・カレドニアン大学（Glasgow Caledonian University）の同僚たちとともに，スコットランドで初めてのカウンセリング心理学の博士課程を設置するために活動していたが，その課程もまた多元的な哲学的見解によって基盤が形づくられた。筆者らはまず，英国カウンセリング・サイコセラピー学会（British Association for Counselling and Psychotherapy: BACP）の2006年研究大会において，多元的なアプローチに関する筆者らの考えを発表し，その翌年にBACPの学術誌 Counselling and Psychotherapy Research に最初の論文である 'A pluralistic framework for counselling and psychotherapy: Implications for practice' を掲載した（Cooper & McLeod, 2007）。

　当然のことだが，筆者らがこのような多元論的な世界観をもつに至った個人的で専門的な道程は，2005年よりもっと以前にさかのぼる。以下では，2人がそれぞれ多元論的な観点へと向かうことになったいくつかの鍵となる要素を描き出してみたい。そうすることで，この多元的アプローチの背景や理論的根拠，そのたどるべき軌道についてさらなる論点を示すことになれば幸いである。

ジョン：私は，自分がいつも多様な世界に存在してきたという感覚をもっています。私の子ども時代は，幼少期を過ごしたインドでの特権的なライフスタイルと，その後移り住んだダンディーでの伝統的なスコットランドの労働者階級の文化の間で，大きく分裂していました。私は，私の家族の中から大学へ進学した初めての人間でした。このような生育史の全体を通して，私は物事に対処する中でプラグマティックな考えにずっとさらされてきました。私をセラピーへの「多元的」なアプローチの方向へと導いたと思われる，いくつかの個人的な影響をもつ出来事があります。30歳代のとき，私はロジャーズ派のパーソンセンタードカウンセリングについて純粋な形態でトレーニングを受けました。ですが私はそれまでに，それ以外のさまざまなもの——フロイトやユング，行動主義者，その他あらゆる立場の本——を読んでいました。私にとって，自分がパーソンセンタードのカウンセラーであることは，満足のいくものでもあり，満足できないものでもある，そのどちらでもあったのです。それが効果的であるように思えたときには，そのことは私に満足をもたらしましたし，そのアプローチは知的に首尾一貫しているように思えました。一方で，セラピールームの中に有効にもたらされるはずの，クライアントと私自身の中にある膨大な可能性や知識や資源を自分が排除しているのではないかと感じるときには，私はそのアプローチに満足できませんでした。自分の専門の道を歩み続ける中で，次第に私は，カウンセリングやサイコセラピーの専門家コミュニティに存在している，学派間の派閥争いのように見えてしまうものに対して失望するようになりました。1冊のテキスト（McLeod, 2009b）を執筆する中で，私は，それぞれのセラピーの学派はどれも独自の貢献をしてきたのと同時に，どのアプローチもそれだけでは人々にとって役立ち得るものについて不十分な説明しかできない，ということに気づきました。ここ数年にわたって，私はそれまで以上に広範囲の実践にかかわるようになった私の仕事が，次の2つの点で私の臨床実践に影響を及ぼしてきていると認識しています。第1に私は，セラピーで達成しようとしていることをクライアントとともにより明確に理解しようとするようになり，そしてそのことが私の原動力になっている，ということです。そして第2には，自分が行うセラピーがよりよい社会の創造のためにどのように貢献できるのかについてより明確に理解できるようになったことが，私にとってとても意味があるという点です。よりよい社会の創造は，次の3つのとても重要な価値観と関係しています。それは，お互いの違いを尊重すること，ともに活動すること，そして私たちの生を可能ならしめている自然と文化の資源を大切にすることです。

ミック：私は，その中心に革新的で左派的な政治思想をもつ家庭の中に生まれま

した（Cooper, 2006b 参照）。そして，このことはカウンセリングやサイコセラピーの世界への私の人生の行路に深い影響をもたらしました。最初にトレーニングを受け始めた頃から，私は，パーソンセンタードセラピーや実存的セラピーといった，クライアントとセラピストの対等な関係，つまり「主体的」で知性的な存在であるクライアントと，権威者ではない「伴侶」としてのセラピストの関係を強調するセラピーの流派に強く惹きつけられてきました。しかし，おそらくは自分自身が革新的な背景をもっていたせいか，私はこうした革新的な世界観の中に生じかねないパラドックスや閉鎖性に対しても敏感であったのです。例えば，平等主義的なはずの私の仲間たちが，自分たちと政治思想を共有しない人々のことになると明らかに「非平等主義者」になり，パーソンセンタードの同僚たちの中には——私も含めて——自分とは異なるセラピーの流派，特にCBTのセラピストのこととなると，きわめて「非パーソンセンタード的」（例えば，審判的で非共感的）な態度を見せる人たちがいることを私は感じてきました。臨床家として成長していくにつれて，私には，多くのクライアントが私のやっていた以上に指示的で挑戦的なアプローチを求めていた，ということが明らかになりました。つまり，クライアントが望んでいることに私が従うと，逆説的ですが，それは古典的な「クライアント中心」のアプローチとは異なる臨床実践のあり方に向かわざるを得ない，ということが示唆されたのです。結果的には，月日が経つほど私の臨床実践は型通りの非指示的なものではなくなり，より柔軟なものになっていきました——クライアントが具体的に求めていることにもっと波長を合わせるようになったのです——，そして，そうすることがよりよいものをもたらすことがわかりました。私は，そうすることはより純粋でリアルなものであると感じられたので，そのことを中心に考えるようになりました。すなわち，私は自分のことを，次第に1人のセラピスト，つまりミックという自分自身であると考えるようになり，相手が望んでいるものが得られるようにその人を援助するあらゆるスキルや方略，方法を活用するようになったのです。

構 成

　本書は多元的アプローチへの導入から始まる（第1章）。そこでは，カウンセリングやサイコセラピーの分野において学派主義を乗り越える手段として，どのように多元的アプローチが出現したのかを概観する。次に第2章では，多元的な観点を支え，その発展を助けている哲学や心理学，サイコセラピーに関する実証的研究，政策といった領域から，エビデンスとアイデアを提示する。この第2章は，とりわけ理論と実証的研究に特化した記述なので，読者は本書を最初に読むときにはこの章を飛ばして他の章を読み終えた後に戻って読んでもかまわない。第3章では，セ

ピーへの多元的アプローチにおける最も根本的な要素の1つを紹介する。それはセラピストとクライアントとの協働的な関係である。この章で私たちは，話し合うこと（negotiation）と「メタコミュニケーション」の実践を紹介する。それは，クライアントと，セラピーのプロセス，クライアントがセラピーに求めていること，そしてどうすればそれが得られるかについて話し合うことである。

　続く3つの章は，多くの点において，多元的アプローチの核心である，「目標」，「課題」，「方法」に関するものである。第4章は，なぜクライアントの目標が多元的セラピーの向かう地点であるのか，そしてクライアントは自分の目標を明確なものにするためにどのように援助されるのかについて解説する。第5章では，クライアントの目標が達成されるために設定することができるさまざまな課題について検討する。そして第6章では，そうした課題の実現を可能にする明確で具体的な方法に焦点をあてる。本書の他の各章とは対照的に，この3つの章は，多元的で多様な方向性によるやり方で実践したいと考えている臨床家にとって，特に役立つものである。しかし筆者らは，単一の流派の専門的なセラピストもまた，自分の臨床に取り入れることができる実践やアイデアをここから見出すことを願っている。

　第7章では，筆者らは，カウンセリングやサイコセラピーの実証的研究にとって多元的アプローチや多元的枠組みがもたらす含意について論じる。筆者らは，多元的なアプローチは，セラピストが膨大な量の実証的なエビデンスからとても多くのことを引き出すのを援助できる，ということについて議論する。そして，多元的な情報に基づいた実証的研究（pluralistically-informed research）であると言える研究を例示する。さらに第8章では，多元的アプローチが，スーパービジョン，トレーニング，継続的専門職能力開発，サービスの提供にもたらす含意を考察する。最後に第9章では，筆者らは本書の要点をまとめ，「よく寄せられる疑問」に答え，そして今後の課題を検討する。付録に掲載した尺度やプロトコル，その他の資料をダウンロードするには，www.pluralisticthrapy.com を検索してほしい。

用　語

　本書で用いる言語について少し触れておきたい。
　第1に，私たちは，「セラピー」や「カウンセリングとサイコセラピー」という用語を，心理学的介入のあらゆる形態——そこには，カウンセラー，サイコセラピスト，カウンセリングサイコロジスト，クリニカルサイコロジストがやっていることが含まれる——を広く包摂するために使用する傾向にある。事実，筆者らはいずれもカウンセリングやサイコセラピーの定義に関する論争の中では，かなり明確な主張をもっている（例えば，Cooper, 2009; McLeod, 2009a 参照）。筆者らは，カウ

ンセリング／カウンセリング心理学を，心理学的なウェルビーイングとクライアントのエンパワメントの促進を指向する独自な専門的活動としてみなすことは，十分に妥当であると感じている——この点は，本書で概説する多元的アプローチにもほぼ当てはまる。しかし，これは，別のテキストの主題であり，またこの分野の臨床実践の中ではかなりの程度重なりがあるとするなら，さしあたっては，このようにカウンセリングとサイコセラピーという統一した用語を用いることが実用的だと思われる。

　第2に，本書で使用するいくつかの用語，特に「目標」，「課題」，「方法」という用語はどこか技術的なニュアンスを与えるものであり，ともすると，筆者らが高度に構造化された，機械的で狭いターゲットに焦点を置くセラピーのアプローチを擁護しているような印象を与えるかもしれない。特に「目標」の概念を用いることによって，筆者らの関心が，人々が望む結果へと動くプロセスというよりも，主に何らかの達成や結果が生じることにあるように受け取られてしまうかもしれない。したがって，筆者らが比較的柔軟な感覚でこれらの用語を使用している，という点を強調しておくことは重要である。つまり，目標とは人々が望んでいるもののことであり，課題とはそこに到達するための道筋のことであり，方法とはクライアントが課題を達成できるようにするための具体的な事柄のことである。さらに，第1章でも論じるように，これら3つの領域はかなり重複しているということが前提として考えられるので，何が「目標」であり，「課題」であり，「方法」であるかを読者が理解しようと躍起になることを筆者らは望んではいない。それよりも，ここで筆者らが重視したいキーポイントは，セラピーとは，クライアントが望んでいることから開始され，それがどうすれば達成されるのかについて試行錯誤すべきものである，ということである。読者が，こうした用語がどれも有益なものではないと思えば，あるいはセラピーのこうした内容を概念化するもっと優れた仕方を知っているときには，そうしたことは決して，多元的に実践したり考えたりすることを阻害するものではない。

　第3に，筆者らは本書の中で，**これこそが多元的アプローチだというような書き方をしているところがあるが**，セラピーへの多元的なアプローチは多種多様であるという点を認めることは重要である（特に，本書以外の興味深い読書のためにはSamuels, 1993, 1997参照）。また筆者らが，心理的セラピストの中でこの多元的アプローチという用語を初めて用いたわけではない（例えば，Hollanders, 2003; House & Totton, 1997; Lazarus, 1981; Norcross, 2005）。事実，筆者らには自分たちのアプローチを「協働的多元論（collaborative pluralism）」と呼ぶことを検討した時期もあった。しかし，協働（collaboration）は多元論にとって固有のことであるので，このような名称を採用する必然性はないとの結論に達した。それにもかかわ

らず，本書で言うところの多元的な枠組みは，多元論がカウンセリングやサイコセラピーの臨床実践に優れた特徴をもたらし得るさまざまなあり方の中の1つを表現しているに過ぎない，ということを認識しておくのは重要である。多元論の概念に含まれている不可欠の意味は，多元的セラピーには常に多元性（plurality）が存在しているということである。したがって，本書の目的の1つは，多元的なあり方における臨床実践に関する考えや洞察をカウンセリングやサイコセラピーの分野の仲間たちと共有できるように，仲間たちを啓発することにある。

　最後に，守秘義務のため，本書に紹介されるクライアントの個人情報のすべては基本的に改変されており，また多くの事例においてクライアント個人が特定されないように，その語りや個人情報は編集されていることをお断りしておく。

謝　辞

　筆者らがカウンセリングやサイコセラピーへの多元的アプローチを発展させる中で、この枠組みを開発し、洗練し、そして明確化することを援助してくれたアバーテイ大学（University of Abertay）、ストラスクライド大学（University of Strathclyde）、アバディーン大学（University of Aberdeen）、グラスゴー・カレドニアン大学（Glasgow Caledonian University）の研究仲間であるJoe Armstrong, Lorna Carrick, Robert Elliott, Ewan Gillon, Julia McLeod, Alison Shoemark, Mhairi Thustonに深く感謝します。また、多元的な理論を臨床実践に適用するというジョンの仕事にともに携わってきたテイサイド・カウンセリングセンター（Tayside Counselling Clinic）のセラピストたち、Fiona Arnott, Bud Baxter, Elaine Craig, Alice Curteis, Kate Kaiser, Roddy Mackenzie, Lynsey McMillan, Kate Smithにも感謝します。

　ストラスクライド大学とグラスゴー・カレドニアン大学の博士課程の大学院生である　Maria Bowens, David Johnston, Annette Lee, Angela McBeath, Krista Rajkarnikarに謝意を伝えたいと思います。彼らや彼女たちの研究は、本書に価値ある貢献をもたらしてくれました。

　さらに筆者らは、本書の原稿にフィードバックをしてくれたMeg Barker, Art Bohart, Maria Bowen, Anne Chien, Sue Cooper, Helen Cruthers, Alison Cumming, Nicky Forsythe, Lynne Gabriel, Moira Ledingham, Noreen Lillie, Thomas Mackrill, Tasim Martin, Katherine McArthur, Sue McKenna, Carol Morgan, Andrew Reeves, Brian Rodgers, Alison Rouse, Paul Wilkinsにも特に感謝します。

　そしていつもながら、本書を執筆するにあたってサポートや指示や励ましをくださったSage PublicationsのスタッフであるAkuce Oven, Susannah Trefgarne, Lucy Do, Imogen Roome、その他本書の出版を実現させてくれた「舞台裏」の多くの人々にも感謝の気持ちを伝えたいと思います。

　最後に、これまでの長い年月の中でお会いしてきたすべてのクライアントの方々に、「ありがとう」と大きな感謝の気持ちを伝えさせてください。クライアントの方たちとの出会いがなければ、本書が刊行されることはなかったでしょうから。

第 1 章　多元的アプローチへの導入

この章で取り上げること：
- カウンセリングおよびサイコセラピーへの多元的アプローチが発展しつつある理由
- カウンセリングおよびサイコセラピーの分野における「学派主義（schoolism）」の展開とその限界
- 統合的で折衷的なアプローチの発展
- 多元的アプローチを基礎づける基本的な前提と枠組み

学派から学派主義へ

　精神分析の誕生以来，サイコセラピーやカウンセリングの世界はさまざまな理論や臨床実践の学派の出現によって特徴づけられてきた。「長年にわたって，新しいセラピーの学派がブック・オブ・ザ・マンス・クラブ（Book-of-the-Month-Club）[訳注1]の主な文献セレクションに繰り返し掲載されている」とDuncan, MillerとSparks (2004: p.31) は指摘している。今日では，400以上の異なる種類のセラピーがあると見積もられており（Norcross, 2005），精神的苦悩についての膨大な数の理解や臨床実践，技法が提示されている。

　イギリス国内では，多くの臨床家がこうした学派のどれかをかたくなに支持しており，単一の流派によるアプローチ（single orientation approaches）がサイコセラピーの分野に関する，その臨床実践や役割，考え方における支配的な形態であり続けている。例えば，英国カウンセリング・サイコセラピー学会（BACP: British Association for Counseling and Psychotherapy）では，統合的アプローチのトレーニングを受けているセラピストは25パーセント以下であり（Couchman, 2006, 私信），全英サイコセラピー協会（UKCP, UK Council for Psychotherapy）は最近，流

訳注1) アメリカ合衆国最大の読者クラブ。

派に特化した方向で再編成されたばかりである。カウンセリングやサイコセラピーについての単一の流派に基づく概念化は——イギリス国内外において——「エビデンスに基づく臨床実践（evidence-based practices）」へと向かう近年の動向においても明らかである。そこでは，特定の心理的「症状／障害（disorders）」に対して，高度に特化されマニュアル化された形態のセラピー的介入を行うことが推奨されている（例えば，Department of Health, 2001）。その結果，イギリスで心理的セラピーへのアクセス向上プログラム（Improving Access to Psychological Therapies programme）として開始されたトレーニングは，ほぼ全面的に何らかの流派に基づくものであり，そこでは特定の心理的問題に対するきわめて特定のマニュアル化された治療のトレーニングを受けることになる。

エクササイズ1.1：あなたのセラピー的な態度

以下のサイコセラピーのそれぞれについて，あなたがそれをどれくらい好むか好まないかを（　）の中に1〜7の数字で記入してください。あまり考え過ぎないで，直感的な感覚で，できるだけ正直に答えてください。あなたがこれまでに聞いたことがない流派については，その（　）は空欄のままで結構です。数字の意味は次のとおりです。

1＝とても好まない　2＝あまり好まない　3＝どちらかといえば好まない
4＝どちらでもない　5＝どちらかといえば好む　6＝ほどほどに好む
7＝とても好む

精神力動的セラピー（psychodynamic therapy）　　　　　　　　　（　）
パーソンセンタードセラピー（person-centred therapy）　　　　　（　）
認知行動療法（cognitive-behavioural therapy）　　　　　　　　　（　）
ゲシュタルトセラピー（gestalt therapy）　　　　　　　　　　　（　）
統合的セラピー（integrative therapy）　　　　　　　　　　　　（　）
催眠療法（hypnotherapy）　　　　　　　　　　　　　　　　　　（　）
芸術療法（art therapy）　　　　　　　　　　　　　　　　　　　（　）
古典的／フロイト派精神分析（classical/Freudian psychoanalysis）（　）
薬理／薬物療法（pharmacological/drug therapy）　　　　　　　　（　）

その他，あなたが感覚的に好きだと感じるセラピーがあれば教えてください。

_____

> その他，あなたが感覚的に好きではないと感じるセラピーがあれば教えてください。
> ＿＿＿＿＿＿＿＿＿＿＿＿＿＿＿＿＿＿＿＿＿＿＿＿＿＿＿＿＿＿＿＿＿＿
> ＿＿＿＿＿＿＿＿＿＿＿＿＿＿＿＿＿＿＿＿＿＿＿＿＿＿＿＿＿＿＿＿＿＿
> ＿＿＿＿＿＿＿＿＿＿＿＿＿＿＿＿＿＿＿＿＿＿＿＿＿＿＿＿＿＿＿＿＿＿
>
> 　あなたが3以下の点数をつけたセラピーや，好きではないと感じているセラピーについて，なぜそのように感じるのかについて，少し（10分程度）考えてみてください。例えば，そのセラピーに対するあなたの個人的な経験，つまり，あなたが実際に会ったそのセラピーの臨床家や，なぜそのセラピーにかかわるようになったのか，などです。
> 　次に，今あなたが実践しているセラピーがなぜ好きなのかについて少し（10分程度）考えてみてください。
> 　最後に，自分自身に次の質問を問いかけてみてください（10分程度）。
> ● あなたが**好きではない**セラピーが，ある人たちにとっては**援助的**であるようなあり方について考えることができますか？
> ● あなたが**好きな**セラピーが，ある人たちにとっては**非援助的**であるようなあり方について考えることができますか？

　確かに，サイコセラピーやカウンセリングの分野に特定の学派が出現してきた動きは，この分野の創造や成熟の促進にとって多大な貢献をしてきた（Samuels, 1997参照）。私たちは現在，クライアントが膨大な数の多様な臨床実践から何がよいかを選択することができ，クライアントにとって可能な限り多くの利益がもたらされるためにセラピーの形態が継続的に開発され洗練されていくという，そのような地点にいるのである。とは言っても，学派の存在が非生産的な「学派主義」へと転じる危険性がないわけではない。それは，「二元論的な思考（例えば，"あれ"か"これ"か，など）として特徴づけられる」ものであり，「学派主義的（schoolistic）な態度から抜け出せない人々は，自分たちの学派の"真実"を強く正当化し，対抗する学派の"誤謬"を激しく攻撃する傾向にある」（Hollanders, 2003: pp.277-278）のだ。言い換えると，異なるオリエンテーションにある臨床家がお互いの仕事を尊

重し，価値あるものと見なしている——例えば，心臓外科医が小児科医に対してそうしているように——というよりも，異なるサッカーチームのサポーター同士の対立に近いような，好ましくない意味での仲間意識が現れていると言える。

　このような学派主義はいくつかの理由によって，きわめて有害なものになり得る。第1に，このような「ブランドの争い（battle of the brands）」（Duncan et al., 2004: p.31）は，ある流派の支持者が，他の流派の支持者から学び，それに応じることで自分の臨床実践を発展させることを困難にしてしまう。第2に，学派主義はさらに，「互いに敵対する流派の支持者間の嫌悪や侮辱」を伴った「イデオロギー的な冷戦（ideological cold war）」（Norcross, 2005: p.3）へとその品位を下げる可能性がある。こうしたことは，多くの人にとって安全ではなく非生産的なものとして感じられるような専門分野の環境をつくり出しかねない。第3に，これは最も重要なことかもしれないが，学派主義は臨床家を「代替的な考え方や，潜在的によりすぐれた介入を考慮しなくなる」（Norcross, 2005: p.3）状態にしてしまう可能性があり，それではクライアントにあまり援助的でない——あるいはまったく援助的でない——臨床実践を押しつけてしまう結果になりかねないのである。それゆえ最終的には，学派主義の結果として最も不利益をこうむるのはクライアントである——実証的研究が示唆するところでは，クライアントはセラピストの「ブランド」に特に関心を示さない傾向にあるのだ（Binder, Holgersen & Nilsen, 2009）。哲学者ウィリアム・ジェームズ（William James）が書いているように，「それは，役に立つやり方がまず方法になり，次に習慣になり，最後には本来の目的を否定してしまう暴君になるという，古くから言われていること」（James, 1996: p.219）訳注2)である。

解説ボックス1.1：学派主義への道

　セラピーの学派はなぜ，いとも簡単に学派主義へと陥ってしまうのだろうか？興味深いことに，おそらくは多くの理論はいずれかの学派の中で発展してきたものであるので，その理論自体が，学派主義への変貌について私たちが理解する手助けになるかもしれない。例えば，パーソンセンタードの理論（Rogers, 1951, 1959）では，自己の一貫性を保とうとする願望や，自分のアイデンティティを放棄してしまったら自分自身や周囲の人々からどう評価されるかわからないという恐れから，人々は固定化した自己概念（例えば，「私はパーソンセンタードセラピストである」）を形成し，そして防衛する傾向にある，と仮定されている。同様に認知行動療法（CBT）

訳注2) 吉田夏彦訳（1961）『多元的宇宙（ウィリアム・ジェイムズ著作集6）』日本教文社 165頁の訳を参考にした。

の中核となっているのは，人々には完全主義の傾向があり，白か黒か決めつける思考 (Beck, John, Shaw & Emery, 1979) をもっているという信念である。これは，人の経験や行動が複雑で変化しやすく，多様なものであると認めることができずに，すべての経験は2つの対立するカテゴリー（例えば，「このセラピーは効果がある」対「あのセラピーは効果が無い」という考え方）のどちらかとして位置づけられる状態を指す (Beck et al., 1979: p.15)。こうした「よい」対象と「悪い」対象の間で分裂する傾向を重視することは，クライン派の精神力動的理論においても明らかに共通している (Cooper, 1996)。学派主義の出現についての別の考え方としては，実存的な観点からのものもある。それは，人間の最も根源的な欲求は，自分の人生に意味があると感じることだという考えである (Frankl, 1986)。この立場では，私たちは自分のアプローチが，自分たちが取り組んでいる作業において意義や目的の感覚を自分たちにもたらすためには，他のアプローチよりも「よりすぐれている」と感じる必要がある，と主張されるだろう。他のセラピストたちの作業が実際にはより価値があって，援助的であるという可能性を認め，それに直面することは，決定的な仕方で不安を喚起することになりかねないのである。

　社会心理学の理論も，学派から学派主義への転換を理解することにおいてとても価値あるものである。例えば，「社会的アイデンティティ理論 (social identity theory)」では，私たちは本能的に自分が所属する集団を好ましいものとして見る傾向にあるということに光を当てる。なぜなら，私たちが所属している集団に関して肯定的な感情をもつことによって，自分自身についてもよい状態であると感じるからだ (Tajfel & Turner, 1979)。また，「認知的不協和 (cognitive dissonance)」に関する実証的研究（例えば Festinger, 1957）では，次のような事実が明らかになっている。いったん私たちが選択をすると（特定の流派のトレーニングを受けた，など），私たちは，最初にその選択をした理由を正当化する手段として，よりその立場に対して肯定的な感情を抱きがちである，ということである。

　また，学派主義をあおりかねないものは，複雑な問いに対して単純で簡潔で決まりきった答えをもちたい，という願望——それはおそらく，人間の基本的な願望と言えるようなものだろう——である。それは，例えば次のような問いに対して次のような答えを信じることがとても快適で安心できるものらしい，ということである。すなわち，「人々にとって何が援助的なのか？」という問いに対して，「XとYと，少しだけZがいいと言う人もいるが……UとPと，できればZがいいと言う人もいて……いや，確信はできない」と答えるよりも，「Xである」という答えをもちたい，ということである。ウィリアム・ジェームズ (James, 1996: p.45) は，前者の答えのような多元論的な世界観——「乱雑な宇宙 (messy universe)」に対する信念——は魅惑的なものというよりも，「濁っていて，混乱しており，粗野なものであり，くっきりとした輪郭にも欠けているし，絵画的な気高さもほとんどない」[訳注3] もの

訳注3）同上，『多元的宇宙（ウィリアム・ジェイムズ著作集6）』36頁の訳を参考にした。

だと述べている。

　学派主義に向かうこうした傾向の議論においては，私たちがここで論じているもの以外の認知的なプロセスに加えて，深い感情的で情動的なプロセスについても強調することがおそらく重要である。例えば，「貴方の信仰が妨害されれば，貴方の存在はガタガタゆすぶられる。貴方の内臓がかき乱され，肩が上下し，唇が堅く結ばれ，皮膚が引きしまるといった形で，身体的に反応するだろう」とコノリー (Connolly, 2005: p. 93)[訳注4] が述べているように。

　しかし，このような多くの論点の核心は，サイコセラピーやカウンセリングの分野が本質的なところでは依然として「前パラダイム的（pre-paradigmatic）」な状態 (Kuhn, 1970; Norcross, 2005) であるという事実を示しているのかもしれない。哲学者であるトマス・クーン（Thomas Kuhn）はこの用語を，ある科学的な分野の発展における1つの時期を指すものとして用いている。それは，共通の理解には未だ達しておらず，「さまざまな手続きや理論をもち，形而上学的な前提さえもさまざまである」(Bird, 2009) というように，「学派による考え方が対立している」ことによって特徴づけられるものである。ここでは意見の一致したエビデンスが欠けており，ドグマが振りかざされているように見える。さらに，このような確かさを欠いた状態では，サイコセラピストやカウンセラーは自分に馴染みのない観点や臨床実践を選ばなくてはならない状況に直面した際に，不安や防衛を経験しがちであるようだ。

統合的・折衷的アプローチ（Integrative and Eclectic Approaches）

　サイコセラピストやカウンセラーたちは1930年代から，より統合的で折衷的なアプローチを発展させることによって，単一の流派のセラピーが有する問題を乗り越えようとしてきた (Goldfried, Pachanakis & Bell, 2005)。この分野の発展は，特に1970年代の前半から顕著になってきた (Nuttall, 2008)。そして現在では，英語圏のサイコセラピストたちにとって最も一般的な理論的オリエンテーションは，統合的あるいは折衷的な立場であると言われるようになっており (Norcross, 2005)，アメリカ合衆国の臨床家の25～50パーセントが自分のことをそのように見なしている (Norcross, 2005; Orlinsky & Rønnestad, 2005d)。さらに実証的研究からは，特定の流派に属すると自分を見なしている多くの臨床家が，現実には自分の実践方法を他の流派と統合する傾向にあることが示唆されている（140ページの解説ボックス6.1を参照）。例えば，概して精神力動的なセラピストは認知行動療法（CBT）による不適応的な信念を修正する臨床実践を強く支持することが見出されており，

訳注4）杉田敦ほか訳（2008）『プルーラリズム』岩波書店 159頁の訳を参考にした。

一方，認知行動的なセラピストは，パーソンセンタードの共感のスタンスを重視することが見出されている (Thoma & Cecero, 2009)。

推薦文献

McLeod, J. (2009). *An Introduction to Counselling* (4th edn). Maidenheag: Open University Press (Chapter 13). セラピーの統合に関する最近の考え方の概説。

Norcross, J. C., & Goldfried, M, R. (Eds.). (2005). *Handbook of Psychotherapy Integration*. New York: Oxford University Press. アメリカ合衆国における統合的・折衷的な臨床実践のあらゆる側面に関するきわめて貴重な文献の概説。

　セラピーの統合については，4つの対照的な様式を区分することが可能である。第1に，「理論的な統合 (theoretical integration)」である。これは，認知分析的セラピー (cognitive-analytic therapy) のように，2つあるいはそれ以上のアプローチの諸側面を新しいセラピーに統合するものである (Ryle, 1990)。第2に，「融合的な統合 (assimilative integration)」がある。これは，セラピストが自らの経験を積み重ねる中で，すでに存在しているアプローチに新しい技法やアイデアを徐々に導入するものである (Messer, 1992)。第3は共通要因アプローチ (common factors approaches) で，複数のセラピーにまたがる有効成分を特定しようとする試みである (例えば Hubble, Duncan & Miller, 1999 参照)。第4に，技法的な折衷主義 (technical eclecticism) がある。これは，アーノルド・ラザラス (Arnold Lazarus) らのマルチモードセラピー (multimodal therapy) のように，セラピストがクライアントに最初のアセスメントを実施した後に，クライアントの問題に取り組むためのさまざまな流派の広範囲に及ぶ方法を用いるもの (例えば Palmer, 2000 参照) である。

　学派主義者 (schoolist) の見方とは対照的に，統合的かつ折衷的なセラピストは，あらゆる答えをもっている学派などなく (Lazarus, 2005; Pinsof, 2005)，異なるクライアントには異なる方法が援助的であるはずだと考える傾向にある。例えば，マルチモードセラピーの創始者であるラザラスは，マルチモードセラピストは「**この特定の個人には，どういうセラピストが，あるいはどんな技法がベストであるか？**」を問うのだと述べ，そのペルソナは個々のクライアントに応じてセラピーの方法とスタイルを柔軟に工夫するような，「個人的 (personalistic)」で「個別的 (individualistic)」なものであると記述している。しかしながら，Dowing (2004)

が指摘しているように，さまざまな資源からいろいろな要素が総合されているにもかかわらず，ラザラスたちが単一の理論や臨床実践を乗り越えるためにやっている多くのことは，結局ほとんど同じようなことを繰り返してしまう傾向にある。例えば，Ryle（1990）の認知分析的セラピーは，パーソナリティの機能について非常に特殊なモデルを採用している。また，Egan（1994）の問題マネジメントアプローチ（problem management approach）も，クライアントが困難を乗り越えることを援助するための，きわめて特化した一連の手続きを提案している。マルチモードセラピー（Lazarus, 1981, 2005）でさえも，それ自身を特定の理論的な枠組みの中に位置づけており，きわめて特定のアセスメントの形態をもっている。例えばラザラス（Lazarus, 2005: p.107, 強調部は筆者らによる）は，「マルチモードセラピストは認知社会的な学習理論の中にとどまり続けており，**多様な諸理論を受け入れているわけではない**」と述べている。また彼は続けて，「マルチモードアプローチの対極にあるのは，ほとんど会話のみによるロジャーズ派あるいはパーソンセンタードの立場である」と述べている。このように，統合的・折衷的なアプローチは，単一の流派の手続きによるアプローチよりも特定の技法や特定の理論に縛られる傾向が低いけれども，それでもある臨床実践や理解に対して，それをその他のものよりも奨励する傾向はいまだに残っているのである。

　多元的セラピーは，セラピーを統合しようとする既存の諸モデルのアイデアを土台にしながら，その先へと進んでいこうとする1つの統合的なアプローチである（McLeod, 2009b参照）。そしてそれは，結局は単一の臨床実践の学派に特権を与えることになってしまいがちだったこれまでの傾向を回避するものである。多元的アプローチは鍵となる2つの方略を用いることで，この目的を成し遂げようとする。第1に，多元的アプローチは心理学的な構成概念よりも哲学的な構成概念（多元論pluralism）を中心に体系化されるものであるので，いかなる心理学的なモデルにも引き寄せられることがない。第2に，多元的アプローチは臨床家に対して，クライアントにとって何が援助的であるかを常にクライアントの視点から取り決めるような関与を求める。こうした関与は必然的に，セラピーの概念や方法についてセラピストがあらかじめもっている仮定の外側にあるようなアイデアや臨床実践を取り入れることをセラピストに求めることになる。

多元的アプローチへの導入

　本書の目的は，あらゆる種類のセラピーの方法と概念を可能な限り十分に包含できるようなセラピーについて，その実践や研究，思考のあり方の発展を目指すことである。これは，さまざまに異なることが，さまざまに異なるときに，さまざ

まに異なるクライアントの助けになり得るという前提から出発するアプローチである。つまり，セラピー実践にとっての「最善」の方法それ自体について議論することには意味がない，と考えるのである。その骨子は，「そのいずれも（both/and）」(Gergen, 2000) の立場であると表現することができる。例えば，CBT**も**有効であるし，パーソンセンタードセラピー**も**有効であるし，力動的サイコセラピー**も**有効である…といったように。これは，「そのいずれか（either/or）」の立場とは対照的なものである (Castonguay & Beutler, 2006b)。そしてそこから必然的に導き出されることだが，本書におけるこのアプローチは，セラピーのどこに焦点をあてるのかや，どのように進めるのかを決めるべきはセラピストだけではない，という前提から出発する。むしろ，セラピストは，どのようにセラピーを進めていくのかを，クライアントとともに決めていくべきなのである。このアプローチの基盤には，以下のように要約することができる2つの基本的な原則がある。

1. 多くの異なる事柄が，クライアントにとって援助的であり得る。
2. クライアントにとって何が最も援助的であり得るかを知りたいのなら，私たちはそれについてクライアントと話し合うべきである。

解説ボックス1.2：アショーク：健康のための多くのやり方

下記は，鬱と孤独を経験していた若い男性アショークが，セラピーを受けた40週間の間に助けになったと語った事柄のいくつかである。

- ただおしゃべりをすること。
- 問題への実践的な解決法に焦点をあてること。
- 過去の同性の友人たちとの関係を振り返り，その友人たちのどこに好感をもったのかを考えること。
- 自分は愛されていると実感すること。
- 前向きに考えて，やり抜くことを決断すること。
- 父親からの手紙を読み，その手紙の内容についてセラピストから意見をもらうこと。
- 人生で回り道をしたとしても，そのことを心から受け容れること。

ここで見られるように，多くのクライアントにとってもそうであるのだが（第2章参照），アショークにとっては助けになったさまざまな事柄があり，これらは，

> 流派に特定の「上位要素（super-factor）」であるような1つの事柄にまとめることはできない，ということがわかる。そうではなくて，一個人であるクライアントにおいても，複数のクライアントに共通する点においても，「健康のためには多くのやり方」がある，と言えそうである（Lambert, Bergin, & Garfield, 2004: p.809）。

　筆者らは，セラピーへのこのようなアプローチを「多元的（pluralistic）」と呼んでいるが，この用語はこの2つの主要原則にとってとてもふさわしいものである。「多元論（pluralism）」とはいろいろな分野で使われている言葉であり（第2章参照），「本質的な問題には，妥当ではあるが相互に対立するようなさまざまな解答がなされ得る」という信念を指し示すものである（Rescher, 1993: p.79）。これは，哲学の分野でも広く認められている観点で（例えば，Berlin, 1958; Connolly, 2005），心理学やサイコセラピーのみならず政治学や社会学の議論においても中心的な役割を担っている（第2章参照）。多元論は，どんな疑問にも単一の決定的な答えがあるとする「一元論（monism）」と対比される得るものである。言い換えると，多元論者は科学や道徳の問題や心理的問題に対して，決して1つの真実に還元されないような，多くの「妥当な」解答があり得るという立場に立っている。また多元論の中心には，「真実」を知ることができるような特権的な観点などない，という信念がある。つまり，自然科学者も哲学者も心理学者や他の多くの人々も，現実についての他よりも優位な立場につくのを求めることはできないのである。私たちはそれぞれ，存在しているものについてのまったく特定かつ独自の理解をもっている，とされる。
　サイコセラピーおよびカウンセリングへの多元的アプローチが発展すると，私たちはサイコセラピーやカウンセリングに対する**観点**としての多元論と，セラピーの**臨床実践**の具体的な形態としての多元論とを区別するのが有効であるということがわかってくるだろう（11ページの図1.1参照）。
　多元的「観点（perspective）」，多元的「視点（viewpoint）」，多元的「感覚（sensibility）」といった言葉は，セラピーの技法においてこれが最善だ，と言い切れるものは何もないという**信念**を指し示すものである。その信念は，**それぞれのクライアントは，その時々でさまざまなセラピーの方法から効果を得るし，セラピストは，クライアントがセラピーから何を得たいのか，それをどのように達成したいのかを特定するためにクライアントと協働すべきだという前提**を表現している。ただし，これは一般的定義であり，これによってセラピストが自分自身の臨床実践において多元的な観点をどのように実施すればよいかについて，具体的に何かが奨励されるわけではない。

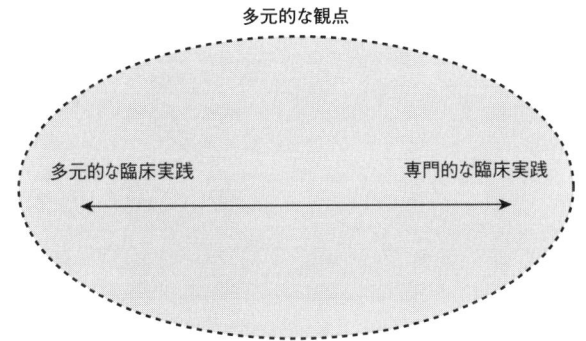

図1.1：セラピーの観点および特定の臨床実践としての多元論

　対照的に，「多元的な臨床実践」や「多元的なセラピー」は，幅広い流派からのさまざまな方法をセラピーの実践の具体的な形としてどのように活かすのかを意味しており，それは目標や課題，方法についての対話や話し合いによって特徴づけられるようなセラピーの**臨床実践**によって明確化されるものである。観点と臨床実践についてのこうした区別は重要なものである。なぜなら，多元的な臨床実践は多元的観点に基づいているにも関わらず，多元的ではない――つまり単一の流派の――やり方の中でセラピーを行いながら，同時に多元的な観点をもつことも十分に可能であるからである。また，単一の流派のセラピストがその流派の中に身を置きながら，同時に多元的な臨床実践の活用範囲を拡大していくことも可能である。例えば，**「セラピーから何を得たいのか，どのようにそれを達成したいのかをクライアントが明確にしていくことを援助するために，協働的にクライアントにかかわる」**ことは，パーソンセンタードセラピー，精神力動的サイコセラピーあるいはCBTのどれであろうと，どのセラピーの流派とも矛盾しない臨床実践のためのアプローチを表現するものである。さらに言うと，最もよく確立されたセラピーの流派では，考え方や方法がとても多様であり，そうした流派のセラピストは幅の広い応答性や柔軟性をもっているのである。

> **解説ボックス1.3：多元的な枠組みにおける単一の流派の臨床実践：
> 「学派主義」対「専門主義」**
>
> 　多元的な観点は，セラピーの諸形態のうちどれか1つがすぐれている（「学派主義」）という前提に根本的に異議を唱えるものであるが，どんな点においても，単一の流派のセラピー実践がもつ価値（ここで言う「専門主義（specialisms）」）に異議を唱えるものではない。多元的な立場からすると，それぞれ異なるクライアントは異なることを望み，異なることを必要とするはずである。それゆえ，CBT，古典的なパーソンセンタードセラピー，精神分析といったさまざまなアプローチの専門家たちは，サイコセラピーのコミュニティにおいては誰もが必要不可欠な情報源である。さらに，カウンセリングやサイコセラピーの領域における専門主義の存在と発展は，豊富な蓄積によるサイコセラピーの理論と臨床実践が保持され，そして革新的な新しいセラピーの健全な流れが生まれ続けることを確かなものにしてくれる。そして究極的には，多元的アプローチは専門的な理論と臨床実践の発展を通して，強固にそして高度なものになることができるのである。

　本書が導入する多元的アプローチは，疑いなく，統合的で折衷的なセラピーの実践や見解と重なる部分がある。特に技法的な折衷主義（例えば，Lazarus, 2005）とはそうである。実際に，折衷的なセラピストたちに自身のアプローチの定義や説明を求めたとしたら，臨床実践を個々のクライアントに合わせること，という点に関連した答えが返ってくるだろう（Thoma & Cecero, 2009）。この点について本書の著者の1人ジョン（McLeod, 2009b: p.382）は，「協働的な多元論とは，セラピーの統合のために他の方略の中に見出される中心的なテーマを受け入れ洗練させること，と見なすことができるものである」と述べている。前述のように，ある流派の専門家であっても，クライアントのニーズにその臨床実践を柔軟に合わせようと努力しており，用いられている実際の方法は流派間でかなり重なり合っているのである（Thoma & Cecero, 2009）。しかしながら，多元的アプローチにはいくつかの要素があり，筆者らが考えるところによると，それはある明確な特質をもっていて，統合的で折衷的な立場で書かれたもの――その臨床実践がどうかは別にして――とは大きな違いがある。その違いの多くは，（すべてではないにしても）ほとんどの統合的で折衷的なセラピーとは対照的に，この多元的アプローチは，特に一連のヒューマニスティックで進歩的な価値観を源流としている，という事実に由来している（第2章参照）。その違いは，以下のように要約することができるだろう。

- 多元的アプローチは，単に**臨床実践**の1形態ではなく，前述したように，1つの全体としてのセラピーを見据え，意味づけるものでもある（このことは，非統合的あるいは非折衷的な専門性も多元的な観点の中に含まれ得る，ということを意味する）。
- 多元的な観点や多元的な臨床実践は，方法あるいは理論のある特定の組み合わせに留まる（多くの統合的で折衷的なセラピーがそうであるように）のではなく，理論や臨床実践，変化のメカニズムについて**無限の**多様性を包含する可能性をもっている——政治学や生理学，経済学などにおいてもそうであるように。
- 多くの「標準化された」統合的なセラピーとは対照的に，多元的アプローチでは，セラピーで実際に生起することが個々のクライアントに合ったものになるべきことを強調する。
- いくつかの統合的で折衷的なセラピーとは対照的に，多元的アプローチは，協働的な治療同盟の形成と維持を特に強調する。また，セラピーの目標や課題や方法についての対話の重要性も強調する。
- 共通要因アプローチとは対照的に，多元的アプローチでは，1つの要因——治療同盟の質や長期的な希望があるかどうか，など——が，**あらゆる**クライアントにとってのセラピーにおける変化を決定する鍵になるとは考えない。
- ほとんどの折衷的で統合的なセラピーとは対照的に，多元的アプローチは変化への能動的な当事者（active agent）としてのクライアントを強調する。
- 多元的アプローチは，次に述べるように，実証的研究やセラピーの臨床実践についてのある特定の思考の枠組みを導くものである。

多元的な枠組み

　多元的アプローチが無数にあるセラピーの相違を包み込むことを望んでいるのであれば，何でもありの「混合主義（syncretism）」——理論や実践の行き当たりばったりで無批判かつ非体系的な組み合わせ——から，どのように逃れることができるのだろうか（Hollanders, 2003)？ 明らかに，何らかの構造や，セラピーで何が効果的であるかについて考えるための何らかの焦点は必要である。クライアントの視点を優先させるような関与をもたらす多元論的な哲学的観点（Cooper, 2007; Duncan, et al., 2004）から言えることだが，筆者らがこの本で提案するのは，セラピーにとっての焦点は最終的にはクライアントがセラピーに**望む**ことにあるはずだ，ということである（第4章参照）。つまりそれは，クライアントに対する診断やアセスメント，あるいはセラピーにおいて何が効果的かについてのセラピストの個人的な信念といったものではなく，セラピーのプロセスにおけるクライアント自身の

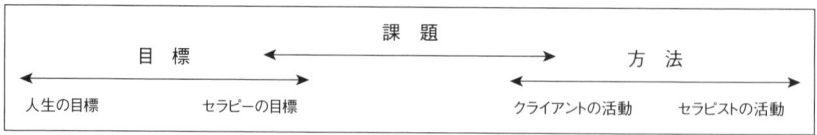

図1.2：セラピーのプロセスを概念化するための多元的な枠組み

目標である。そして，これはクライアントとセラピストが，セラピーの**課題**（すなわち，セラピーの作業のさまざまな焦点，あるいは方略など）と，その課題にとって必要な特定の**方法**（すなわち，クライアントとセラピストが取り組む具体的な活動）としてどのようなことを見出すのか，ということの基礎に据えられるのである（筆者らが「課題（tasks）」という語を，セラピーに関する他の文献（特にBordin, 1979参照）で用いられるものとは少し違った使い方をしていることに注意してほしい）。筆者らは「課題」という語を，よりマクロレベルのセラピーの方略を示すために用い，一方「方法（methods）」という語は実際の具体的なレベル，つまり瞬間瞬間の活動の意味で用いる。

解説ボックス1.4：旅としてのセラピー

多元的な枠組みの鍵となる考えを忘れないために有効な1つの方法は，質的研究者のニッキー・フォーサイス（Nicky Forsythe）が私たちに示唆するものであるが，それはセラピーをクライアントとセラピストがともに歩む旅としてみなす比喩である。この観点からすると，

- 目標は目的地である——あなたたちがたどり着こうとしているところ。
- 課題は旅の道筋のようなものである——あなたたちが変わるためにたどる道——高速道路か道路Bなのか，曲がりくねった道かまっすぐな道か，眺めのよい道か退屈な道か，旅のどのステージなのか，といった。
- 方法はあなたたちがその道を行くためにいつも使う乗り物である——バス，飛行機，歩く，泳ぐ，飛ぶ，など。

気象条件やエネルギーのレベルやその他の要因を考慮しつつ，クライアントとセラピストが絶えず振り返り，繰り返し話し合うことによって，変化のためのルートマップあるいはロードマップが上記の事柄から作成されるのである。

目標や課題や方法のこうした重なり合う領域（および人生の目標／セラピーの目標（第4章参照），クライアントの活動／セラピストの活動（第6章参照）という下位領域）を，セラピーのための基本的枠組みとして示すことができる（図1.2参照）。このような枠組みによって，セラピーで生じるであろうことについての協働的な対話の基礎がもたらされる。この枠組み（目標，課題，方法）における鍵となる概念はどれも，クライアントとセラピストの両者によって行われる話し合いや内省，協働的な選択にとってのテーマを提供してくれる。例えばデーブは，不安に悩まされなくなり，人生をもっと幸せなものにしたい（「人生の目標」）という全般的な願望をもってセラピーを訪れた。より具体的には，彼は他者とのよりよい関係を築くためのやり方を見つけたかったのである（「セラピーの目標」）。そして，このことをセラピストと話し合う中で，デーブがうまくやっていくためになすべきは，親しい友人関係をより豊かなものにするために彼の行動を変えるあり方を見出すこと（「課題」）である，ということが明らかになった。これを達成するために，デーブとセラピストは，デーブの社会的な場面でのこれまでの行動様式と，それとは異なるやり方（「方法」）について話し合った。そしてデーブは，他者からどのように見られているのかについて内省し（「クライアントの活動」），セラピストは，デーブが自分をどのように見ていたのかということについてフィードバックした（「セラピストの活動」）。

　私たちにとって，このような多元的な枠組みの価値は，次のような事実の中に存在している。すなわち，この枠組みは，セラピーについて思考し，研究し実践するためのある構造を提供する一方で，どんな場合でもそれは，概念化され確認される特定の目標や方法や課題，そしてそれらの間の関係に制限を設けたりはしない，という事実である。したがって多元的な枠組みでは，例えば，同じクライアントが幅のあるいくつかの目標をもったり，異なるクライアントがそれぞれとても異なる目標をもったり，異なるクライアントによってとても異なった仕方で同じ目標が達成されたり，あるいは同じクライアントによっていろいろなやり方で目標が達成されることなどが許容されるのである。デーブの例では，彼の行動の変化に焦点をあてること（CBTに関連した課題）で，人々とよりうまくやっていくようになるというセラピーの目標が達成されるかもしれないが，この目標は，彼の幼少期における両親との関係に意味を見出そうとすることによっても達成できるかもしれないのである（精神力動的セラピーに関連した課題，16ページの図1.3参照）。さらに，以上はデーブにとって探求されるべき最も有益な課題だが，異なるクライアントは，セラピストとの間に今ここで生じている不安の感情に焦点をあてることがより有益であることを見出すかもしれない（よりヒューマニスティックな方向の課題）。したがってこの点においては，多元的な枠組みとは，セラピーの諸流派全体

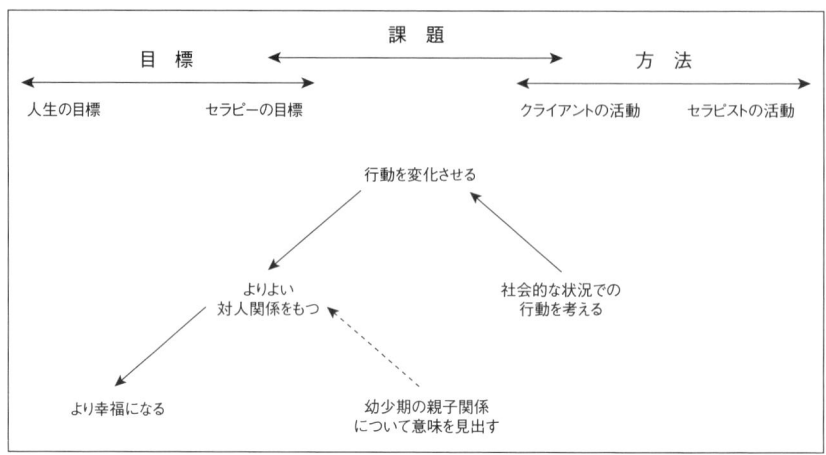

図1.3：デーブの目標，課題，方法

の万神殿（pantheon）から，さまざまな方法や理論が集まってつながり合うことができる1つの「場」を提供するようなものである。それは，情報の「オープンソース」であるような貯蔵庫（参考 Lopez & Kerr, 2006）――例えば，ウィキペディア（Wikipedia）やOSのリナックス（Linux）のように――であり，中身（例えば，人びとが実践すべき方法）を規定しようとするのではなく，無数にある多様な道筋がつながることができるような一連の構造であると言えるようなものである。

第4章，第5章，第6章において，目標，課題，方法の3つの領域と，セラピストが臨床実践の中でこれらをどのように活用することができるのかをさらに詳しく見ていくことにしたい。そして第7章では，実証的研究がこの枠組みの中にどのように位置づけられるのかについて考察する。

解説ボックス1.5：鍵となる用語

多元論（pluralism）[訳注5]：本質的な問題には，妥当ではあるが相互に対立するようなさまざまな解答がなされ得るという立場。

多元的な観点（pluralistic perspective）：さまざまなクライアントはさまざまな時点で，さまざまな事柄から利益を得るようだという信念。そしてそれは，セラピストはクライアントがセラピーに望むことと，それをどのように獲得するのかを明確化することができるように援助するために，クライアントに密接にかかわるべき

訳注5）多元主義という訳語も用いられる。

であるという信念である。
　多元的な臨床実践 (pluralistic practice)：多様なセラピーの流派から方法を引き出すことや，セラピーの目標，課題，方法について対話し話し合うことよって特徴づけられる，多元的な観点に基づいたセラピーの形態。
　多元的な枠組み (pluralistic framework)：目標，課題，方法という互いに重なり合う3つの領域から構成されるセラピープロセスについての概念的な思考の構造。
　目標 (goals)：クライアントが人生に望むこと（「人生の目標」），およびセラピーに望むこと（「セラピーの目標」）。
　課題 (tasks)：クライアントが自らの目標を達成するためのマクロレベルの方略。
　方法 (methods)：クライアント（「クライアントの活動」）とセラピスト（「セラピストの活動」）が課題を達成し，目標に到達することを実現可能にするような具体的なミクロレベルの活動。

要　約

　セラピーの単一の流派による学派は，サイコセラピーやカウンセリングの分野に多大な貢献をなしてきた。しかし学派には，この分野の中に「学派主義」を導き，論争や閉鎖的な意識を生み出す危険が常にある。こうした問題を乗り越えるために，多くのカウンセラーやサイコセラピストたちは統合的で折衷的な観点へと向かって動いてきている。しかし場合によっては，統合的で折衷的な観点は，どのように効果的なセラピーを行えばよいかについて比較的限定された仮定を提示する傾向にある。より幅広い包括的な観点を提供するためには，カウンセリングとサイコセラピーへの「多元的」なアプローチが導入される必要がある。このアプローチの要点は次のような前提にある。すなわち，さまざまなクライアントはさまざまな時点で，カウンセリングやサイコセラピーにさまざまなことを求めるという前提であり，私たちがクライアントにとって何が最善であるかを知りたいのなら，それをクライアントに問うことから始めるべきである，という考え方である。セラピーについて考え，セラピーを実践し研究する焦点を提供するために，多元的アプローチは3つの互いに重なり合う領域，つまり，目標，課題，方法についての枠組みを提案する。

振り返りとディスカッションのための質問

1. この章で紹介された多元的アプローチに対して，あなたの最初の「直感的な」反応はどのようなものでしたか？

2. 以下の点についてどのように考えますか。
   (a) 学派的アプローチを超えた多元的アプローチの利点あるいは長所は？
   (b) 学派的アプローチを超えた多元的アプローチのデメリットあるいは限界は？
3. この章で概説された多元的な観点と，従来の統合的あるいは折衷的なアプローチに重要な違いがあるとしたら，それは何だと思いますか？

第 2 章　多元的アプローチの基盤

> この章で取り上げること：
> - **哲学的**な概念としての多元論，そしてその多元論と本書で展開されるセラピーへの多元的アプローチとの関係
> - 多元的な観点を支持する**心理学**の実証的研究と理論
> - 多元的な観点を支持する**サイコセラピー**の実証的研究のエビデンス
> - 多元的アプローチと密接な関係にある現代の保健・社会政策の発展

　この章のねらいは，幅広い領域から，セラピーへの多元的アプローチの発展を支持する実証的研究，理論および政策を提示することである。序文で述べたように，この第2章は本書の他の章以上に「アカデミック」なものであり，多元論の臨床的な適用に主要な関心をもつ読者は，とりあえずこの章を飛ばして読み進めることを選択しても構わない。しかしながら，そうした読者もいずれかの時点ではこの章に戻ってくることをお勧めする。筆者らが導入しつつある多元的アプローチは，表面的でどうにでもやれるような折衷主義以上のものであり，この章では，多元的アプローチの基礎がいかに深く，強く，そして今の時代にふさわしいものであるかを示したいと思う。

哲学的基盤

　多くのセラピーと違って，本書で展開される多元的アプローチは何よりもまず，ある哲学的な観点，および一連の指針となる価値観に根ざすものである。最も重要なことは，20世紀を通じて急速に進化を遂げたのがこの多元論的哲学である，という点である。

多元論的哲学

　多元論とは，どのような重要な問いに対してもさまざまな仕方で正当に答えることができる，という信念のことを意味する（Rescher, 1993）。それは画一性

(uniformity) よりも多様性 (diversity)，単一性 (unicity) よりも多重性 (multiplicity) を好み (McLellan, 1995)，そして観念論 (idealism) よりもプラグマティズム (pragmatism) を好む (James, 1996) という特徴をもっている。このような思考のあり方は，ソクラテス以前の哲学者たちにも見出すことができる (McLellan, 1995)。こうした人々は，自然の多様性を単一の原理 (「一元論 (monism)」) に還元することはできないと考えていた。その思考様式は，何らかの単一かつ決定的な真実が存在するという考えに異議を唱え (例えば Derrida, 1974)，また，私たちは存在するものの全体性を完全に把握し明確化することができる，という考えに反論する (James, 1996; Levinas, 1969) ような，ポストモダニズムやポスト構造主義の考え方 (McLellan, 1995) とも密接に関連している。Rescher (1993) に従うと，あらゆる理解は経験に左右されるものであり，複雑かつ不完全な世界においては人間が幅広い経験をもつことは避けられない。それゆえ，意見が一致することよりも「不一致」であることが人間の常態である，と彼は言う。同様に，デリダ (Derrida) のようなポストモダニズムの思想家たちにとって，究極的にはあらゆる知識は言語に基礎づけられているという事実は，私たちが決して物事のあり様の「真の」本質に到達できないことを意味する。むしろ，私たちは常に，観点や語り (narrative) や発話 (discourse) によって構成されている世界の中にいるのである。

多元論に関するもう1つの考え方は，それが「乱雑な宇宙 (messy universe)」 (James, 1996) の哲学であるということである。あらゆるものは基本法則の整然とした組み合わせに還元することができると考えるような一元論的な観点とは対照的に，この考え方は，宇宙には多様な法則や価値や可能性が「散乱して (litterd)」いて，その多くは他のものに還元できない，ということを示唆している。コノリー (Connolly, 2005: p.73)[訳注6] は，「世界におけるわれわれの経験は，プロジェクトを完了した後の整然とした机よりも，プロジェクトが進行している間の乱雑な机とわれわれとの関係に比すべきものである」と言う。

しかしながら，本書において展開されるセラピーへの多元的アプローチも同様であるが，ここで議論している多元論的な哲学とは，認識論 (すなわち，知識の理論) に根ざすものではなく，倫理に基づくものであるという点を理解することが不可欠である。アイザイア・バーリン (Isaiah Berlin) のような多元論の哲学者にとっては，あらゆる経験や現実や価値が「単一の公式」に還元される——1つの「最終的な解答」が存在する——と考えるような一元論の信念は，人と人の関係におけるある種の最悪の非人間性を招きかねないものなのである (Berlin, 1958)。バーリンは次のように述べる。

訳注6) 杉田敦ほか訳 (2008)『プルーラリズム』岩波書店 124頁の訳を参考にした。

もしそのような解決が可能だと本当に信じるなら，それを得るためにいかなる犠牲を払っても惜しくはない筈ということになる。人類を永遠に公正で幸福，創造的で調和的にするのである——いかなる代償を払っても決して高すぎるということにはならないであろう。……私は社会の諸問題の窮極的解決にいたる唯一の真の道を知っている。したがって私は，人類のキャラヴァンをどの道に導いていくべきかを知っている。そして私の知っていることについて，あなたは無知であり，したがって目標に到達しようというなら，あなたはきわめて狭い限界内のものであっても選択の自由をもってはならない。あなたは，ある政策があなたをより幸せに，より自由にする，あるいは呼吸するだけの余裕を与えると言うが，私はあなたが間違っていることを知っている。あなたに何が必要で，すべての人に何が必要かを，私は知っている。もし無知ないし悪意にもとづいた抵抗が生じたならば，粉砕しなければならない。何百万もの人々を永遠に幸福にするには，何十万かの人々を滅亡させねばならなくなるかもしれない。窮極の解決を知っているものにとって，一切を犠牲にすると覚悟する以外に選択の道があるであろうか。(Berlin, 2003: p.15)[訳注7]

倫理的な関係性の本質は，他者の「他者性（otherness）」を尊重することであり，それを私たちの既存の構成概念や信念へ無理に押し込めようとしないことである，とエマニュエル・レヴィナス（Emmanuel Levinas）（Levinas, 1969, 2003）は同様の主張をしている。アメリカ合衆国のプラグマティズムの哲学者ウィリアム・ジェームズ（William James）（James, 1996: p.3）によれば，「個性はどんな分類も受けつけない（Individuality outruns all classification）」のである。「同じものにまとまることの不可能性（impossibility of conciliation to the same）」（Levinas, 1969: p.294）を認識することで，私たちは他者の無限なる多様性に開かれ，他者はすべて独自であるという点において彼らを尊重し，認めることができるのである。

バーリン（Berlin, 1958）によれば，さまざまの互いに相容れない真実が存在し得るという主張は，価値の水準において特に強調される（「価値の多元論」）。このことによって彼が意味するのは，人が異なれば人生において重要であり意味があるとされること（例えば，幸福であること，人生を十分に生きること，社会に貢献すること，など）も異なるということである。そして私たちは，すべてのこのような価値を，1つの普遍的に同意される「上位価値（supervalue）」に還元することはできないし，もつべき正しい価値は何であるかという最終的な解答へ至ることもできない，ということである。**同時にバーリンにとっては，私たちはそうしたことを試みるべきではないのだ。**彼にとっては，進歩的で自由に思考できる社会の本質とは，

訳注7) 福田歓一ほか訳 (1992)『理想の追求〔バーリン選集4〕』岩波書店 21-22頁の訳を参考にした。

他者がその人自身の目的や価値を選択することを許容する，そのキャパシティにある。

解説ボックス2.1：価値の多様性はセラピーの多様性を必要とする

　妥当な価値と目標に多元性が存在するというバーリン（Berlin, 1958）の主張は，心理的セラピーを提供するにあたって重要な意味をもっている。例えば医療の文脈においては，ある特定の状態に対して，ただ1つの主となる治療が役立てられるというのはなるほど適切なことかもしれない。人の身体や生物学的機能は比較的類似している可能性があるからである。しかし私たちが，それぞれ異なる人は異なる価値観をもっていることを，そしていくつかのセラピーは他のものよりもある価値観とうまく提携できるということを受け入れるならば，心理学的治療を標準化するべきかどうかはずっと大きな問題になる。例えば，自らの直感的でスピリチュアルなあり方を発展させることを目的とするクライアントに，（人は合理的な方法で考えるべきであるという）認知行動療法の価値観を押しつける権利が私たちにあるだろうか。あるいは同じように，他者への奉仕に意味を感じるクライアントに，（人は自身の内的なフェルトセンスに従って行動するべきであるという）パーソンセンタードの価値観を押しつける権利が私たちにあるだろうか。そして実証的研究を通じて，平均してYセラピーよりもXセラピーにおいてクライアントがより改善することを示すことが可能であるとしても，これを誰もがXセラピーを受けるべきであるという根拠として捉えることはできない。実際そうすることは，人々が平均してキリスト教の牧師やユダヤ教のラビよりもイスラム教のイマームに会ったあとに気分がよくなるということを見出して，それにより何を信仰しているかに関わらずスピリチュアルな問題をもつ人は誰でもイマームに相談するのがよいと結論するのと同じようなところがあるだろう。この点で，価値の多元論を受け入れることは多様なセラピーを提供することへのニーズを示している。そして最近のイギリスにおけるメンタルヘルス治療の標準化への動き，つまり認知行動療法による介入の発展に主として焦点化してきた，心理的セラピーへのアクセス向上（Improving Access to Psychological Therapies）プログラムが，「幸福（happiness）」という1つの「上位価値」があるという主張をしていることと密接に関連しているのは興味深い（Layard, 2006）。

推薦文献

Connolly, W. E. (2005). Pluralism. Durham, NC: Duke University Press（杉田敦ほか訳 2008『プルーラリズム』岩波書店）．多元的な政治，哲学そして神学に関する現代的で洞察に満ちた，情熱的な解説である．なお，社会科学における多元的アプローチの発展と見通しに関するより簡潔な導入としては McLellan の *Pluralism* (Buckingham: Open University Press, 1995) を参照．

ヒューマニスティックおよび実存的な哲学

　本書で展開する多元的アプローチは，一連の倫理に根ざすものである。それは多元論的なものとして記述できるが，その多様性を認め賛美しようという考えの根底には，「人間を深く価値づけ，尊重するあり方で概念化し，人々に取り組もうとする」ことへの，より根本的な「ヒューマニスティック／実存的」な関与がある（Cooper, 2007: p.11）。この倫理はおそらく，実存的かつヒューマニスティックな哲学者マルティン・ブーバー（Martin Buber）によって展開された，「われと汝（I–Thou）」（Buber, 1958）の態度という概念に最もよく表されている，と言える。ブーバーはこの態度を，私たちが他者をユニークで分類できない，分析不可能な全体——そこには人間が経験していることが自由な選択として流れている——として見守り，受容し，確証するあり方として記述している。ブーバーはそれを「われとそれ（I–It）」の態度と対比させているが，「われとそれ」の態度においては，他者はモノのような固定的な対象——それは普遍的な諸部分として分解され，分析され，組織化できるものである——として経験されるのである。このブーバーによる「われと汝」の態度は，「他者を歓迎する（welcoming the Other）」というレヴィナスの倫理（Levinas, 1969: p.215）ととても近いもので，そこでは「汝」——「私が責任をもってかかわっている見知らぬ人や未亡人や孤児たち」——が私よりも優先されるのである。それゆえ，クライアントそれぞれの要望や理解に合わせてセラピーの関係や方法を工夫しようとする多元論的な関与とは，クライアント個々のあり方を深く価値づけ尊重するヒューマニスティックな倫理を実現しようとする努力として見なすことができる。確かに，James（1996）や McLellan（1995）は，多元論が本質的にはヒューマニズムと同義であり得ることを示唆している。

　ここで筆者らが用いている，「実存的」あるいは「ヒューマニスティック」という用語は，（これらの用語が通常使われているように，例えば Cain & Seeman, 2002; Cooper, 2003 参照）セラピーの実践における特定の形式を表しているわけではなく，とても幅広い介入を基礎づけることができる一般的な**倫理**（Cooper,

2007)を意味するものである点に注意することが大切である。パーソンセンタードセラピー，ゲシュタルトセラピーあるいは実存的セラピーはこのような倫理を直接的に表現するものであると言えるだろうが，ここでの観点からすると，CBTあるいは精神力動的な方法をヒューマニスティックな哲学的基礎から実践することもまったく可能である。ここで，セラピー実践をヒューマニスティックなものにするのは，それがクライアントとの協働において展開されるものであるかどうか，クライアントの特定の要望や理解に合わせて工夫されるものであるかどうか，1人のユニークで固定化されない存在としてクライアントに関与しているかどうか，ということである。この点においては，パーソンセンタードセラピーのようなヒューマニスティックな介入であっても，それが実際にクライアントの望むことや好むことを考慮せずに用いられるならば，とてもヒューマニスティックではないもの（a-humanistic）になる可能性もあるのである。

　クライアントの役割を価値づけ尊重しようとする立場から生じる，多元的な枠組みの背後にある重要なヒューマニスティックな前提はまた，セラピーにおける変化はセラピストがクライアントに対して行う何かではなく，変化が生じるようにクライアントが能動的に実行する何かである，というものである。これはバリー・ダンカン（Barry Duncan）と共同研究者（2004）による「クライアント主導（client-directed）」アプローチとよく一致している。それはクライアントを，自分自身が変化するプロセスのエキストラや観察者というよりも，「セラピーのドラマにおけるスター」（2004: p.22）と見なそうとするものである。筆者らのアプローチはまた，アート・ボハート（Art Bohart）とカレン・トールマン（Karen Tallman）（1999）による定評あるテキスト *How Clients Make Therapy Work* からも影響を受けてきたが，そこには，「クライアントはどんなに情緒的に苦悩していようとも，強く前向きな自己治癒力をもっている」（Bohart & Tallman, 1999: p.xii）という考えがある。この立場からすると，セラピストは患者を治療する医師というよりも，屋内装飾のコンサルタントに近く，自分が望んでいるのはどんなことであり，どうすればそれを入手できるのかをクライアントが確認できるような援助をするのである。現代の家族療法は，サービスの受給者を重視し，その人たちの観点を優先するということを大切にしているセラピーの第3のアプローチであり，多元的アプローチと同様にポストモダン的な観点と密接な関係をもっている（Sundet, 2011参照）が，しかしこのようなクライアント主導の立場は，多くのヘルスサービスの利用者の考え方や要望とも非常に近いものである（Kaplan, Sheldon, & Ware, 1989）。例えば，全英メンタルヘルス財団（UK Mental Health Foundation）の患者・住民参画部局長（Head of Patient and Public Involvement）であるデービッド・クレパス‐ケイ（David Crepaz-Keay）（2007）は次のように述べている。「私たち（サービス利用者）はサ

ービスの受身的な受給者であって，長いこと消えてなくならない鬱を追い払うために，あなたたち（セラピスト）が提供してくれる賢さや贈り物を受け取ることを強く願っている，というような態度から少し離れる必要がある。」

推薦文献

Bohart, A. C., & Tallman, K. (1999). *How Clients Make Therapy Work: The Process of Active Self-Healing*. Washington, DC: American Psychological Association. セラピーの臨床実践を理解し発展させるためのすぐれた入門書であり，クライアント自身がもつ自己治癒力や自己決定能力をはじめとして，対話がどのようにセラピーのプロセスを促進するのかを考察している。

Duncan, B. L., Miller, S. D., & Sparks, J. A. (2004). *The Heroic Client: A Revolutionary Way to Improve Effectiveness through Client-directed, Outcome-informed Therapy*. San Fransisco: Jossey-Bass. すぐれた文章による，情熱のこもった，セラピーへのクライアント主導的アプローチへの呼びかけ。

BohartとTallman（1999: p.209）が見るところでは，カウンセリングやサイコセラピーの世界では，このようなクライアントの主導によってそれが開始されることは，実際にはかなりまれなものである。彼らは次のように述べる。

　ごくわずかな例外はあるけれども……現代のサイコセラピーの諸理論では，クライアントを能動的で生産的な思考する人とはほとんど見なしていない。セラピストの目には，セラピーを開始するクライアントはあたかも意志や感情を抜き取られているかのように映っている。サイコセラピーに関するほとんどの書物の索引では，クライアントの思考についてまったく記載がないか，あるいはクライアントの思考の機能不全についてのみ書かれているかのいずれかである。クライアントは，セラピストと同じような能動的で生産的な仕方で思考する能力をもっているとは見なされていないのである。

クライアントの自己治癒力を特に強調するパーソンセンタードセラピーにおいてさえ，成長をもたらす存在としてのセラピストを重視する傾向がある。例えばロジャース（Rogers, 1957）によるパーソナリティ変化の必要十分条件に関する仮説は，主にセラピストの側，およびセラピストとクライアントのコミュニケーションに焦点をあてており，クライアントはセラピストと心理的に接触していて，不一致の状

態にあり，セラピストの共感的理解と無条件の肯定的配慮をある水準で受け取っていることが必要であるに過ぎない。そこでは，クライアントが変化を生み出す動機づけをもっており，セラピーを受けることを望み，セラピーのプロセスに積極的に関与することの必要性については触れられていない。

　クライアントを尊重し価値づけるあり方で関与するというヒューマニスティックなコミットメントに加えて，クライアントを変化の主体として理解することが，私たちがセラピーへの多元的アプローチの中心に協働的な治療同盟を据えることへと導く（第3章参照）。Duncanと共同研究者（2004: p.22）が指摘するように，私たちは「クライアントのウェルビーイングに影響するすべての決定において，クライアントとのパートナーシップを組もうとしないメンタルヘルスの臨床実践を打倒しようという革新的な野望」をもっているのだ。したがってセラピーへの多元的アプローチは，セラピーの目標，その目標を達成するために取り組む課題，セラピストとクライアントが用いる特定の方法といった，セラピーのあらゆる側面にわたるクライアントとの協働を必要とする。

　能動的なクライアントという概念や，サービス利用者を深く尊重することへのコミットメントとも密接に関連していることだが，多元的アプローチはまた，実存的な思想から人は意味を求めて目的へと向かう存在であるという考えを受け継いでいる。実存哲学者ジャン-ポール・サルトル（Jean-Paul Satre）は，「人は何よりもまず，未来に向かって自らを投企する存在であり，未来にあるものとしての自分自身を意識的に想像している存在である」と言う（1996: p.259）。ここでサルトルが言わんとするところは，何よりもまず，私たちは特定の力によって特定の方法で動かされる機械のような「モノ（things）」ではないということである。そうではなくて，私たちは，自分自身で特定の目標や目的を設定し，それに向かって進むあり方を見出す，未来指向的な存在である。このような観点からすると，人々の行為は「了解可能な（intelligible）」ものとして理解される。つまり，とても深く苦悩している人でさえも，何らかの理由から苦悩しているのであって，単なる不合理や無意味からそうしているのではないのである。第4章において明らかになるように，多元的アプローチが，セラピーのプロセスの中心にクライアントの目標を据える理由は，1つにはこの「目的論的な（teleological）」前提によるものである。

　最後に，このアプローチの基底にあるヒューマニスティックな哲学は，私たちがクライアントに対していずれかと言えば非診断的なアプローチを採用することにつながっている，ということを指摘しておかねばならない。筆者らが診断や臨床的カテゴリー分けを不必要なものと考えていることは言うまでもない。多元的な立場からすると，そうしたことは場合によってはクライアントに有益なものかもしれない——しかし，このアプローチの焦点は，一般的なアセスメントやクライアントを特

定の群内にあるものとしてラベリングすることよりも，個々のクライアントがセラピーから何を得たいのかという点にあるのだ。

多文化理論

　哲学的基礎として最後にあげておかねばならないのは，カウンセリングとサイコセラピーにおける多元論は，クライアントおよびセラピストの文化的な多様性が増大していることや，癒しと変化について存在している信念の多種性を包含するセラピー実践が発展することの重要性を反映するものである（Pedersen, 1991），という点である。CBTや精神力動的サイコセラピー，パーソンセンタードアプローチといった今日最も広範に活用されているセラピーの主要なアプローチは，西洋の文化的伝統を反映した人間性についての前提を具現化したものであるが，そうした前提は，他の文化的背景をもつ人の世界観とは調和しない可能性がある。例えば，「自律的で，明確な境界をもつ自己（autonomous, bounded self）」という西洋的な考えは，より集団主義的な文化をもつ人々の経験には適合しないかも知れない個人主義的な立場を表すものであることは明らかなように思われる（Sampson, 1988）。加えて，シャーマンやその他のスピリチュアルな資源を活用するといった，数多くの土着的な癒しが存在しており，それらはある文化的な集団の人々にはとても意味あるものであるが，西洋的なカウンセリングやサイコセラピーの科学的で合理的な基盤と調和することは難しい（Gielen, Fish & Draguns, 2004; Moodley & West, 2005）。

　結果的に，近年ではカウンセリングやサイコセラピーの専門学会において，文化的な相違を認め合う，柔軟で，文化を尊重した実践を促進しようとする動きがある。多元的アプローチはこうした発展に影響を受けており，文化的な選好や，異なる文化的コミュニティ出身のセラピストとクライアントの間の建設的な対話の役割に対して，できる限り感受性豊かなセラピーを行うあり方としてデザインされている。セラピーへの多元的アプローチは，アジア系，ラテンアメリカ系，イスラム系，その他の民族的または宗教的グループのために，特有のサービスを発展させようということにとどまるものではない。それ以上に，多元的アプローチはどんな個人の中も異なる文化的伝統やアイデンティティが表現されうること，そして，文化を取り入れた（culture-informed）効果的なセラピーは，セラピーのプロセスの中で生じるかもしれない文化的な「声」の多様性を考慮できることが必要であることを認めている（Pedersen, Crethar & Carlson, 2008）。

心理学的基盤

　人間は遺伝の産物なのか，それとも環境の産物なのだろうか？　1970年代に

は，このような論議がさかんに闘わされた。しかし今日では，人間存在の全体性をつかさどるような1つの要因があると主張する心理学者はほとんどいない。むしろ，人間の発達や，正常な機能と機能不全は，「多面的（multifaceted）で，多因的（multidetermined）で，多層的（multilayered）で」あり（Lazarus, 2005: p.112），個人の心理的プロセスに関与する広範囲のさまざまな要因——認知的，遺伝的，家族的，社会的，感情的，神経的，意思的なものなど——を伴っている，ということが広く受け入れられている。現在では，心理学者は要因の多様性のみならず，これら要因間の相互作用が決定的な役割を果たしているあり方についても認識してきている（Rutter, 1987）。例えば，ある少女は生まれつき外向的な傾向をもっているかもしれないが，この行動に対して彼女が社会環境から受ける肯定的な反応が，その性向をより強化しているのかもしれない。さらに広く，現在では多くの理論家や研究者が，人の生の多様な要因間の複雑なフィードバックのループという点から——つまり，「直線的」と言うよりも「循環的」な因果モデルによって——人間の機能について考えている（Borrell-Carrio, Suchman & Epstein, 2004）。

解説ボックス2.2：人の機能における可塑性

　同じ目的を達成するために可能な方法が複数存在するという考えは，カウンセリングやサイコセラピーへの多元的アプローチの基本的な原則の1つである。この点において，多元的セラピーは現代の社会科学や生命科学の鍵となる考えと一致している。例えば人類が存続するには，子どもを育てるために人々が家族構造の中でつながり合うことが必要である。しかし，社会人類学者が示しているように，すべての文化において採用されているような単一の家族構造モデルは存在しない。対照的に，膨大な数の異なる生活形態を見出すことができる。神経科学における最近の研究の多くが，脳には可塑性があることを確かめている。過去には，視覚情報の処理はある1つの領域で行われ，聴覚情報はまた別の領域で行われるといったように，脳の機能はそれぞれ特定の場所に限局されていると信じられていた。しかしながら，視覚処理システムが破壊された（あるいは視覚障害者のように，それが機能することはなかった）としても，その機能が再生するように代わりとなる脳の経路を確立することは可能である（Doidge, 2007）。文化的多様性，神経の可塑性，そして生態システムの復元力といったその他の例から学べることは，多元的セラピストが拠って立つ原則として役に立つ。その原則とは，同じ結果を達成するために異なるさまざまな方法が常に存在している，ということである。

> **エクササイズ2.1：あなたの発達に影響した要因**
>
> 　10分程度の時間を取って，あなたのパーソナリティや発達に影響したと思われる要因をリストにしてみましょう。例えば，両親または世話をした人との関係，遺伝，学校環境，きょうだいとの関係，あなたが生まれた文化，社会経済的環境，進路選択，生まれた順序，トラウマ体験，身体的健康など。
> 　その後でもう少し（10分程度の）時間を取って，これらすべての要因が1つの「上位要素（super-factor）」に集約されるかどうか，もしそうできるなら，この上位要因は他の人にとっても同じでものあるかどうかについて，自分で考えてみるか，隣の人と話し合いましょう。このような問いに対するあなたの答えは，多元的な観点とどの程度一致しているでしょうか，あるいは違っているでしょうか？

　人間を多様な要因によって規定されているものとして理解するこうした傾向は，保健医療の領域の中で，健康やウェルビーイングへの「生物心理社会的（biopsychosocial）」アプローチへと向かう，より広い動向の一部であると見なすことができる（Engel, 1977）。そこでは，臨床家には狭い範囲の生物医学的（biomedical）な問題だけでなく，個人が問題を経験するに至った生物学的，心理学的，社会学的な要因を幅広く考慮することが求められている。

　このような動向に沿う形で，今日ではパーソナリティや発達についての1つの理論によって人間の存在や生成の多くの領域を説明できる，と考える心理学者もほとんどいない。例えば，テキスト『パーソナリティ心理学（*Personality Psychology*）』の著者であるLarsenとBuss（2002: p.610）は，次のように書いている。

> 　人々には多くの側面があり，これらの諸側面は，多くの観点から観察し研究することが可能である。人々が社会的な諸問題を解決するために心理的なメカニズムを進化させてきたと論じることは，精神分析の諸原理が誤りであるということを意味しているのではない。同様に，パーソナリティの諸特性における分散の度合いが遺伝によるものだと述べることは，成人になるとパーソナリティの発達や変化は生じない，ということを意味するものではまったくない。

　したがって多くの心理学者にとっては，人間の正常な機能や機能不全についてのさまざまに異なる諸理論は，対立的なものというよりもむしろ相補的なものとして見ることができるし，そうすることは，人間の心理的苦悩についてのより複雑で多層的な理解を構築する助けとなる。例えば，定評あるテキスト『異常心理学（*Abnormal Psychology*）』の著者Comer（1998）は，性的機能不全の例をあげている。

それは，幼少期の内的葛藤（精神力動的観点），誤った性的なテクニックの学習（行動的観点），性に関する間違った概念化（認知的観点）といった，いろいろな要因によって引き起こされる可能性がある。そしてここでもまた，これらの要因の多くが相互作用しているのだとも理解できる。例えば，ある若者は，女性と親密になることをめぐるエディプス・コンプレックス的な恐怖によって性教育の授業を受けないかもしれないが，それが正しい性的なテクニックについて知識の欠如に結びつき，そしてそのことが性に関して女性が感じていることについての誤解をもたらし，そのことが女性に対する恐怖を強化するかもしれないのだ。

1つの因果関係や理解に還元できないことが見出されている心理的困難の別の例として，強迫症／強迫性障害（obsessive-compulsive disorder: OCD）がある。ここ数十年に渡り，何人かの認知理論の研究者たちは，OCDのあらゆる強迫的な思考の核には，自分自身もしくは他者に危害を加えることに対する過剰な責任感があると主張してきた（例えば，「私が電気を消さなかったら発火するかもしれない。それはすべて私の落ち度である」といったもの）（Salkovskis, 1999）。しかしながら，多くの事例でそうであるようだということを示唆するとてもよいエビデンスがある一方で，実証的研究はまた，「過剰な責任感を重視することによっては説明できないOCD患者も相当数いるだろう」（Markarian, et al., 2010: p.81）ということを示している。例えば，強迫的に数える，並べる，整頓するといった傾向をもつ人たちがこうしたことを行うのは，不快な感情を減少させるためであり，危害を加えることや恥をかくことの恐怖からそうしているのではないようである。Markarianと共同研究者は，この研究の要約として，OCDが「症候的に多様な状態（symptomatically diverse condition）」（2010: p.79）であり，「遺伝的，神経解剖学的，神経化学的そして心理学的な研究のいくつかの成果が，OCDは複数の病因を有する複雑な神経行動学的疾病であることを指摘している」（2010: p.79）と述べている。

心理学の分野における最先端の研究者や論文執筆者たちが，人間の発達や心理的機能には多くの側面があり，多くの要因から成っている——そしてその大部分はまだ知られていない——と考えているのに対して，セラピストたちは，心理的プロセスを理解する上で，どれか1つの流派に特化した理解に強く固執することを正当化する傾向にある。確かにロジャーズ（Rogers, 1959）の自己疎外のモデルや，Beckと共同研究者（1979）による情報処理の誤りについての概念は，クライアントがなぜそのような仕方で感じ，行動しているのかということについての理由を解明するために，とても有益な仮説として働くかもしれない。しかし，これらの理論のどれかを自明の**真理**であると考え，どのクライアントにもすべて当てはまるであろうと仮定する——確定的な心理学的なエビデンスがないにもかかわらず——のは，ほとんど非倫理的でさえある。もちろんこのことは，単一の流派のやり方で実践するの

が非倫理的である、ということを示唆するものではない。以下で論じるように、私たちは実証的研究を通じて、そうした臨床実践がとても役立つ可能性をもっていることを知っている。しかし実証的研究は同時に、1つの実践形態における専門家としての力と、その実践が依拠する心理学的原理への執着とを区別する必要がある、ということを示唆してもいるのだ。

> **解説ボックス2.3:「生きることにおける問題」としての心理的苦悩**
>
> 　数多くのサイコセラピーの理論において、人がセラピーを求める理由は心理的苦悩という個人内において進行するプロセスと力動の点から理解される傾向がある。例えば、自己概念と実際の経験の間の不一致（パーソンセンタード）、イドと超自我の間の内的葛藤（精神力動）、または不合理な思考（認知療法）などである。多元的な立場は、セラピーを求める理由についてより広い観点を取り入れることは価値がある、ということを示唆している。個人の外側に、あるいは個人と社会的、文化的または政治的環境の間に存在する要因を考慮することも重要である。「生きることにおける問題（problems in living）」という概念は、精神分析に関する著者であるトーマス・サース（Thomas Szasz）(1961) により導入された概念であり、この問題についての有益な考え方を提供する。「生きることにおける問題」とは、それが起きたことで「個人の最適な場所（personal niche）」または「生活スペース（life space）」が何らかの仕方で生きられなくなるようなあらゆることを指しており、この危機を解決するためにセラピストの援助が求められる。この「生きることにおける問題」という考えには、クライアントは自力で人生を創造することにおいて能動的であり機知に富んでいるが、人生の目標へ向けて進むことに関してさしあたり行き詰っている、という意味合いが含まれている。生きることにおける問題は、精神力動的セラピーや認知行動療法といったセラピーへの心理指向的アプローチとも、ナラティブセラピーや家族療法といったもっと社会指向的アプローチとも両立しうる概念である。結果として、それはクライアントの問題についての考え方として多元的な観点を奨励し、促進するものである。

サイコセラピー研究がもたらす基盤

どのセラピーにも見出されるドードー鳥

　多元的アプローチは、唯一で最善のセラピーは存在しない、という前提に基づ

いている。これは，カウンセリングやサイコセラピーの実証的研究の領域において最もよく引用される研究知見の1つ——全般的に見て，さまざまなセラピーの流派による実効性の差異はごく小さなものである——と，きわめて一致するものである。（例えば，Luborsky, et al., 2002; Wampold, 2001参照）。プライマリーケアまたはセカンダリーケア[訳注8]における異なるセラピーの実効性を比較した研究において，例えばStilesと共同研究者（2006）は，CBT，パーソンセンタードセラピー，精神力動的セラピーのどれもが，セラピー前後の苦悩の水準を比較すると，同じ程度の軽減をもたらしていた，ということを見出した。カウンセリングやサイコセラピーの実証的研究に関する文献では，流派間で効果に違いが見られないというこうした研究知見は，「ドードー鳥（dodo bird）」の判定という用語で知られている。（Luborsky, Singer & Luborsky, 1975; Rosenzweig, 1936）。これは『不思議の国のアリス（*Alice in Wonderland*）』の中で，ドードー鳥が湖の周りを走るレースを判定して，「みんな優勝，全員にごほうびを」と宣言した場面に由来する（より詳しい議論については，Cooper, 2008の第3章参照）。

　この分野におけるすべての研究者が，こうしたデータの解釈に同意しているわけではない。例えば（Hunsley & Di Giulio, 2002ほか），異なるセラピー間には実効性に有意な差が**ある**との主張もあり（Reid, 1997ほか），こうした主張においては，一般的にCBTがトップに位置づけられる（Shapiro & Shapiro, 1982ほか）。しかし，あるセラピーが**平均的に見て**他のセラピーよりもいくらか効果的であるということが事実だとしても，それは「効果が小さい」とされるセラピーであっても，それを受けた中のクライアントの多くは，「効果が大きい」とされるセラピーを受けた平均的なクライアントよりもよくなるだろう，ということを意味している（22ページの解説ボックス2.1参照）。それゆえ，2つのセラピーの実効性にわずかな平均値の違いがあることを，すべてのクライアントが特定のアプローチにおいて別のアプローチ以上によくなることのエビデンスとしてとらえることはできないのである。

適性処遇交互作用

　異なるクライアントは異なることを必要としているという主張を支持するものとして，サイコセラピー研究は，「ある特性をもった患者は，ある治療において他の治療よりもよくなるだろうし，その特性をもたない患者や他の対照的な特性をもつ患者には，逆のことが当てはまるだろう」（Elkin, et al., 1999: p.438）ということを示している。これは「適性処遇交互作用（aptitude by treatment interaction）」と

訳注8）イギリスのNHS（National Health Service）では，地域の診療所における最初の診断・治療をプライマリーケア，診療所からの紹介を経て，より専門性の高い総合病院や専門クリニックなどで行われる医療をセカンダリーケアと呼んでいる。

して知られ，多元論的な立場を支持する大きな拠りどころとなっている。このような交互作用として実証的研究において最も確証されているものの1つは，高水準の抵抗を示すクライアント（すなわち，治療的な方向とは逆方向に行動する傾向をもつクライアント，など）は非指示的な臨床実践からより恩恵を受けるのに対して，防衛的ではないと判定されるクライアントは指示的なセラピーの手続きからより恩恵を受けるようだ，というものである（Beutler, Blatt, Alimohamed, Levy & Angtuaco, 2006; Beutler, Engle, et al., 1991）。同様に，「外在化（externalising）」のコーピングスタイルが優勢なクライアント（すなわち，新しい状況や問題となる状況に，衝動的，能動的，かつ過剰に行動することで対処するクライアント）は，「内在化（internalising）」のコーピングスタイルをもつクライアント（すなわち，新しい状況や問題となる状況に対して，自分を振り返り，自己批判的あるいは抑鬱的になることで対処するクライアント）よりも，技法を重視するセラピーによってよくなる傾向にあり，「内在化」のコーピングスタイルをもつクライアントは，技法よりもセラピストとクライアントの関係を重視するセラピーによってよくなる傾向にある，ということが知られている（Beutler, Machado, Engle, & Mohr, 1993; Beutler, Mohr, Grawe, Engle & MacDonald, 1991）。

選好（preferences）と先入期待（predilections）

適性処遇交互作用の1つの特殊な種類であり，多元的アプローチにとって特に重要なものとして，さまざまなセラピーに対するクライアントの選好と，各セラピーの介入の実効性の関係に関するものがある。実証的研究から明らかなのは，程度の差はあってもクライアントはさまざまなタイプのセラピーに対して選好をもっている，ということである（以下の解説ボックス2.4参照）。ではこのことは，異なる各流派のセラピーの結果に何らかの影響を与えているのだろうか，それともクライアントが実際にどのセラピーを好んでいるようであっても，それに関係なく改善がもたらされるのだろうか？

解説ボックス2.4：クライアントはどんな種類のセラピーを望むのか

すべてのクライアントは同じ種類のセラピーを望むのであろうか，それとも選好には実質的な違いがあるのだろうか。サービス提供の枠組みにおいては，利用者の選択が重視されることを考えると（例えば，Care Service Improvement Partnership (2009), Our Choices in Mental Health 参照），こうした問いはとても重要であるよ

うに思われるが，興味深いことに，この分野の研究は始まったばかりである。現時点で最も関連ある実証的研究の1つは（King, et al., 2000），プライマリーケアにおける鬱の患者に対して，非指示的カウンセリングを受けるか認知行動療法を受けるかという選択肢が与えられ，その反応を見たものである。患者たちは，非指示的カウンセリングではセラピストから悩みについて話す機会を提供され，悩みについての考えや気持ちを探求できるようになるだろう，と伝えられた。認知行動療法では，セラピストは患者の気分に影響を与えている思考，感情，そして行動を特定し，それらと肯定的な関係がもてるように援助されるだろう，と伝えられた。これら2つのセラピーから1つを明確に選んだ患者の中で，約40パーセントが非指示的カウンセリングを選び，60パーセントは認知行動療法を選んだ。しかし興味深いことに，Lee（2009）が大学生を対象に実施したフォローアップ研究では，男性と女性の間で統計的に有意な差が見出され，男性の74パーセントは認知行動療法への，そして女性の64パーセントは非指示的カウンセリングへの選好を表明した。

　別の研究では（Bragesjo, Clinton & Sandell, 2004），無作為に抽出されたスウェーデン人500名に対して，心理的な援助を必要とするなら3つのセラピー（認知行動療法，認知的サイコセラピー，精神力動的セラピー）のうちどれを選択するかを尋ねた。ここでも最も人気があったのは認知行動療法で，約35パーセントが選択した。そして，27パーセントが認知的サイコセラピー，16パーセントが精神力動的セラピーを選択した。しかし，Bragesjoと共同研究者は，心理的苦悩の治療経験をもつ人に限ると，精神力動的セラピーへの選好が増加することを見出しており，その後の研究においても同様の結果が示されている（Frovenholt, Bragesjo, Clinton & Sandell, 2007）。

　こうした実証的研究が示唆するのは，クライアントは平均すると，認知行動療法をそれ以外のアプローチよりもわずかに信頼する傾向にあるが，認知行動療法以外のセラピーを好む人々も明らかに数多く存在している，ということである。選好とセラピーの結果に有意な関係があるとするなら，これはクライアントが「すべての人に合う1つのサイズ（one size fits all）」式のサービスに押し込まれるよりも，むしろ広範囲にわたるセラピーの選択肢を与えられるべきであることを示唆している。しかし，これらの実証的研究のいずれにおいても，異なるセラピーの要素を組み合わせた柔軟なアプローチの方がよいと回答する選択肢が用意されていなかったことには注意すべきである。これらの実証的研究に反映しているのは，セラピーは臨床実践におけるさまざまな流派によるアプローチと合致した形で行われる必要がある，という考えの根強い影響である。

　実証的研究のデータについて最も徹底したレビューを行ったSwiftとCallahan（2009）は，自分が好むセラピーを受けたクライアントは，そうでないクライアン

トに比べて統計的に有意に改善していた，ということを見出した。平均すると結果への影響は小さかったが，多くの場合，クライアントはどれがよいかを判断するにあたって，さまざまなセラピーについての最小限の情報（例えば，それぞれについて1パラグラフの紹介文を読むだけ，といった）しか与えられていなかった。またとても好むセラピーを受けた場合をとても嫌いなセラピーを受けた場合と比較したところ，クライアントがそれほど好んでいないセラピーを受けた場合と比較したときよりも効果の差は大きかった。このような選好の両極端を調べ，かつクライアントがさまざまなセラピーについて実質的な情報を与えられた別の研究例として，DevineとFernand (1973) では，ヘビ恐怖の人たちに4人の異なるセラピストからそれぞれのセラピーの特徴が説明され，さらにその実例を示したビデオテープが見せられた。その後でクライアントたちは，4つのセラピーのそれぞれを評定するように求められ，「まったく好ましくない」か「まったく好ましい」のどちらかに評定したセラピー条件に割り振られた。この研究の結果は，自分が好む形態の治療に割り振られたクライアントたちは，好まない形態の治療に割り振られたクライアントよりも統計的に有意に改善しており，また，前者のクライアントたちは4つのセラピーに無作為に割り振られたクライアントよりも有意に改善していた，ということを示した。SwiftとCallahan (2009: p.376) は実証的研究をレビューする中で，「自分が好む治療を受けたクライアントでは，自分が好む治療を受けなかったクライアントに比べて，ドロップアウトしたと言える数は約半分だった」ことを見出している。このようなエビデンスに基づいて，SwiftとCallahan (2009: p.378) は，治療の選択が「セラピストとクライアントの双方が情報を共有し，選択肢や選好についてオープンに話し合うという協働」に基づいてなされるべきであることを推奨している。

　クライアントが好むセラピーにおいてより改善するのは，それが個人の要求や望みに合っているからであると考えられる一方で，その改善は，自分が好むセラピーを受けることによって，より多くのことが自分のコントロールのもとにあるという感覚をクライアントに与えるからだ，ということを示唆するエビデンスもある (Handelzalts & Keinan, 2010)。つまり，クライアントが自分の望む種類のセラピーについて語った後でそれを受けるとき，クライアントは自分の環境や，入手できる対応の種類に対して，自分がより大きな影響を与えていることを感じることができる。こうしたことが自己効力感や自己肯定感を高め，メンタルヘルスを改善する肯定的なフィードバックの循環を促進する――場合によっては，そのような循環を作動させる――かもしれないのである。

　クライアントの「先入期待」――自分の苦悩の起源や，自分には何が役立つと思うのかに関するクライアントの信念 (Elkin, et al., 1999) ――と，さまざまな介入

表2.1：セラピーに対するクライアントの選好の諸次元（出典：Berg, Sandahl & Clinton, 2008）

外的な方向づけ
私が目標を言語化するのを援助してくれることが重要である。
よい治療は私に異なる仕方で行動することを教えてくれる。
実際的な問題解決に応用できる点に焦点をあてた宿題が私の助けになる。
主導権をもって必要な場合にはよい助言をしてくれるセラピストが私には必要である。

内的な方向づけ
私は幼少期からの苦痛な経験を想起する必要がある。
私は自分と他者の関係をよりよく理解したい。
私は自分の夢をセラピストとともに振り返ることを望んでいる。
私は自分の感情を言葉にする助けがほしい。

サポート
私にはサポートを与えてくれるセラピストが必要である。
私には勇気づけてくれる他者の援助が必要である。
よいセラピストは温かく友好的である。
最も重要なのは，セラピストが私を好きであることだ。

カタルシス
私がもっと自発的になれる援助が必要だ。
私には治療の中で強い感情を表現することが重要だ。
治療が成功するために基本的に必要なのは「思いっきり発散（blow off steam）」できることだ。
押さえ込まれた感情を表現することが私には必要だ。

の実効性の関係を検証した研究によれば，ここでも，セラピーはクライアントの信念や価値観と一致するときにより有効であることが示されている。例えば，AddisとJacobson（1996）は，自分の鬱についていずれかと言うと抽象的な（すなわち認知的な）言葉で理解しているクライアントほど，認知療法（それはクライアントの個人的な意味づけを検討する機会を提供する）によってより改善していたが，行動療法（そこではより個別の行動変容に焦点があてられる）では相対的に低い改善にとどまっていた，ということを見出した。さらにAddisとJacobsonは，自分の問題を対人関係という点から理解しているクライアントほど，認知療法（それは個人内部への指向性をもっている）での成果は低くなるということを見出した。

ここまでに論じた研究は，CBTもしくは精神力動的セラピーといった，広範なセラピーのアプローチとの関係におけるクライアントの選好について，一般的に探求したものである。しかしながら，こうした各アプローチは，実際には広範囲にわたる具体的なセラピーの行為を含んでいる。Berg, SandahlおよびClinton（2008）は，

質問紙（上記の表2.1の項目を参照）を用いて，クライアントが特定のセラピーのプロセスへの選好を示すかどうかを調べた。調査の対象となったクライアントたちはすべて不安症／不安障害（anxiety disorders）に苦しんでいたが，無作為に対照的な2つの形態のセラピーに割り振られた。治療の終結時に，クライアントたちは再び質問紙に記入して，自分の受けたセラピーが当初の自分の選好をどの程度反映したものだったかを報告した。Bergらは，受けたセラピーと選好が一致していたクライアントはより改善する傾向にあったことを見出した。この研究では，あるセラピーが他のアプローチよりもより効果的であることが示されてはいたが，実際に提供されたセラピーのタイプよりも，クライアントの選好の方がより強く結果を予測していた。この研究は，多元的なセラピーにとって重要な含意をもつものである。それは，セラピーのどのような具体的な要素を好むのかについて表明するように求められることは，セラピー全般に対する選好を表明することよりもクライアントにとって意味があり，よい結果と関係しているようである，ということを示唆している。

　セラピーに対するクライアントの選好についてのさらなるエビデンスが，クライアントが提供されたセラピーから利益を受けられなかったときに何が起きるのかを探索しようとする研究によって示されている。Nilsson, Svensson, SandellおよびClinton（2007）の研究において，精神力動的または認知行動的なセラピーのどちらかを終結したクライアントが，自分たちが経験したことについてインタビューを受けた。自分が受けたセラピーに満足できなかったクライアントは皆，セラピーに「何か欠けているもの」があったと報告していた。その人たちは，セラピストのスキルやセラピストが行った内容の価値を認めてはいたが，セラピストがやっていたことは自分にとって適切なものではなかったと思うと述べていた。精神力動的セラピーを受けて不満足だったクライアントたちは，セラピストが宿題を提示したり，より構造化された仕方で（つまり，もっとCBTのセラピストのように）実践することを望んでいた。対照的にCBTを受けて失望したクライアントたちは，セラピストがもっと自分たちが感じていることに関心をもち，自分たちのストーリーを語ることができる時間を与えてくれる（つまり，もっと精神力動的セラピストのようにある）ことを望んでいた。この研究は，不十分な結果につながるのは必ずしもセラピストの能力が十分でない，あるいはクライアントの動機づけが十分でない，ということではないかもしれない，ということを示唆している（もちろん，これらの問題も明らかに関連してはいるが）。そうしたこと以上に，協働しながら取り組むためのお互いが好む方法について，クライアントとセラピストがどの程度一致しているのか，ということが鍵となる要因であるようだ，と言えるのである。

変化の道筋：それは1つなのか，それともたくさんあるのだろうか？

　すべてのクライアント，あるいは同様の困難を抱えるすべてのクライアントは，同じように変化するのだろうか？　今のところ，そうであることを示すエビデンスはとても少ない。同じセラピーを受けたクライアントにおいても多様な変化のプロセスが起こる可能性がある，ということをエビデンスは示しているように思われる。例えば，Clarke と共同研究者（2004）は，鬱に対する短期間の認知療法を受けた5名のクライアントにインタビューを行った。「アンナ」をはじめとする何人かのクライアントは，自分の思考を検討することは価値あるものだと語った。「〔セラピストは〕私が言ったことを要約して，それを私に確認させてくれたので，そのことが私の中の非論理的なところや矛盾するものを明らかにしてくれました」（2004: p.86）。しかし，「デーブ」をはじめとした他の何人かはそうではなく，その代わりに「安全で信頼できる環境」（2004: p.85）の大切さについて語り，同時に，認知療法の「技法やツールの中のあるものへの抵抗」（2004: p.84）や，その「アメリカ流のスタイルへの苛立ち」（2004: p.84）が述べられた。同様に，学校でのカウンセリング経験に関する青年たちへのインタビューに基づく研究（Cooper, 2004; 本書の第7章参照）では，多くの青年たちが，話を聞いてもらい，胸の内を吐露する機会をもてたことはとても有益だったと話していた。しかし，他の何人かは，セラピストから問いかけられたこと，あるいは示唆や助言を受けたことがとても重要だったと述べていた。以上の2つの研究から明らかなことは，それぞれのクライアントは役立つ要素としてさまざまなものを述べており，個人間のレベルのみならず，個人内のレベルにおいても多様性が存在していることである。こうした結果は，多くのクライアントが同じように変化するということを否定するものではないが，唯一の「上位プロセス（super-process）」が働いていると仮定することよりも，クライアントに起こり得るさまざまな変化のプロセスに開かれていることが私たちには必要である，ということを示唆している。仮に「上位プロセス」の働きがあることが判明したとしても，実証的研究は，私たちがその上位プロセスが何なのかを立証することからはまだ遠く離れたところにいる，ということを示唆しているのである。

協働的なスタンス

　多元的セラピーの核心にあるのは，セラピストはセラピーの目標，課題，方法についてクライアントと密接に協働すべきである，という信念である。こうした主張は，実証的なエビデンスによって特に肯定的に支持されており，セラピーの二者関係における「目標合意と協働（goal consensus and collaboration）」は，セラピーの関係における「明らかに効果的な（demonstrably effective）」要素であることを指摘する実証的研究の豊かな蓄積がある（Tryon & Winograd, 2002）。実際に，アメ

リカ心理学会によって行われたセラピー関係に関するこれまでで最も大規模なレビューにおいて（Norcross, 2002），目標合意と協働は，自己一致（congruence）や無条件の肯定的配慮（unconditional positive regard），そして転移の解釈（transference interpretation）といった多くのよく知られた関係の変数よりも，セラピーの結果と明らかに結びついていることが見出された。この結びつきは，インタビューに基づく質的な研究からも明らかである。例えばMaluccio（1979）は，クライアントの不満の多くが，セラピストとの間で具体的かつ特定の目標について話し合えていないことや，目標の合意ができていないことに関係している，ということを見出した。例えば，ある「失敗」ケースでは，両親は，息子が学校へ再登校するようにセラピストが働きかけることを望んだが，セラピストは，夫婦が息子の生活をコントロールしたいという欲求を乗り越える援助をしようと試みていた。

推薦文献

Horvath, A. O., & Bedi, R. P. (2002). The alliance. In J. C. Norcross (Ed.), *Psychotherapy Relationships that Work: Therapist Contributions and Responsiveness to Patients* (pp. 37–69). New York: Oxford University Press.

Tryon, G. S., & Winograd, G. (2002). Goal consensus and collaboration. In J. C. Norcross (Ed.), *Psychotherapy Relationships that Work: Therapist Contributions and Responsiveness to Patients* (pp. 109–125). New York: Oxford University Press.

　加えて，サイコセラピーの研究文献において，他の要因以上にセラピーの結果と明らかに関係していることが示されている1つの要因は，「治療同盟（therapeutic alliance）」に関するものである（Horvath & Bedi, 2002; Martin, Garske & Davis, 2000）。これは，目標合意と協働に密接に関連するもので，「クライアントとセラピストの協働的関係の質と強さ」（Horvath & Bedi, 2002: p.41）のことであり，とりわけセラピーの目標と課題についての協働と定義できる。例えば，セラピーの同盟について最もよく用いられる尺度である（Martin, et al., 2000）作業同盟インベントリー（Working Alliance Inventory）の改定短縮版（Hatcher & Gillaspy, 2006）は，「［セラピスト］と私は，共有された目標に向かって取り組んでいる」，「［セラピスト］と私は，私にとって最も有益な種類の変化を理解している」などの項目によって，セラピストを評定することがクライアントに求められる。そして，この尺度を用いた実証的研究は，これらの項目に強く同意するクライアントはセラピーにおい

てより改善する傾向にある、ということを示している。

変化の能動的主体（active agent）としてのクライアント

協働を重視することと密接に関連するものであるが、多元的アプローチにおけるもう1つの中心的な原理は、「セラピーを機能させるのはセラピストではなく、クライアントである」（Duncan, et al., 2004: p.12）というものである。つまり、多元的セラピーが前提とするのは、クライアントの人生に変化をもたらすのはクライアント本人であり、セラピストはクライアントの改善を創造する者というよりも、触発する者（catalysts）であるということである。こうした前提は、やはり実証的研究によって強く裏づけられている。例えば、世界をリードするサイコセラピー研究者の1人である、ミカエル・ランバート（Michael Lambert）（1992）が推定したところでは、セラピーによる改善の約40パーセントは「クライアント変数とセラピー外の出来事」によるものである。これは、クライアントの変化への期待とそのセラピー関係への寄与を含めるならば75パーセントに増加する。他方、ブルース・ワムポルド（Bruce Wampold, 2001）は、さらに正確な算定方法を用いて、セラピーにおける変化の87パーセントがクライアントおよびクライアントの生活上の出来事によるものである、と推定している。

「クライアントがセラピーを機能させる」という考えは、BohartとTallman（1999）によっても詳細に論じられており、能動的なクライアントが重要であるという仮説（active client hypothesis）を支持する多数のエビデンスを示している。例えば、クライアントはまったくセラピーを受けずに、あるいはセラピストからの最小限の支援だけで、セルフヘルプのためのツールを使うことなどによって、しばしば実質的な改善を示すことが可能である（den Boer, Wiersma, & van den Bosch, 2004）。カウンセリングとサイコセラピーの分野における実証的研究の知見をまとめて、ミック（Cooper, 2008: p.157）は以下のように述べている。

> 最も成功するセラピーの中心にあるのは、自分自身の人生に変化を起こすことに進んで深く関わることができるクライアントである。さらに信頼と好意を寄せ協働できると感じるセラピストに出会うならば、そのクライアントは自分の目標に向けてさまざまな技法と臨床実践を活用することができる。異なるクライアントには異なる種類のセラピストによる介入が程度の差はあれ役に立つだろう。なおかつ特定の心理的困難を抱えるクライアントに対して、ある種の介入が特に役立つかもしれない。しかし、成果を予測する鍵となるのはやはり、セラピストの提供するものがどんなものであっても、それをどの程度クライアントが喜んで活用できるかという点にある、とエビデンスは示唆している。

> **解説ボックス2.5：セラピストの満足と多元的な臨床実践**
>
> 　より統合的あるいは折衷的なやり方で実践することは，セラピストにとってどのくらい有益なことなのだろうか？　この問いに関するエビデンスは限られているが，サイコセラピーリサーチ協会の協働的研究ネットワーク（Collaborative Research Network of the Society for Psychotherapy Research）が実施した約5000人のセラピストを対象としたその経験についての調査（Orlinsky & Rønnestad, 2005d）では，「広い理論的観点をもつセラピストは，自分のセラピーの実践を最も好ましいものとして経験している」ということが見出された。広い理論的観点をもつセラピストとは，より多くの理論的な立場を自分の臨床実践にとっての重要な部分と見なしているセラピストのことである。その研究では，広いスペクトラムをもった統合的で折衷的なセラピストは，臨床実践において最も高い水準の成長を経験していることも見出された（Orlinsky & Rønnestad, 2005b）。OrlinskyとRønnestad（2005c, pp.169-170）は，セラピストの理論的観点の幅広さと臨床実践の水準の高さの間のこうした相関は，広い理論的観点をもつことによってセラピストが"すべての患者を単一の理論的なひな型にはめ込むのではなく，患者をさまざまな角度から多様な概念的文脈の中で理解する"ことができているからである，ということを示唆している。OrlinskyとRønnestadは続けて，広範な理論的観点は「患者が示す多様な難題に応えるためのセラピストの適応的な柔軟性を高め，"絶えざる専門的な熟慮（continual professional reflection）"のプロセスを豊かにする……そのことを通して，セラピストは臨床経験が突きつけてくるさまざまな課題に学ぶのだ」と言う。OrlinskyとRønnestad（2005a）は，豊かな成長を経験できずに停滞しているセラピストは，さまざまな理論的観点に積極的に開かれ，セラピーの実践の中でさらなる変化や多様性を探求していくことの重要性をよく考えてみるべきである，と結論づけている。

統合的セラピーの有効性

　多元的な臨床実践のあり方に関連して，私たちはまた，統合的，折衷的あるいは多元的な臨床実践は単一の流派による働きかけよりも効果的である，ということが実証的研究において示されているのだろうか？と問うことができる。事実，統合的な臨床実践は，セラピーの実効性を高めるとセラピストたちから広く信じられている（Schottenbauer, Glass, & Arnkoff, 2005）が，この問いに関する実証的研究は比較的限られており，特に，多元的アプローチの臨床実践を他の形態のセラピーと比較検討した研究はまだ見られない。

　最近のいくつかの実証的研究では，統合的なアプローチは，それが出てきた背

景にある単一の流派の実践に比べてより効果的であることが見出されている。例えば，Constantinoと共同研究者（2008）は，（ヒューマニスティックセラピーや対人関係療法の要素を融合した）統合的な認知療法が，鬱の治療において伝統的な認知療法よりも効果が高いことを見出している。また，Hayesと共同研究者（2006）は，アクセプタンス＆コミットメントセラピー（ACT）においても同様の傾向を見出している。しかしながら，統合的あるいは「増強された（enhanced）」セラピーは概して，そのもととなったセラピーとほぼ同じ程度の効果をもつ傾向があり（Ahn & Wampold, 2001），実証的研究のレビューは，そうしたセラピーがさまざまな心理的問題に対して効果的である可能性を示してはいるが，比較された単一の流派のセラピーよりもすぐれている，ということを示唆するエビデンスはほとんどない（Schottenbauer, et al., 2005）。多元的な立場からすると，このような研究知見は特に驚くべきものではない。あらゆるクライアントに対して標準化された統合的実践を適用することが，標準化された単一の流派のフォーマットを適用することよりも効果的であると期待することはできないからである。

柔軟な実践の有効性

　より柔軟で個人向けに仕立てられた実践はよりよい結果を導く，というエビデンスはあるのだろうか？　残念なことに，この領域での実証的研究はほとんどない。その理由は主に，ほとんどのセラピー研究は標準化されたセラピーのフォーマットを提供することに焦点をあてる傾向にあり，セラピストの柔軟性はフォーマットを遵守することからの脱線であり，それゆえ誤りの原因であると考えられていることにある。

　これまでに行われてきた実証的研究の中で，セラピストの柔軟性がよりよい結果を導いていることを示すエビデンスがいくつかある。例えばJacobsonと共同研究者（1989）は，夫婦セラピー（marital therapy）を臨床的に柔軟に改変したアプローチは，構造化されたアプローチよりも長期的によい結果をもたらすことを見出した。ChuとKendell（2009）は，セラピストの柔軟性によって，子どものクライアントたちが特定の環境に適応的に参加するようになったことを見出した。またGhaderi（2006）は，認知行動療法を，標準化されたものではなく個人に合わせた様式で提供したときに，過食症のクライアントはいくつかの効果の指標においてよりよくなっていたことを見出している。しかし全体的に見ると，これらの研究では，個人に合わせた治療と標準化された治療の間で効果の差異はほとんど見られない傾向にあり，他の研究においては，標準化されたセラピーの方が個人に合わせたセラピーよりもよい結果を示しているものもある（Schulte, Kunzel, Pepping & Schulte-Bahrenberg, 1992）。しかしながら，このような実証的研究の多くがもつ問題の鍵は，

「仕立てられた（tailored）」セラピーが，認知行動療法の臨床実践という比較的狭い範囲内のものであるか，あるいは特定の認知行動療法の原則に従ったものであるので，より広い，さまざまな流派にまたがるような効果については明らかになっていない，という点にある。

　セラピーへのより柔軟に仕立てられたアプローチの価値は，「マニュアル化された」セラピー（つまり，臨床家が確立された実践ガイドラインに従うように求められるセラピー）の有効性を，マニュアル化されていないものの有効性と比較することによっても検討できる。ここでの結果はまた，かなりバラバラなものである。一方では，いくつかの研究は，特定のマニュアル化されたセラピー技法を用いる能力がサイコセラピーの成果を予測すること（例えばShafran, et al., 2009; Shaw, et al., 1999）を示しているが，他の研究では，特定のマニュアル化された技法を用いることがよくない結果をもたらすこと（Castonguay, Goldfried, Wiser, Raue & Hays, 1996）や，セラピストに温かさや親密さが欠如しているようにクライアントに経験されること（Henry, Strupp, Butler, Schacht & Binder, 1993）が見出されている。こうしたことが示唆するのは，特定の臨床実践における知識やスキルは効果を高めることにつながるかもしれないが，介入が厳格であったり柔軟さを欠くことはよい結果に結びつかないようだ，ということである。

　こうした結論は，治療同盟の「悪化（ruptures）」，すなわち，協働的なセラピスト・クライアント関係の緊迫や破綻の局面についての実証的研究からも支持されている（Safran & Muran, 2000）。ここでは，悪化の現れが認識され取り組まれるとき，そしてセラピストが行動において厳格になるよりも，より許容的なスタンスを（例えば，謝ることや行動を変化させることなどによって）示すときによりよい解決がなされる，ということを研究は示している。こうした研究知見を支持するものとして，Piperと共同研究者（1999）は，精神力動的セラピーにおいてセラピストが転移の解釈に固執する――クライアントがそのことに不安や不満を募らせているときにも――ことが，しばしば，クライアントのセラピーからのドロップアウトにつながっている，ということを示している。

　クライアントへのインタビューによる質的な研究においても，サービスの利用者の観点からは，概してセラピーの柔軟性はセラピー関係にとって有益で重要なものとして経験されていることが示唆されている。例えば，プライマリーケアにおけるカウンセリングを受けたクライアントを対象とした，長期的な成果に寄与したと感じた要因に関する最近の研究では，個人的なニーズに合わせるというセラピストの能力が決定的な要因であると考えられている（Perren, Godfrey & Rowland, 2009）。あるインタビュー回答者は次のように述べた。「彼女は……私に合わせてくれていると感じました。彼女は私に必要なやり方，私に必要なこと，私に必要なスタイル

に合わせて，彼女自身を柔軟に変えていると感じました。それは誰にでもよい働きをするわけではないかもしれません。しかしそのことは，私にとっては完璧にぴったりと合った手袋のようなものでした。」（Perren, et al., 2009: p.243）。しかし，別の研究では，あるクライアントは「私は標準化された治療法というものを信じません。私はセラピストは賢者，つまり知識を自分の血肉とし，特定の状況において何をする必要があるのかを理解できる人であるべきだと思います」（Binder, et al., 2009: p.253）と述べていた。

　セラピストの柔軟性に関するエビデンスの興味深い源泉を，系統的なケース研究（systematic case studies）についての文献中にも見つけることができる（McLeod, 2010）。エビデンスの多様な源泉を見出すために詳細に記述された臨床ケースは，単一の流派の中で実践しているときでも，セラピストはいくつかの点ではとても革新的あるいは柔軟である，ということを一貫して示している（例えば，Hill, et al., 2008; Hougaard, et al., 2008; Karon, 2008; Kasper, Hill & Kivlighan, 2008; Kramer, 2009参照）。

　要約すると，セラピーの柔軟性や個人に合わせて仕立てることがよりよい結果につながり得るという一群のエビデンスが見出されてきているが，どのような状況下でそうなるのか，そして実際にどのような状況下で結果の悪化につながる可能性があるのかについても，さらなる研究が必要である。しかしながら，Shulte（1996）が指摘しているように，個人に合わせて仕立てられたセラピーと標準化されたセラピーを，互いに相容れないものとして見る必要はない。おそらく，ある時点でのあるクライアントにとっては，臨床家が「セラピストの揺れ（therapist drift）」（Shafran, et al., 2009）を起こすことを避け，比較的一貫したあり方でクライアントにかかわり続けることが重要であるが，別の時点での別のクライアントには柔軟性や応答性が鍵となるかもしれないのである。それゆえ，本書の至るところで筆者らが強調しているように，多元的アプローチは多元論そのものに対しても多元的でなくてはならない。つまり，たとえ多元的な臨床実践のやり方であっても，唯一のあり方が常にどのクライアントにも最適である，と仮定する地点には至るべきではないのである。

政策的な基礎：
パーソナライゼーション・アジェンダ（personalization agenda）

　本書の序文で論じたように，「エビデンスベースト」な心理的セラピーを採用し，提供する方向への最近のシフト（例えばイギリス政府による心理的セラピーへのアクセス向上プログラム，Clark, Layard, Smithies, Richards, Suckling & Wright,

2009）は，公的な政策立案者がさらに一元論的なアジェンダに向かって動いているような印象を与えるかも知れない。しかし，イギリス国内においては，エビデンスに基づく実践へと向かう変化は，ヘルスケアおよび社会的ケアの政策（health and social care policy）におけるより広範囲な革新の一部に過ぎず，それ以外の多くの側面は多元的な考え方や実践と一致するのみならず，その最先端にある。この章の最後に，多元的アプローチがいかに今日の政治的な時代精神の多くの要素と手を携えるものであるかを示しながら，こうした発展のいくつかについて論じたい。

ヘルスケアおよび医療的ケア

多元的アプローチと調和するものであるが，近年では「ヘルスケアにおいて患者のエンパワメントと患者の選択の拡大へと向かう増大しつつある傾向」（Ford, Schofield & Hope, 2003: p.590）が現れてきている。この発展は，イギリス保健省（2009）の「ニューホライズンズ（New Horizons）」プログラム（www.dh.gov.uk/en/Healthcare/Mentalhealth/NewHorizons）において最も明確である。これは，イギリス国民のメンタルヘルスとウェルビーイングを改善するための超党派のビジョンと実行プログラムを2010年に定めたものである。ニューホライズンズプログラムの指針となる価値観は，セラピーへの多元的アプローチの基礎となるものとほぼ同じ意味合いをもっている。それは，平等，正義，人権，人々が潜在力を十分に発揮できるように援助すること，人々が人生を自分のものにできるよう援助すること，そして関係を尊重することである。

これに伴って，ニューホライズンズのビジョンにおける鍵となる発展は，より**個人を重視する**（personalised），つまり個人に合わせて仕立てられるメンタルヘルスサービスへと向かう動きである。ニューホライズンズプログラムの鍵となるテーマは，「個人のニーズと要望」に基づいたケアを確かなものにすることである，とイングランドのメンタルヘルスに関する元ナショナル・クリニカルディレクター（former National Clinical Director for Mental Health in England）であるルイス・アップルビィ（Louis Appleby）は述べている（Appleby, 2009: p.4）。そこでは，サービス利用者が「自分自身の状態を確認することに加え，回復のためのケア，治療，および目標を決定できる」（Department of Health, 2009: p.5）。多元的アプローチの場合と同様に，ニューホライズンズプログラムもまた，サービス利用者の強さと資源をより強調する方向に向かっており，利用者をメンタルヘルスの問題あるいは診断の観点から規定することからは遠ざかっている。「これは精神疾患を予防するということ以上のものである。それは，個人とコミュニティが自分たち自身から最良のものを引き出すのを援助することでもある」と元イギリス首相のゴードン・ブラウン（Gordon Brown）は述べている（www.newhorizons.dh.gov.uk/index.aspx）。

このような精神的苦悩から精神的ウェルビーイングへの強調点のシフトは，政界における他の多くの発展（例えば，強い影響力をもつ Foresight Mental Capital and Wellbeing Project, 2008 参照）や，「リカバリー（recovery）」のアジェンダの増大する影響（例えば，National Institute for Mental Health in England, 2005）と軌を一にするものである。ここでは，精神疾患を経験している人々も精神的ウェルビーイングを享受する力を有しているとみなされる。リカバリーとは，「継続中のあるいは再発する症状や問題があろうとなかろうと，その人自身によって語られるところの意味ある満足のいく人生を築くこと」(Department of Health, 2009: p.24) を意味するものである。

幅広いヘルスケア政策におけるこれらのシフトに沿って，最近では医師と患者の最初の出会いにおいて，より協働的かつ平等で，対話を重視したかかわり方を発展させることが注目されつつある (Borrell-Carrio, et al., 2004; Makoul & Marla, 2006)。それは，「共有される意思決定」，「相互参加」，「自律性の向上」，「エビデンスに基づいて患者が選択すること」，「クライアントセンタード・ケア」，「専門家同士の話し合い」，「関係中心のケア」(Borrell-Carrio, et al., 2004; Ford, et al., 2003; Makoul & Marla, 2006; Suchman, 2006) といったテーマのもとに進められているが，ここでの強調点は，「治療方針についての同意を得るプロセスに，専門家と患者がそれぞれの知識や関心や観点をもち込んで話し合うこと」(Makoul & Marla, 2006: p.304) に置かれている。多元的アプローチの場合と同様に，このような協働的アプローチは，治療を受けることを躊躇している患者に対して，意思決定に関する知識という過剰な重荷を引き受けさせることを意味するのでもないし，患者が信じていることや仮説を何でも無批判に受け入れることを意味してもいない，という点をこの専門分野の著者たちは強調している (Borrell-Carrio, et al., 2004)。「しかし，それはまた，例えば医師が説明できない症状を患者が訴えたときによく起こりがちなように，正当な判断によらずに患者の観点を否定することを許容するものでもない」(Borrell-Carrio, et al., 2004: p.578)。そこでは，バランスの取れた協働的な「関係における自律（autonomy in relation）」，つまり思いやりのある関係に支えられ，情報に基づいた選択を行うことが強調されている。その関係の中では，医師主導の情報共有から患者主導の情報共有に至るまで，柔軟に動くことができる。重要なことだが，このようなアプローチを支持するものとして，医療における医師と患者の最初の出会いにおいてこうした協働的な活動が行われることが実際に結果に改善をもたらしている，ということを示すエビデンスがある (Greenfield, Kaplan & Ware, 1985; Kaplan, et al., 1989)。

社会的ケア

イギリスでは，より個人を重視するサービスの提供へと向かうヘルスケア政策におけるシフトが，社会的ケアの領域における政策の発展に反映されている。イギリス政府の「成人の社会的ケア改革に向けて共有されたビジョンとコミットメント」である，「人をはじめにおくこと（Putting People First）」（HM Government, 2007: p.2）は，「父権主義的な（paternalistic）」ケアシステムが，「質の高い，個人向けに仕立てられたサービス」に置き換わりつつあることを論じている。そこでは続けて，「将来的には，人々が最大限の選択，コントロール，そして力を，人々が受ける支援サービス全体にわたってもつようになることを私たちは希望している」と述べている。

社会的ケアの分野においては，支援を人々の個人的なニーズに合わせて仕立てるこのプロセスは，「パーソナライゼーション（personalisation）」として知られるようになっている。

> パーソナライゼーションは，強さと選好をもち，支援と資源のネットワークをもつ可能性がある人間としての個人から始まる，ということを意味している。パーソナライゼーションは，個人こそが自分に必要なことや，自分のニーズがどうすれば最も満たされるのかということを最もよく知っている，という考えを強調するものである。これが意味するのは，人は自分自身に責任をもち，自分が必要とすることについて自己決定できるが，それを可能にするためには情報と支援がなければならない，ということである。パーソナライゼーションは，自分の人生に関するより多くの選択とコントロールを人々に与えるものである（Carr, 2008: p.3）。

パーソナライゼーションへ向かうこのシフトは，社会的ケアの分野におけるその他の発展と密接に結びついており，例えば，学習症／学習障害（learning disabilities）の人々のための「パーソンセンタード・プランニング（person-centred planning）」では，その人たちができる限り自立して生活するための支援をねらいとしている（Carr, 2008）。また，「パーソンセンタード・ワーキング（person-centred working）」では，ケアサービスの利用者が「できる限り自分自身の生活をコントロール」（Carr, 2008: p.19）するように援助を受ける。パーソナライゼーションはまた，障害の社会的モデル（そこでは差別といった社会的要因が障害の究極的な原因であるとみなされる），サービス利用者の動向，「経験をもった専門家（experts by experience）」（Carr, 2008）の関与の増大にもつながっている。多元的アプローチと同様に，パーソナライゼーションは利用者に自由裁量を与えるアジェンダと密接に結びついている。これは単に個人的なレベルだけでなく，集団組織（例えばMIND[訳注9]，スコットランド鬱同盟（Depression Alliance Scotland）など）

のレベルにおいても起こっており，利用者の声をさらに強力に表明できるものである。

要　約

　セラピーへの多元的アプローチは，多元論的哲学の見解に支えられ，影響を受けている。人間科学や社会科学における多くの鍵となる問いには，多様な「正しい」答えがあり，道徳や政治のレベルで私たちはこの多様性や相違を認め，重んじることが不可欠であるという意味がここには含まれている。心理学の実証的研究もまた，人々がそれぞれのあり方で生きているのには多くの異なった理由があるということを指摘することで，多元的な観点を支持している。同様にサイコセラピーの実証的研究は，人間を援助するのに1つの「最善の」方法というものは存在しないということ，異なるクライアントは異なるものを必要としているようだということ，協働的に実践すること・主体的存在としてのクライアントを支えること・臨床実践において柔軟であることは，しばしばよい結果と密接につながっていることを示すことによって，多元的観点へのすぐれたエビデンスを提供している。最後に，本書で導入する多元的アプローチは，今日のヘルスケアや社会的ケアの政策における中心的な発展と密接に手を携えるものであり，それが最も顕著なのは，イギリス保健省（2009）の**ニューホライズンズ**プログラムである。そこでは個人が重視され，尊重され，利用者をエンパワメントするあり方でメンタルヘルスの問題に取り組むビジョンが提案されている。

振り返りとディスカッションのための質問

1. 1つの問いに対して多くの「正しい」答えが存在する，という多元論の主張にあなたはどの程度同意しますか，あるいは反対しますか？
2. パーソナリティや人間の発達が多様な要因の影響を受けているということを，あなたはそうだと思いますか？　それとも，他よりも影響力が大きい1つか2つの要因がある，とあなた考えますか？
3. セラピーにおける変化の87パーセントがクライアント自身およびクライアントの日常生活上の要因によるものである，ということに対するあなたの反応はどのようなものですか？　また，この事実は，あなたがセラピーについてどのように考え，感じるかということにとって，どんな意味をもっていますか？

訳注9）MIND（Health in Mind）は，スコットランドにあるメンタルヘルスとウェルビーイングのためのチャリティ団体である。

4. 多元的アプローチを支持する主張には，どんな弱点があると思いますか？　あなたがこのアプローチを批判するとしたら，どのように批判しますか？

第 3 章　協働的なセラピー関係の構築

> この章で取り上げること：
> - 多元的な思考や臨床実践のためのクライアント - セラピストの協働の重要性
> - 効果的なセラピーでの協働がもつ対話的性質
> - 協働的なセラピー関係の構築のための実践的方略
>   - セラピーに先立って情報を提供すること
>   - セラピー全体を見通すこと
>   - セラピーの枠組みをめぐって話し合うこと
>   - 「メタコミュニケーティング (metacommunicating)」：セラピーのプロセスについてクライアントに伝えること
>   - 協働的な形式 (rituals) を構築すること
>   - 関係の様式を個々のクライアントに合わせて仕立てる (tailoring) こと
>   - クライアントとセラピストのさまざまな声の調子に耳を傾けること
> - 「協働的な能力 (collaborative capacity)」の概念

　多元的な観点から見ると，援助的なセラピー関係は協働の概念に基づくものである。協働とは，援助的な関係にあるセラピストとクライアントによる**相互的な**関与のことである (Tryon & Winograd, 2002)。多元論がアイデアや実践の多様性をその特徴としているという意味では，それをセラピーへの専門家先導型のアプローチに結びつけることは援助的であるとは言えない。セラピストがどのセラピーの介入や理論を用いるかについてセラピストだけで決定するときには，援助を求めている人の強みや能力や好みは抑圧され沈黙させられる——これが多元論ではない形態の「一元論」である。対照的に，クライアントとセラピストがともに協力して促進的経験をつくり上げていくことができれば，クライアントがすでに備えている個人的な資源を回復でき，それらを新たな学習によって増幅していくような状況が創造されるのである。BohartとTallman (1999: p.224) は，それを，「2人の知性的存在の

間の相互的で対等かつ能動的な協働であり，その協働においては2つの高度な知見の流れがお互いをより豊かにし，そしてその流れは融合されていく」と表現している。これは，クライアントを「エンパワーすること」ではなく，クライアントがすでにもっている力を尊重し，それを認め，それに応答していくということである。

協働的に実践するということは，2人（あるいはそれ以上）の人間が，ある課題の達成に向かって協力するというイメージに基づいている。この協働のアイデアは，人々が協力するという多くの日常的な状況ととても共通するものである。例えば，父親と祖母が子どもの誕生日パーティーを計画する，テニスのダブルスでペアが相手チームに勝つために戦略を立てる，2人の配管工がバスルームを改装するという課題にどのように取り組むかを決定する，等々。日常生活の中には，人々がある共通の目標をもっていて，その目標を達成するためにどのようにお互いの知識やスキルや経験や時間などをうまく活用したらよいかを決めなくてはならない，そうした状況をイメージすることができるとても数多くの例がある。セラピーもそれ自体の明確な目標をもつことができるにもかかわらず（詳しくは第4章参照），現在のところセラピーとは，もっと広範な協働的な活動のカテゴリーの一部であると見なされている。もしもある人が，自らの力でセラピー上の課題を達成できると感じることができるならば，その人は自らそれに取り組み，それを成し遂げるだろう。セラピストを見つけようとすることによって，人は何らかの協働的な活動が必要であるということに気づいていくのである。

第2章で見たように，協働および治療同盟の強さは，最終的に良い結果に至るための統計的に最も有意な予測変数であり，また，クライアント-セラピスト関係はカウンセリングを生産的なものにする重要な要素の1つであることは疑い得ない，ということを示す多くの実証的研究がある。つまり，クライアントの問題についてのセラピストによる理解や説明がどれほどすぐれたものであっても，あるいはセラピストが特定のセラピー的介入を行うことにどんなに長けていたとしても，クライアントがこのセラピストとは波長が合わない，あるいはそのセラピストは頼りにならない，配慮的ではない，信頼できないと感じるときには，クライアントはセラピーにおいて困難な事柄に直面したり人生を変えようとするような関与をしないようだ，ということである。

このような治療同盟の構築が効果的な臨床実践の基礎であることはカウンセラーやサイコセラピストの間では一般に合意されているにもかかわらず，そうした関係が生起するようにセラピストは実際に何を**する**ことができ，あるいは何をすべきであるかについては，ほとんど合意がなされていない。カウンセリングやサイコセラピーの研究文献の中には，クライアント-セラピスト関係がセラピーの中で果たす役割をどのように意味づけるのかについてのさまざまな論争がある。こうした論争

は，異なる学派の支持者の間にいくつかの興味深い議論を生み出してきた（例えば，セラピー関係に関するさまざまな対立する諸概念の分析については，Shlien 1984 や Kahn 1997 参照）が，筆者らの見るところでは，このような論争によって協働や治療同盟といった問題に対する統合的でプラグマティックなアプローチの発展は妨げられてきたのである。

この章では，セラピストが，自分とクライアントの間に協働的な関係を構築することができる機会を最大限に活用するための，いくつかの臨床実践の内容について概要を示す。本章の以下の内容を最終的なリストであるとは見なさないでほしい。筆者らは多元的な臨床実践のやり方に特化した方略に焦点をあてる傾向にあり，本書以外の文献に詳述されている他の多くの方略（例えば，共感，無条件の肯定的配慮，自己一致など，Rogers, 1957 参照）には焦点をあててはいないからである。多元的な情報化である「ウィキ・ノレッジ（wiki-knowledge）」の精神にも見られるように，関係構築の可能性のレパートリーを広げるための，こうした事柄に関するクライアントとセラピストによる集積的な知恵や工夫を貯蔵する仕方が見出されるなら，多元的な臨床実践はとても価値あるものになるだろう。

以下に提示するいくつかのアイデアに目を通す時，これらの方略のすべてが特定のセラピストあるいは特定のセラピーの設定に適合するものではない，ということも心に留めておくことも重要である。セラピストとセラピーの設定はきわめて多様であり，また，ある人たちに有効なものが，他の人たちにも有効であるとは必ずしも言えないからである。

解説ボックス3.1：関係性の構築はセラピストの責任である

日常的な場面では，2人の人が出会って親しい友人や仲間になるとき，どちらの当事者もその関係を深めることに積極的に貢献しようとする**相互性**（mutuality）への期待がある。例えば，　方があまりにも厚かましく，わがままに振る舞うといったバランスを欠いた状況では，その関係は破綻してしまうだろう。しかし，セラピーの状況は全く異なっている。Bedi, Davis および Williams (2005) は，抽出されたクライアントにインタビューを実施し，セラピストとの関係を強固にしたセラピー中の出来事について語るように求めた。クライアントたちは，「関係構築」の出来事についてはたくさん語った。しかし，これらの出来事の中でクライアントによって積極的に始められたものはとても少なかった。クライアントにとって，関係に配慮するのはセラピストの責任である，ということはとても明確だったのである。この研究知見は多くの意味をもたらす。中でも最も重要なことは，クライアントはセ

ラピー中に何をすることができるかについての「ルール」を知らないし，どのような関係のパターンをつくるかという点でイニシアティブを取ることができる優位な立場にはいない，ということである。さらに，クライアントは，カウンセラーやサイコセラピストは自分を配慮してくれるだろうという期待をもっているのである。

このBediと共同研究者（2005）の研究では，当事者が最も意味があったと見なしていた関係構築に関するエピソードの多くは，セラピストが自らの行為において純粋な配慮をクライアントに示していた，ということだった点はさらに興味深い。例えば，「セラピストは，私が座りたい椅子を選ばせてくれた」，「セラピストは，私にグラウンディングテクニックを教えてくれた」，「セラピストは，"いつお電話くださっても，いつ来ていただいてもかまいません。私が不在の時でも，誰かいると思います"と言った」といったエピソードである。このことは，次のような最近の研究知見とも合致している。つまり，クライアントは，「いっそうの努力をする（go the extra mile）」ことを惜しまないセラピスト（McMillan & McLeod, 2006），つまり，「専門的なセラピー関係に期待しているもの"以上に"」，「本当に誠実な配慮」をしてくれる（Knox, 2008: p.185）セラピストを特に評価している，というものである。これらの研究知見から読み取ることができるメッセージは，協働的なセラピストは，個々のクライアントにとって大きな意味をもつかもしれない，一見些細な何気ない配慮的なしぐさにも感受性豊かである必要がある，ということである。

効果的な協働のための基礎となる対話

　本章の以下の部分では，クライアントとの協働的な関係を築くための一連の実践的な方略が取り上げられる。効果的に活用するためには，どの方略もクライアントとの**対話**に力を入れることを基本にする必要がある。セラピーへの多元的アプローチでは，クライアントとセラピストとの間に相互的なやり取り（mutual interaction）が成立するように力を注ぐことが求められている。何かしら新しいことがクライアントに生じるのは，問題に取り組むクライアントの自分自身の方略と，セラピストの考えや実践との間におけるやり取り（inter-play）から生じるような対話を通してである。

　対話は，相手に対して**受容的**であり，また同じ相手に対して嘘偽りない自分の多様なあり方を**表現**することができる（Cooper, 2005; Mearns & Cooper, 2005）ような対人的な取り組みの一形態として説明できる。パーソンセンタードの用語では（Rogers, 1957），対話とは，相手への深い共感的な調律であり，他者のリアリティの受容であり，相手のきわめて個人的なあり方に対する理解と受容を生きいきと伝える能力である。対話は「そう，それで…（yes, and…）」という特質

（Moore, 2005）をもっている。つまり，お互いが相手の言ったことに基づいて積み重ねていくこと，そして，出会いの中でお互いに影響を与えることである（Cooper & Spinelli, in press）。つまり，コミュニケーションとは決まり切ったあるいは既知の事実というよりも，相手が自由に修正し発展させ，あるいは拒否する「素材（offers）」として述べられる（Moore, 2005）のである。対話は，長々とした「いや，だけど…（no, but…）」といった会話の仕方（Moor, 2005）や，「あらかじめ用意しておいた会話の内容を素早く話すために，相手が話し終わるのをもどかしく待っている（Moor, 2005: p.81）」ような「おしゃべりやたたみかけるような会話」と対比される。ブーバー（Buber, 1947b: p.69）は，さらに，「互いに向き合ってはいるけれども，人々が心から互いに話しかけるのではなく，ばらばらで，耳は傾けているが生気の感じられない仮想の法廷に向かって話をするような」**長談義**（speechifying）といったさまざまな対話的でない会話形式について語っている。

　対話を中心にして進められるセラピーは，一般に現在知られている理論や臨床実践に基づくセラピー関係についての多くの前提を超えていくことができる。例えば，多くのセラピストは特に熟練した聴き手であり，クライアントが傾聴され，理解されたと感じるような関係を作り出すことができるのである。しかし，多元的な立場からみると，この手の共感的プロセスには，対話的というよりも一方的になる危険性がある。つまり，クライアントは自分の話をするけれども，その話に対してセラピストの個人的な反応については少ししか知り得ないのである。さらに他のセラピストは，クライアントの行動の解釈をしたり，介入を主導したりといった「伝えること（telling）」にとても長けているのである。そこでも，クライアントの新たな気づきをともに確かめ合い，新たな変化の方略をともにつくり上げていくことにおけるクライアントの能動的な関与に配慮しないなら，こういったプロセスは対話的というよりも一方的なものになってしまう。

　2人，あるいはそれ以上の人々の間の誠実な対話は達成することが難しい。しかも相対的に，こういったきわめて重要なプロセス（Cooper & Spinelli, 2011, 参照）の臨床的センスをどのように形成するかという問題は，セラピーの文献にはほとんど取り上げられてきていないのである。しかし，多元的な実践家にとって特に関係する対話については，いくつかのアイデアの情報源がある。おそらく，実存主義哲学者マルティン・ブーバー（Martin Buber, 1947a）の小論『対話（*Dialogue*）』こそ，最初に取り上げるのに相応しいのではないだろうか。この小論は，読むのは容易ではないが，ブーバー（1958）の名著『われと汝（*I and Thou*）』と同じように，人間関係の本質についてのすばらしい含意に富んだ，詩的で魂のこもった作品である。ブーバーの考え方は，モーリス・フリードマン（Maurice Friedman）（1985）によるサイコセラピーの対話のシステムへと発展してきており，同様に現代のゲシュタ

ルトサイコセラピストとして知られるリチャード・ハイクナー（Richard Hycner）(Hycner, 1991; Hycner & Jacobs, 1995) にも影響を与えている。また，その他の貴重な文献としては，パーソンセンタードの論文にもその影響を見出すことができる。例えば，オーストリアのパーソンセンタードセラピスト，ピーター・シュミット（Peter Schmid）(2001, 2007) のものや，「関係的深さ（relational depth）」の概念（Means & Cooper, 2005），さらにはブーバーとロジャーズの対話（Anderson & Cissna, 1997）などがある。同様の影響は，現代の精神力動的な考え方にも見出すことができる。そこでは，セラピーにおける「二者」関係について述べることが一般的になってきている（Kahn, 1997参照）し，クライアントはいるがセラピストはその背後にいるといった，かつての「一者」関係とは対照的に，現在ではクライアントとセラピストのどちらもが積極的に関与するようになっているのである。

　こういったヒューマニスティック，パーソンセンタード，精神力動的な考え方は，クライアントとの対話的なやり取りを探求する多元的なセラピストにとって有益ではあるが，しかしこうした考え方は，少なからず対話的でない伝統的な文脈の中で発展してきた，という事実に影響を受けている傾向にある。そのため，現在学習している人たちには，これらさまざまな考え方の中に混ざり込んでいるものを解きほぐすことが求められる。それゆえに，対話の概念に関心を持つセラピストにとってさらに役に立つのは，フィンランドのセラピストであるヤーコ・セイックラ（Jaakko Seikkula）の仕事であろう。その仕事は2つの理由で特別な意味がある。第1にセイックラは，対話を，望ましいものだが絶対に必要とまでは言えないような付加的要素として見なすのではなく，セラピーの核心に据えていることである。第2に，セイックラのアプローチは，統合失調症と診断された人々をはじめとしたとても困難なクライアント群に効果がある，ということが示されていることである（Seikkula, et.,al 2006）。

推薦文献

Buber, M. (1947). Dialogue. In *Between Man and Man* (R. G. Smith, Trans) (pp.17-59). London: Fontana.

Cooper, M., & Spinelli, E. (2011). A dialogue on dialogue. In L. Barnett & G. Madison (Eds.), *Existential Psychotherapy: Legacy, Vibrancy and Dialogue*. London: Routledge.

Seikkula, J., & Trimble, D. (2005). Healing elements of therapeutic conversation: Dialogue as an embodiment of love. *Family Process*, 44, 461-475.

Strong, T. (2000). Six orienting ideas for collaborative counsellors. *European Journal of Psychotherapy, Counseling and Health, 3*, 25-42.

　セイックラは，対話の意味や役割についての考え方において，哲学者のミハイル・バフチン（Mikhail Bakhtin）（1973）の著作にかなりの重点を置きながら引用している。人間の相互のやりとりやコミュニケーションについてのバフチンの思考様式を取り入れたセイックラの中心的な前提とは，どんな会話にも常に（内的および外的な）多様な声（multiple voices）があるという考えである。そして，さらなる前提として，会話の中でなされるすべての言明は現実のあるいは想像上の聴衆に向けられたものであり，聴衆が何の応答もしなければ，その声は封じ込められる，とセイックラは考える。バフチン（Bakhtin, 1975: p.127）はそのことを，「応答の欠如ほど恐ろしいものはない」と表現している。セイックラのもう1つの前提は，対話や会話は単なるアイデアの交換によって成り立つものではなく，現在の瞬間における身体化された「パフォーマンス」だということである——それは，それぞれの話し手の，例えば情動的な状態の表出といった身体的なプレゼンス（presence）であり，それはとても多くの意味をもたらすものなのである。サイコセラピーの実践に対してこれらの考えがもたらす意味は，SeikkulaとTrimble（2005）やSeikkulaとArnkil（2006）の中で詳細に考察されている。その骨子をまとめると，セイックラらは次のことをセラピストに推奨している。すなわち，対話を促進しようとしているセラピストは，クライアントが語る声の**すべて**に（そして自分の声のすべてに）応答すべく積極的に最善を尽くすことが求められる，ということである。対話を成就するためには，注意深さ，忍耐，不確かなことに対する寛容，発言を伝え返すことが必要である。そうすることでクライアントの発言がもっている完全な意味が傾聴され，当事者である2人（もしくはすべての人）の情動的な体験を最善の形で反射し共有することができるリズムが見出されるのである。多元的なセラピーの観点からは，この種のプロセスは，クライアントとセラピスト双方の資源を可能な限り「問題」に関連した形で活かしうるものとして理解することができる。つまり「ポリフォニック（polyphonic）」な対話的空間の中で生じる声はどれも，価値ある資源として現れるのである。

> **解説ボックス3.2：セラピーのプロセスへの積極的な関与に開かれていること**
>
> 最近の実証的研究においてSundet (2011) は，セラピーの中で何が援助的であると感じたかについて，ノルウェーのファミリーセラピー・クリニックに来談したクライアントたちにインタビュー調査を行っている。そこで明らかになった中心的な要因の1つが，**援助的な関与**（helpful participation）だった。クライアントたちは，セラピストが受身的であることを好まず，積極的に関与してくれることを好み，そしてセラピストが専門的な知識や人間的な声を喜んで差し出し，「行動で現す（do things）」ことを強く望んでいた。クライアントたちが求めていたのは，セラピストの側からもたらされる**惜しみなさ**（generosity）の感覚——セラピーの中でセラピストが献身的であることに開かれている，と感じられる感覚——だったのである。

協働的なセラピー関係を構築するための実践的方略

セラピストがセラピーの中で，対話や協働のエトスを高めることができる数多くの実践的なやり方がある。以下に記述される方略のリストは，規範的であることや包括的であることを企図したものではない。しかし，こうした協働的なアプローチが他のアプローチよりも自分にとってより多くの意味をもつ，ということを必然的に見出すクライアントもいるだろう。また，セラピストにとっては，自分の個人的なスタイルを発展させることも重要である。その個人的なスタイルが，場合によっては，ここに言及されていないさらなる協働的な方略をつくり出すかもしれないからである。

セラピーに先立って情報を提供すること

クライアントがセラピーで生じてほしいと望んでいることや，変化のプロセスに関するクライアントの考えなどについて，協働的な話し合いが行われるだろうと期待してセラピーにやってくる，と考えることには根拠がない。一部のクライアントは，自分の考え方が話題に取り上げられるのを期待するかもしれないが，しかし多くのクライアントは，セラピストが医師や教師のように振る舞い，結局のところクライアントに何をしたらよいかを指示するのを期待しているようである。実証的研究は，セラピーを始める前に，あるいはインテークやアセスメント面接に先立ってクライアントに情報を提供することは，カウンセリングやセラピーにおいて全体としてはよい結果を増大させ，ドロップアウトの割合や不安を減少させるすぐれた実践であることを示している（Guajardo & Anderson, 2007; Hoehn-Saric, et al., 1964）。

このような情報が，クライアントのセラピーへの積極的な関与は不可欠であることや，セラピストは何が役に立つかについてのクライアント自身の考えを知りたいと思っているということを強調したり説明するのに役立つならば，セラピーに先立って情報を提供することは，セラピーの開始時から協働の原則を確立する手段として有益である。クライアントにとってのセラピーに先立つ情報の1例を，付録Aに掲載した（251ページ参照）。この資料には著作権を設けていないので，読者が自分の実践するセラピーの場で，クライアントのためのリーフレットや情報シートとして編集したり，加筆修正してもらって構わない。この資料は，クライアントに実施するアセスメント面接やインテーク面接の際に，そこに記載されている情報を繰り返し確認するのに役立つ。そのような対面型の面接では，この資料を用いることで，クライアントに質問をしてもらうことや，面接者がクライアントの状況に沿った協働の形を例示することが可能になる。インテーク面接自体が協働的な要素をあわせもっているようなカウンセリング機関も存在している。そこでは例えば，カウンセリングの時間と頻度や，セッションの回数とカウンセラーの選択についての話し合いが行われている（251ページの，セラピーの枠組みについての話し合い，の項目を参照）。こうした会話は，セラピーのプロセスにおいて生じる事柄をめぐる，その後の協働のための準備作業となるものである。

エクササイズ3.1：あなた自身がクライアントに提供できること

あなたが研修中，ないしはトレーニングを受けているセラピストであれば，10分程度の時間を取って，あなたがクライアントに提供できると思うことを書き出してみましょう。例えば，クライアントが「傾聴」される機会を提供したい，といったことです。あるいは，「情動的な支援」かもしれませんし，「ストレスや不安に対処する技法」かもしれません。書き終えたところで，あなたが想像するクライアントとそのことをどの程度共有できるか，10分程度の時間を取って，1人で考えるか，隣の人と話し合ってください。あなたは，自分が提供できることについてクライアントに誠実になれると思いますか？

**解説ボックス3.3：協働的な多元的臨床実践の下準備をするための
インテーク／アセスメントセッションの活用**

　多くのセラピーの設定においては，セラピーが開始される前に，クライアントはセラピストやインテーク面接者と会う。この種の面接が果たす機能やそこで聴取される内容は，セラピーが行われる個々の機関によってさまざまである（Mace, 1995参照）。しかしながら，どんなことが追加されるにしても，多元的な仕方で実践するセラピストにとっては，最初の面接で多元的な実践の中心にある一定の範囲のトピックをめぐってクライアントと対話を開始する機会を活用することは，とても価値あることである。

- 柔軟であり，クライアントの好みや選択に従うセラピストの態度。
- クライアントは強さと資源をもっていることに対するセラピストの信念。
- クライアントがそれまでに経験してきたセラピー的活動で役立ったことや役立たなかったことについてフィードバックをしてくれることがセラピストに役立つ，ということ。
- クライアントがセラピーに望むこと――クライアントの目標は何か。
- 目標がより小さなステップや課題に分けられるなら，そうすることは援助的かもしれないという考え。
- どんなセッションの時間設定とスケジュールが，クライアントにとって最も好都合であるか（そしてセラピストにとって可能であるか）。
- セラピストの「メニュー」：セラピストが提供できること。

　1回，あるいは数回のアセスメントやインテークのセッションで，以上の事柄が十分に探求され，すべて完結するとは言えないかもしれない。すべて聞き出されることよりも本質的な点は，クライアントが，セラピーに積極的に関与することが重要であるという明確なメッセージを受け取り，セラピストがクライアントの選好や目標に向けて調律を行う，ということである。

確認（reminders）と振り返り（reviews）

　私たちのセラピー実践のあり方は，クライアントの考えや選好やフィードバックにセラピストが関心を寄せている，ということにクライアントに定期的に気づいてもらうことである。このことは，協働の原則を確固としたものにするやり方として，とりわけ初期のセッションにおいて重要である。以下に示した会話をリードする問いかけには，確認と振り返りを活用するためのいくつかの方略が含まれている。

- （面接の開始時において）「今日，このセッションであなたが得たいと望んでいることや2人でやれそうなことについて，少しの時間を取って考えてみたいのですが……」
- 「このやり取りはおそらく，あなたにとってとても退屈なものだろうと思いますし，以前にも私から同じことを言われてきた，とあなたは感じているでしょう。でも，カウンセリングの中で何があなたの役に立って，何が役に立たないのか，あなたが知っていることを私に伝えてもらえるなら，私にはそれはとてもありがたいことなのです。そして，あなたにとって役に立つと思うことを私たちがやってみたり，話し合ったりすることができそうな何かがあれば，そのアイデアを（どんなことでも！）教えてください。これまでお伝えしてきたように，私は役に立つかもしれないアイデアをいろいろともってはいるのですが，結局はあなたにとって大事なものとして役立つかどうかが重要なのです。」
- 「あと数分で終わりですね。今日の面接であなたが得たことについて確かめることができれば，それは有益なことだと思います。何か見落としていることがないか，あるいはほかに何か付け加えたいことがないか，といったことです。」
- 「今日で6回目のセッションですね。私自身の感じでは，ここで私たちが話し合ってきたことがあなたに役立ちつつあると思います。でも，どうでしょうか，これまでの状況を振り返るために，次回のセッションで少し時間が取れればと考えているのですが。そうすれば，今の問題についてあなたが次に目指すことがはっきりつかめると思います。次回のセッションの最初に，そういったことを話してもらえないでしょうか？」

　対話を進める中で，このような会話をリードする問いかけを可能な限り行うことは，とても重要である。クライアントは自分が考えていることや自分の好むことを語る際に，確信がもてずにためらってしまうことが少なくないので，セラピストがそれらを引き出すような多少の援助が必要かもしれない。同時に，クライアントが考えていることは，それほど十分には練れてはいないかもしれないし，クライアントが尋問されているとか，自分が望むことをうまく説明できないことでセラピストから見下されていると受け取ってしまうなら，困惑し「追い詰められている」と感じるかもしれない。さらには，対話の別の側面として，セラピストの側にはクライアントが考えていることを共有しようとする積極的な態度があるのだ，ということをクライアントに理解してもらうことが不可欠である。例えば，上記の最初の発言（「今日，このセッションであなたが得たいと望んでいることや2人でやれそうなことについて，少しの時間を取って考えてみたいのですが……」）で始められた会話で，

ある時点でセラピストが考えていることを共有すること（例えば，「私たちが問題に取り組んできたやり方は，問題を徹底的に話し合うことだと私は認識しています……私はあなたと一緒にそうすることを楽しんでいますし，そうすることがあなたにとっても役に立っていると感じています。でも同時に，最初のセッションで，あなたが自分のことをとても実際的な人間だと言っていたことを思い出します。そして，このカウンセリングがあなたにとって十分に実際的なものになっているのかどうか気になっています……わかっていただけますか？」）は，多くの場合促進的なものだろう。セラピストがこのようなあり方に開かれていることを望まないときには，クライアントは，カウンセラーが実際に望んでいたり考えていたりすることを，ただ推測するだけになるかもしれないし，カウンセラーに追従しようとするかもしれない。こうしたことはまったく援助的ではないし，協働とは正反対のものである。

セラピーの枠組みについて話し合うこと

セラピストやカウンセリング機関には，明確に定められ明記されたものとして，当然のこととされているセラピー実践のさまざまな決まり事がある。しかし，それらは原則的には，協働的な話し合いによって見直すことができるのである。こうした決まり事には次のものがある。

- 1回のカウンセリングセッションの時間
- セッションの頻度や曜日・時間帯の調整
- セラピストの選択
- セラピーの場所
- 個人セラピーか家族を含めたセラピーか
- セッションとセッションの間の連絡方法
- 料金
- 研究やデータ収集へのクライアントの参加

こういった決まり事について考えてみるのを勧めることで，クライアントがセラピーに求めることや，どうすれば求めることを手に入れることができるかといった，より広範な事柄について考え始めるのを援助することができる。こうしたタイプの会話は，次のようなことを言うことによって始めることができる。「ここでの通常のやり方は（週に1回，同じ曜日の同じ時間帯です，など）――ですが，ある人にとってはそれが十分ではないこともわかっています。そこで，ここではカウンセリングを進める上で，既存のものに変わるやり方がここで受け入れられるものであるなら，それを見つけ出したいと思っています」。例えば，ある人々にとっては50分

のセッションは長すぎると感じられるかもしれないし，対照的に，例えばクライアントがとても苦痛に満ちたことを探求しようとして，相談室を後にして帰宅した後の時間もずっとセラピストと「一緒に」いたいと望むなら，その人はもっと長い時間のセッションを求めているのかもしれない。あるクライアントは，毎回のセッション終了後に手紙やメールを受け取ることが助けになることに気がつくかもしれない（White & Epson, 1990）し，別のクライアントは，このような手続きを好まないかもしれない。担当しているセラピストが自分と合わないと感じた場合には，セラピストを変更することができるという情報提供がクライアントになされている状況の中でセラピストとクライアントがやっていくこともあり得る。こうした実践的な意思決定の全体が，協働が生まれるための個別的で具体的な事柄を明確なものにするのである。少なくとも，話し合い（negotiation）（および，話し合いの繰り返し）のための実際的な調整を行う用意をしておくことによって，セラピストやカウンセリング機関は，こうした話し合いが協働的な意思決定に結びついているという認識の重要性をクライアントに伝えることになる。しかも，こうした具体的で実際的な事柄に関する協働的な話し合いに取り組むことは，より抽象的なセラピーの関心事（例えば，「幼少期のことを話したいと思いますか，それとも役に立つ対処スキルを身につけたいと思いますか？」など）に取り組むよりも，クライアントにとっては比較的容易なことである。さらにセラピーの枠組みについての話し合いは，セラピーの目標や方法を巡るその後の協働にとって，有益なモデルあるいはひな型になり得るのである。

　しかしながら，セラピーのその他の側面に関する話し合いや協働的な対話と同様に，セラピストがクライアントに提供できることの限界を意識できており，しかもそのことに対してセラピストが現実的かつ率直であることがとても重要である。例えば，あるカウンセリング機関がセラピストに50分の時間内でカウンセリングを実施することを求めているなら，セラピストがクライアントにもっと長時間のセッションを希望するかどうかを尋ねることが援助的であるとは言えないだろう。むしろ，セラピストがカウンセリングの限界設定について明確な態度を示し，しかもクライアントがそのことをどのように感じるかということにオープンであることが，より建設的であるようだ。

結果をモニターすること
　近年，セラピーの結果を向上させる——また，ドロップアウトの割合を低減させる——注目すべき機能を示す1つのセラピー方略は，クライアントの進展を確認しフィードバックを提供するシステムの活用であることが報告されている（Lambert, 2007; Miller, Duncan, Sorrell, & Brown, 2005）。そこでは，カウンセリングやサイ

コセラピーを受けたクライアントに毎回回答してもらう,例えば10項目からなるCORE-OM(64ページの解説ボックス3.4参照)といった,簡便な効果測定尺度が用いられる。その後,そのスコアは(手計算やコンピューターで)処理され,次のセッションの前にセラピストにフィードバックされる。クライアントが「進展していない」(例えば,改善していない,あるいは悪化している)ことが確認された場合,セラピストはそのケースを注意深く振り返り,そして問題に取り組むための可能性のある方略——例えば,クライアントとともにそのことを話し合ったり,治療同盟を強化することなど——を考えるように注意が喚起されたり,助言を受けたりするのである。

こうした研究からは,セラピストとクライアントとの協働的な活動のとても有益な形態は,セラピーにおけるクライアントの進展に関する事柄をオープンに取り上げ,話し合い,取り組むことであり,特にクライアントが改善しているようには見えないときにそうであるようだ,ということが示唆されている。このような取り組みを実行するのはセラピストにとって大変かもしれないし(「このことは,私がダメなカウンセラーだということだろうか?」),場合によっては,クライアントのセラピーへの動機づけを低下させる可能性もある。しかしながらエビデンスは,全体として見ると,セラピーが進展していないことや困難に対して無頓着なまま進んでいくよりも,こうした問題に取り組んだ方がはるかによい,ということを示唆している。(伝統的に言われてきていることに反して,クライアントが良くなる前に悪くなる必要があるということを示すエビデンスはほとんどなく,クライアントの症状の悪化は一般にクライアントがますます悪くなる,そして/あるいはセラピーからドロップアウトするきわめて強力な予測変数である(Lambert, 2007)。)しかもセラピストは,クライアントが苦しんでいるのが見てとれるときにはそうしたことに取り組めばよいと感じているかも知れないが,実証的研究はほとんどの場合,セラピストは否定的な結果が予見されるときに十分に気づくことができない(Lambert & Ogles, 1997),ということを示している。このことは,「客観的な」尺度を用いる重要性を強調するものである。そうすることで,セラピストの知覚や望みに影響されることが少なくなり,しかもクライアントが絶えずセラピーを振り返り,それが援助的であることに能動的に関与できるように導くのである。

Duncanとその共同研究者(2004: pp.113–115)は,セラピーでのクライアントの進展に向けて援助をする協働的なあり方に関して,効果測定によるフィードバックデータの活用のすぐれた例を報告している。スティーブンは,長いこと鬱状態にある30代の優しくて信心深い(spiritual)男性である。初期の数セッションは,現在の困難に関係すると思われる子ども時代のさまざまな体験を探りながら,スティーブンとセラピストは精神力動的なやり取りを行った。スティーブンは,以前にも同

じようなセラピーを受けていたことがあり、このようなやり方にとても満足している様子だったが、心理的苦悩の測定スコアは、特に社会的で対人関係上の機能において次第に悪化した。セラピストは、スティーブンとこの点を取り上げた。スティーブンは自分が悪化していることを認めたが、セラピストもスティーブンもそのことをうまく説明できずに行き詰まっていた。両者はどうすべきか話し合い、その結果「リフレクティング・チーム（reflecting team）」を取り入れることにした——それは、複数のセラピストからなるグループがクライアントを交えて問題について話し合う、現代的な家族療法でよく用いられる方略である。スティーブンは自分が何をすべきかについてそのチームが提案した、「まだ十分にまとまっていない推論や示唆についての自由な語り合い」にスティーブンが耳を傾け、そして自分の鬱を説明する原因を「自分の過去に求める」よりも、スティーブンとセラピストは、スティーブンの肯定的な特質を彼の人生に生かすように取り組むべきだ、という意見にかなり関心を示した。そのように2人が取り組み始めると、スティーブンの心理的な状態は次第に改善し、1年後には持続的な改善を見せてセラピーは終結したのである。Duncanと共同研究者は、「スティーブンとともに［効果］データを直視したことによって、セラピストがその後のプロセスにそれまでとは異なる方略を取り入れるのを後押しすることになり、ネガティブな結果を回避するのに役だった」と結論づけている。

解説ボックス3.4：自分の臨床実践をモニターし評価するために、どんな（公開されている）尺度を使うことができるか？

今日、カウンセリングやサイコセラピーの効果測定のための多くのすぐれたツールが自由に入手できる。そしてそのようなツールには、それを臨床実践の中でどのように活用したらよいかについてのわかりやすい解説がつけられている。イギリスでのその代表的なものは、Clinical Outcomes for Routine Evaluation-Outcome Measure (CORE-OM) である。これは十分に検証された、広範な心理的困難に関するクライアント自記式の尺度である（www.coreims.co.uk参照）。次によく知られていて、十分に検証された包括的で比較的簡便な効果尺度は、アメリカ合衆国で開発されたOutcome Rating Scale (ORS) である（www.scottdmiller.comからダウンロード可能）。ORSは、治療同盟を測定するための簡易尺度であるSession Rating Scale (SRS) と一緒に用いられる。イギリスで広く用いられるもう1つの尺度は、Improving Access to Psychological Therapies (IAPT) プログラムが製作したサイトに掲載されているPatient Health Questionnaire (PHQ-9) である。その尺度は特に

第3章 協働的なセラピー関係の構築 65

鬱の症状に焦点があてられている。包括的な全般不安症／全般性不安障害のためのPHQ-9の「姉妹尺度(sister scale)」はGeneral Anxiety Disorder assessment (GAD-7)である（どちらの尺度も，インターネットサイトのページの中からダウンロード可能であり，インターネット上で回答することができる）。クライアントが精神的健康や全般的健康について振り返るのを手助けするその他の尺度，特に深刻な心理学的困難を体験しているクライアントに用いられるものがRecovery Starである（www.wxperiential-researchers.org参照）。子どもや若者向けに作成された，おそらく最も妥当性のある家族用の効果尺度はStrengths and Difficulties Questionnaireであり（www.sdqinfo.org参照），児童，両親，教師のそれぞれ向けのものがいくつかの言語で入手できる。

メタコミュニケーション：行為の中のミクロな協働

　カウンセリング関係での協働のレベルを高めるためのさらなる方略は，カウンセリングプロセスの瞬間瞬間の流れの中で，クライアントとセラピスト双方の意図と目的の具体的なやり取り（inter play）に注目することである。このことは，**メタコミュニケーション**の活用を通して実現されうるのである（Rennie, 1998）。セラピー中ほとんどの間，カウンセリングの発話（discourse）は，クライアントが悩んでいる問題に関連したトピックについての語りから成り立っている。クライアントは，自分が悩んでいることについて語り，カウンセラーはそれに応答する。あるいは，カウンセラーが質問をし，セラピー的介入を開始し，それにクライアントが応答する。メタコミュニケーションとは，当事者のどちらかが会話の流れから少し距離を取るか，あるいは全体を見渡す（「メタ」）ところに立ち，そこで語られたりやられていることについての何らかのコメントをするといった，会話における好機（moments）を意味する。メタコミュニケーションは，コミュニケーションについてのコミュニケーションなのである。

　メタコミュニケーションの概念は，対人関係療法（interpersonal therapy）の創始者の一人であるドナルド・キースラー（Donald Kiesler）（1988）の業績に起源をもつが，セラピー実践のためのそのより広い意味づけは，デービッド・レニー（David Rennie）（1990, 2002）によって遂行された実証的研究によってようやく評価され始めたものである。レニーの研究では，セラピーセッションの録音記録がとられ，その後クライアントにそれを聞いてもらった。クライアントは，実際のカウンセリングセッション中に考えていたことや感じていたことを想起したいときにはいつでも，その録音記録の再生を中断することができた。この方法を通してレニー（2000, 2001）は，セラピープロセスにおけるクライアント体験を特徴づける3つの

主要な特質があることを見出した。その第1は，クライアントが時々ある「軌道」に乗っている，言い換えると，何か意味あることについて話しており，そして話し合っていることが意味にあふれ，何かにつながるかもしれないということに気づいている，そのような強い感情を持っていたということである。第2には，強い**主体性**（agency）あるいは意志に満ちた感覚，つまり，絶えず次々と浮かんでくる計画や意図を意識していたことを描写していた点である。第3は，クライアントが敏感に**自分に触れて**（reflexive）いたこと，つまり，生じていることに関連した判断をしたり，意味を見出している自分を描写していたことである。このようなクライアントの体験の中では，セラピストはある種あいまいな役割を演じていた。あるときには，セラピストは何かを語り，あるいは援助的なあり方でそこにいた。そしてこうしたことは，そこに生じていた軌道に沿ったプロセスを促進していた。別のときには，セラピストは，クライアントを混乱させたり，その邪魔をするような仕方で振る舞い，クライアントをその軌道から外れさせていた。また別のときには，クライアントは自分が好む軌道を内的には探求しながらも，セラピストによる援助的でない介入に反応しているかのように振る舞っていた。しかし，結局のところ，こうしたことのほとんどはセラピーセッションの録音記録には明確に現れていなかった。クライアントのこのような主体性や自分に触れる力は録音記録にはほとんど言葉として現れておらず，クライアントとセラピストが実際には相反するお互いの目的を語っていたという数多くの例もあった。もちろん，このような体験——軌道に乗っており，意志に満ちていて，自分に触れていること——は，セラピストの意識の中でも生じているものだが，セラピストの側でも言葉として表されないことが通常である。

エクササイズ3.2：クライアントが語らないこと

　現在あなたがセラピーを受けている，あるいはこれまでに受けたことがあるなら，あなたがセラピストに語らないこと，あるいは語らなかったことについて，10分程度の時間を取って，1人で考えるか，隣の人と話し合ってください。それは，あなたの人生経験に関することかもしれないし，セラピストに関するものかもしれないし，あるいはセラピストとあなたとの関係に関するものかもしれません（実証的研究は50パーセントのクライアントがセラピストに対して1つ以上の秘密をもっており，その半数は性的な事柄に関するものであった，という点に関心をもつ必要があるでしょう。Hill, Thompson, Cogar & Denman, 1993）。さらに，次の質問に10分程度の時間で考えてみて下さい。

- あなたはクライアントとして，なぜこうした事柄をセラピストに開示しない／開示しなかったのですか？
- あなたがこうした事柄をもっと開示できると感じられるように援助するには，セラピストは何をするとよい／よかったでしょうか？

　レニー（1998）は，カウンセリングとサイコセラピーの理論や実践に対して，次のような示唆をもたらしながら，多大な貢献をしている。それは，セラピストとクライアントは，お互いにメタコミュニケーションにもっと積極的に関わるなら，より援助的な会話を続けることができる，ということである。このようなメタコミュニケーションは，生起していることについてお互いがどのように感じてきたかについて，それまで隠されていた側面を明らかなものにすることもある。レニーは，セラピスト主導のメタコミュニケーションには，次のような4つの異なったタイプがあることを示している。

1. セラピストは2人のコミュニケーションの根拠を明らかにする。
2. セラピストはクライアントのコミュニケーションが双方に与える影響を明らかにする。
3. セラピストはクライアントのコミュニケーションの背後にある目的を探求する。
4. セラピストはセラピストのコミュニケーションがクライアントに与える影響を探求する。

　以上のような語りのあり方がもつ可能な影響の例を以下に示す。例示されている場面は，ジョンの実践の中で起きたものである。クライアント（若い女性で家から離れて住んでいて，順調な経歴を積み重ねていた）は，支配的な態度で振る舞う父親に耐えることがどんなにか困難であるかについて語っていた。

クライアント：父は，私たちが別のどんな予定を立てていたとしても，週末をともに過ごすことをただ強要するのです。それを拒否することはまったくできないのです。父は電話をかけてきて，いつも望み通りにするだけなのです。
カウンセラー：そうすると，あなたが幼い頃からずっと，いつもそんな状況なのですね。
クライアント：そうです，そのことに私は全くなすすべがないのです。

　これは，父親との関係をクライアントが進展させるという意味では必ずしも効果的で援助的な相互のやり取りにはなっていない。効果的でない理由の1つは，メタ

コミュニケーションを通じて明らかになり得るような，たくさんの語られていないことがあったということである。次の抜粋では，同じやり取りが再現されるが，メタコミュニケーションのそれぞれのタイプが付け加えられている（太字部分）。

メタコミュニケーション タイプ1：
セラピストは2人のコミュニケーションの根拠を明らかにする

クライアント：父は，私たちが別のどんな予定を立てていたとしても，週末をともに過ごすことをただ強要するのです。それを拒否することはまったくできないのです。父は電話をかけてきて，いつも望み通りにするだけなのです。

カウンセラー：そうすると，あなたが幼い頃からずっと，いつもそんな状況なのですね。**あなたがお父さんについて話すとき，私は次のことを考えていました。それはお父さんがあなたの音楽の練習についてどう感じていたかを思い巡らしていたということです。私たちは，あなたに今起こっている難しい状況をどうやって意味づけられるかについて話し合ってきました。それは子どもの頃の状況の再演のようだと。**

クライアントの新たな反応：
ええ，それが役に立っているということはわかっているんです。でもそれは，今日したいことではないんです。私が今したいのは，きのう，父が電話をしてきたときに生じたことを確かめたいのです。私は強い怒りを感じたのですが，何も伝えなかったのです！

メタコミュニケーション タイプ2：
セラピストはクライアントのコミュニケーションが双方に与える影響を明らかにする

クライアント：父は，私たちが別のどんな予定を立てていたとしても，週末をともに過ごすことをただ強要するのです。それを拒否することはまったくできないのです。父は電話をかけてきて，いつも望み通りにするだけなのです。

カウンセラー：そうすると，あなたが幼い頃からずっと，いつもそんな状況なのですね。

クライアント：そうです。そのことに私は全くなすすべがないのです。

カウンセラー：**あなたがそのことを言ったとき，私はほんの少し気になる感じがしました。あなたは何が起こっているかわかっているようですし，私たちは，あなたがほかにいろいろとできることをたくさん話し合ってきました。でもあなたは，何か身動きがとれなくなっているように見えます。私もまた，身動きが取れないような感じがしています。**

クライアント：私には……父に立ち向かう強い意志（will power）がないんです……怒りがこみ上げてくるのですが，父にそれを知らしめる勇気がないのです。

第3章 協働的なセラピー関係の構築

メタコミュニケーション タイプ3：
　セラピストはクライアントのコミュニケーションの背後にある目的を探求する

クライアント：父は，私たちが別のどんな予定を立てていたとしても，週末をともに過ごすことをただ強要するのです。それを拒否することはまったくできないのです。父は電話をかけてきて，いつも望み通りにするだけなのです。

カウンセラー：お父さんはしたいことをするのですね。そしてあなたはそのことに関して何もできないように思える（共感的反射）……そういった状況全体に対して，今どうしたいと思っていますか？　そのことについて，どうしたら私たちが一緒に取り組むことができるかについての感じはありますか？

クライアント：ええ，そうですね……それは，きのう父が電話をかけてきたときにどんなに私が怒りを感じたかということです...

メタコミュニケーション タイプ4：
　セラピストはセラピストのコミュニケーションがクライアントに与える影響を探求する

クライアント：父は，私たちが別のどんな予定を立てていたとしても，週末をともに過ごすことをただ強要するのです。それを拒否することはまったくできないのです。父は電話をかけてきて，いつも望み通りにするだけなのです。

カウンセラー：そうすると，あなたが幼い頃からずっと，いつもそんな状況なのですね。

クライアント：そうです，そのことに私は全くなすすべがないのです。

カウンセラー：先に行く前に，もしよければ確かめたいことがあるのですが。たった今，私があなたが小さかった頃とまさに同じような状態だと言った時──私が言ったことについてどのように感じたのか気になったのです。私が言ったことであなたが困惑したかどうかが気になったのです──あなたは私が言ったことに応えないで，目をそらしたようだったからです。

クライアント：少し困惑しました。でもそれはカウンセラーであるあなたに関してではまったくありません。そのことについてはもううんざりするほどしゃべってきたでしょう。今，私にとってもっと大事なことに思えるのは，父がきのう電話をしてきたときに感じたことなのです。

　これらの例ではいずれも，メタコミュニケーションを活用することが，より効果的な協働に役立っていた。クライアントは，幼少期のパターンに今起こっていることを関連させるという「意味づけの作業（meaning-making）」が援助的であるというカウンセラーの前提は，自分の望むものではなかったということも言葉にすることができた。そして何が援助的であるかを一緒に考えるように促進するカウンセラーの側のオープンさは，ここで話されていることが実はすべて父親に対して怒って

いるということをめぐるものであることをはっきりさせたのである。もしもメタコミュニケーションが行われなかったとしたら，クライアントはセラピストのリードに従わざるを得ないと感じただろうし，実際のところ直接関連があるとは思えないような幼少期の出来事を話してしまう，というリスクが生じたかもしれないのである。

　メタコミュニケーションの活用は，協働的で多元的なカウンセリングへのアプローチの中心的な側面である。メタコミュニケーションは，セラピーでの会話のどのような瞬間にも存在している可能性——それは，さまざまな**目的**や**影響**に関連している——にアクセスできるやり方を私たちにもたらしてくれる。目的を表現することは，何が援助的であるかについての意見を双方の立場から共有することである。そして影響について話すことは，何が援助的であったかを評価しモニターすることを可能にしてくれるのである。

解説ボックス3.5：「フィードバックの文化」を創造すること

　多元的な観点からは，セラピーの目的，課題，方法についての対話やメタコミュニケーション，そしてフィードバック尺度を活用することは，単なる1回限りの話し合いややり取りに留まるものではまったくない。むしろ，これらは「フィードバックの文化 (culture of feedback)」を創造することを指向しているのである (Duncan & Miller, 2008)。それによってクライアントは，何が援助的であり，何が援助的でないかをセラピストに表現することで次第に心地良さを感じるようになる。それは，クライアントが好むやり方について語ることや尺度に回答することを通して（解説ボックス3.4，64ページ参照），そしてクライアントにフィードバックを返してくれるように働きかけることによってなされるものであり，そこで期待されるのは，セラピーの関係においてフィードバックを返すこと（そしておそらく受け取ること）は歓迎され受け入れられるものであるとクライアントが感じるようになることである。

協働的な形式（ritual）を構築する

　形式とは，関係をもつ人々に，ある焦点づけられた注意を促す習慣化された一連の行為であり，意味や関係の重要な次元を外在化させたり強調したりする機能をもつものである。あらゆる人間の文化は，それぞれ固有の癒しをもたらす形式を備えている。カウンセリングやサイコセラピーをこのような点から，つまり，現代社会

における意味ある癒しをもたらす形式として理解することも可能である。セラピーは，セラピストから切り出される言葉，夢についてのやりとり，2つの椅子を用いたワーク（two-chair work）の局面，宿題の取り決めといった，一定の規則的な特徴をもった特別な場所や時間，セラピーセッションの中で生起する。このセラピーの構造の中に協働的なさまざまな形式を構築することは有益であり得る。前節において，メタコミュニケーションを瞬間瞬間における協働を強化する方略として記述した。こうしたメタコミュニケーションによって対話を続けていこうとすることに加えて，クライアントとセラピストの双方がセラピーの目標や課題を巡る協働が生じるのはいつなのか，その予測可能な瞬間をつくり出すことも可能である。例えば，クライアントのフィードバックのツール（上記参照）の活用が，協働的な形式の基礎になりうることもある。セッションの開始時にクライアントに結果または目標についての尺度に記入してもらい，それがセラピストに手渡され，セラピストはそれを読んで，そしてセラピストはそのセッションの残りの時間でクライアントのその回答がどのような意味をもっているのかを検討をすることを勧める。同様の形式はセッション終了時にも行われるかもしれない。クライアントに，6セッションごとにセラピーの進展を振り返りたいということをセラピー当初から伝えるセラピストもいる。家族療法やナラティブセラピーで大事にされているやり方においては，リフレクティング・チーム（reflecting team）（Anderson 1987）は，クライアントとセラピストの相互作用の流れをいったん中断するのに用いられ，協働的な内省が生じるような小休止を導くかもしれない。これらは，協働的に実践しようとする意図が形式を活用することよって強調され強化されるあり方のいくつかの例である。

**解説ボックス3.6：あなたは必要以上に
メタコミュニケーションをしていないか？**

　どんな方法もクライアントに援助的でもあり，有害でもある可能性をもっているという多元的な前提からすると，メタコミュニケーションのような多元的な方法でさえも，ときにはセラピーの進行の妨げになる可能性をもっていると考えることができる。例えば，クライアントは次のように感じるかもしれない。

- 責任がたくさんあり過ぎて，重荷に感じる。
- 起こり得る可能性の多様さに圧倒される。
- クライアントは「うまく対処できることを望んでいる」のに，話をすることだけではフラストレーションや退屈を感じる。

- セラピストにこうした個人的なフィードバックをすることが不快である。
- クライアントはメタコミュニケーションに困らされている
- セラピストのフィードバックへの要求は，セラピストが「どうしていいのかわからない」ことのサインであり，結果としてそれはセラピーへの信頼を揺るがしかねない。

　メタコミュニケーションがどのようなときに援助的であり，どのようなときに援助的でないかについては，もっと多くの研究がなされる必要がある。しかし，どんな方法によるにしても，多元的なセラピストは，メタコミュニケーションは特定のクライアントにとって有効なもののようであり，クライアントに応じて積極的に調整する必要がある，という価値観に敏感である必要がある。

セラピー関係を仕立てること (tailoring)

　セラピストがクライアントとの協働的な関係を発展させる中で，個々のクライアントのニーズや選好に最も適合できるように，セラピストのかかわり方のスタイルを修正することができるということもとても重要だろう。第2章で論じたように，それぞれに異なるクライアントは，それぞれに異なるあり方の中で，とても大きく変化するのである。例えば，あるクライアントはある種のセラピー関係を援助的で協働的であると感じるとしても，その関係が他のクライアントにはそぐわなかったり不快な体験になる可能性がある。Duncanと共同研究者（2004: p.35）は，次のように述べている。「単一で，一定不変の促進的な関係」といったものはなく，しかも，Bachelor（1995）の実証的研究によれば「あるクライアントは親和的関係を望み，あるクライアントは専門的な助言を望み，あるクライアントは協働的な取り組みを望んでいる」と。こうしたエビデンスに基づいて，アーノルド・ラザラス（Arnold Lazarus）（1981, 1993, 2005）は，真に効果的なセラピストに必要なのは次のことであると述べている。

　　さまざまな異なったクライアントのニーズや期待に沿った，［ある］柔軟な関係のスタイルやスタンスのレパートリー。それは，セラピストがあらかじめ決まっている手順通りに進めるか，工夫しながら進めるかのレベルや，セラピストが個人的な情報を開示する程度や話題を主導する程度，そして全体として，いつどのようにセラピストが指示的であるか，支持的であるか，それとも内省的 (reflective) であるかといったことなどを決定する（Lazarus, 1993: p.405）。

　ラザラス（Lazarus, 1993）は，そのようなセラピストのことを「誠実なカメレオ

ン(authentic chameleon)」であると記述している。ここで言う誠実とは，セラピストがそれぞれのクライアントに対して別の人格であるように振る舞わないということであり，一方カメレオンであるという意味は，セラピストが自身のパーソナリティと能力の限りを尽くして柔軟であり続けるということである。ラザラスはこのことに，セラピストが，同じクライアントであってもそのニーズに応じて関係のスタイルを柔軟なものにできることが必要である，と付け加えている。多元的な立場からは，筆者らは，関係への柔軟なアプローチには次のこと認識されている必要があると言いたい。すなわち，あるクライアントにとってのあるセラピストの関係スタイルは，他のクライアントにとってよりもはるかに重要である可能性がある，ということである。筆者らの経験によれば，一部のクライアントはクライアント・セラピスト関係からはあまり影響を受けないように見えるものの，セラピストによるどのような関係の操作に対してもとても敏感なクライアントもいるのは間違いない。

推薦文献

Luzarus, A. A. (1993). Tailoring the therapeutic relationship: On being authentic chameleon. *Psychotherapy, 30* (3), 404–407

　サイコセラピーの文献において，対人的関係の柔軟なアプローチについて記述されている別の用語は「応答性(responsiveness)」(Stile, Honos-Webb, & Surko, 1998)である。Stilesと共同研究者は，この用語を，クライアントやそこで生じる文脈がセラピストに影響を与えることをセラピストが喜んで受け入れること，という意味で用いている。Stilesらはこれを，「弾道的スタンス(ballistic stance)」(一度手を離れたら，その軌道に沿って飛ぶボールを思い浮かべてほしい)と対比させている。弾道的スタンスでは，私たちが置かれている社会的環境の性質が絶えず変わっているにもかかわらず，私たちは一連の行為を持続する，と考えられているのである。
　ではセラピストは，どうすればクライアントが望み欲しているような関係についての気づきを深めることができるのだろうか？　その1つの方略は，クライアントのコミュニケーションや行為からこのことを直に感じ取ろうとすることである。あるいは，クライアントに，自分が望んでいると思われる内面のフェルトセンス(inner felt-sense)を信じることを学ばせることである。しかしながら，実証的研究

は全体としては，セラピストが，自分のクライアントが特にセラピー関係においてどのように経験したり知覚しているのかを知ることにそれほど長けているわけではない，ということを示唆している (Cooper, 2008: p.2)。セラピストが，クライアントがしてほしいと思っていることについての潜在的な理解に注意を払ったり応答したりすることは援助的かもしれないが，しかし，クライアントとともにそうしたことを確認し，そうしたことについてクライアントに明確に話せることがとても大事であるかもしれない。こうしたことは，最初のセッションで最も援助的な形でなされるべきものかもしれない。例えば，セラピストは次のように尋ねることができる。「あなたが最も援助的だと思うセラピーはどのようなものですか？ 積極的で指示的なものか，それとももっと支持的なものでしょうか？」，あるいは「私の感じでは，あなたはここでの関係において励まされ勇気づけられることをとても望んでおられるようですが，違いますか？」というものかもしれない。クライアントが以前にセラピーにかかわったことがあるなら，こうしたことは，クライアントがどのような関係を最も援助的であり，どのような関係が非援助的なものであるか，という点をはっきりさせるための特によい出発点であるだろう。例えば，セラピストは「これまでに受けたカウンセリングでは，どういったことが援助的でしたか？」，あるいは「セラピストがあなたに積極的に接していた関係が，あなたにとってとても大切なものだったようですね。あなたはここでもそうしたことを求めているのでしょうか？」，などである。

　しかし，そういった直接的な会話であっても，「クライアントの従順 (client deference)」に関する研究が示唆している (Rennie, 1994) ように，クライアントが望むことをクライアントに尋ねるのは難しいものである。そのような理由から，クライアントが自分の正直な選好をより自由に表すことができると感じられるような「第3のスペース (third space)」を創造しながら，クライアントに構造化された質問に回答してもらったり質問紙に記入してもらうことが，時には援助的になり得るのである。例えば，マルチモード・ライフヒストリー・インヴェントリー (Multimodal Life Inventory) の中で，Lazarus と Lazarus (1991) は，セラピー開始に先立って，クライアントにとっての理想的なセラピストを記述させている。マリア・ボーエン (Maria Bowens) とデービッド・ジョンストン (David Jonston) の協働のもとで，筆者の1人（ミック）が開発した別のツールが，セラピーパーソナライゼーションフォーム (Therapy Personalisation Form (TPF)) である。この最初のバージョンを付録B (257ページ参照) に収録した。セラピストや研究者は，それを自由にコピーして (www.pluralisticictherapy.com) 使用して構わないが，使用者はそのフォームがまだ開発中であるということを心に留めておいてほしい。TPFのアイデアは，セラピー中に一定の間隔でクライアントに提供できるものである。そ

れは，クライアントがセラピー関係をどのように体験しているか，クライアントが好む取り組み方があるかどうかを見るものである。例えば，クライアントは，セラピストに「セラピストのパーソナリティやユーモアをもっと出してほしい」とか「もっとフォーマルであってほしい」と思っているかどうかを回答するように求められるのである。そのほかの例は，「セラピストはもっと対決的であってほしい」とか，「もっと優しくしてほしい」などである。このTPFの測定の次元は，多くのセラピストに自分の実践を修正した方がよいと感じたさまざまなあり方について回答してもらうことで開発されたものであり，クライアントが複雑なことにシンプルに答えられるように，左右の方向のいずれかを選ぶように工夫されている。クライアントがセラピー初期に望むと思われる関係がどんなものかを確かめるために，このフォームを若干修正したバージョンであるTPF-Aをセラピーの開始時に用いることも可能である。

　多元的アプローチのすべての側面に言えることだが，こうしたツールを用いる意図は，セラピストがフィードバックを得たときに，クライアントが望むどんなことにも**応ずる**という点にあるのではない，という点に注目することが大切である。むしろこれらの尺度は，何がクライアントのニーズに最も適合するのかについてのセラピストとクライアントの対話や，刺激のための刺激，あるいは再刺激のための刺激として最も入念に考慮された「会話の枠組み」（クリス・エバンス（Chris Evans）との私信より，2009）なのである。例えば，筆者（ミック）のクライアントだったジョナは，30回目の面接の終わりでTPFに回答した。ジョナは，そのセラピーのほとんどが彼にとって「とても合っていた」と反応していたが，第7項目（挑戦的対穏やか）については違っていた。ジョナは，ミックにもう少し挑戦的であってほしかった（評価点2）と回答していた。ミックは，次のセッションで，ジョナにその回答について詳しく話すように勧めた。するとジョナは，そのことは「大したこと」ではなかったが，流れに任せっきりにするのではなく，時にはもう少し自分に焦点をあててほしかった，ということを明確に語った。このことは，ジョナに対するミックのかかわり方に劇的な変化をもたらすものではなかったが，その後ミックは，ジョナが自分の問題の核心から離れてしまうように感じたり，自分が話していることに確信をもてないような場合には，より素早くジョナに確かめるように**なった**。

　セラピー関係を仕立てるためのこうした明確な方略の活用に加えて，クライアントが好むと思われるセラピー関係について，クライアントが語ったりほのめかしたりすることを取り上げるのも，とても大事なことであるはずである。例えば，ミーナとの最初の数セッションで，ミックは彼女の鬱と過食がどのように進んできたかについて，ミック自身の考えをミーナと共有することが援助的であるに違いないと

感じた。しかし，第3セッション中に，ミーナはミックに，ミックの「洞察」によって遮られたと感じたことを伝え，そして第5セッションでは，ミーナは「口を挟まずにもっと聞く」ようにはっきりと伝えた。ミックにとってはこのことは，ある意味では傷つく体験だった。しかし，ミックは意識して介入を極力少なくして，できるだけ意見が一致するようにかかわりながら，共感的反射を心がけるやり方を用いるようにしたのである。この結果，セラピーの関係は著しく向上し，同時にミーナは，ミックとのセラピーに望んでいた以上のものを手に入れ始めたのである。

ミーナとのミックの経験が示しているように，クライアントからフィードバックを受けることは，——特にそれが否定的である時には——いずれにしても簡単なものではない。また，セラピストが防衛的に反応したり，自己正当化する危険も絶えずある。フィードバックを求めることでさえも，多くのセラピストの不安を喚起するかもしれない。例えば，クライアントがセラピストはうまくないと思っている，セラピストを嫌っている，あるいは「もっと効果的な」セラピストを探すことを求めるのではないかと心配するかもしれず，そしてこのことが，セラピストがクライアントの観点を探求しようという気をくじくかもしれない。しかし私たちの個人的な体験は，多くの場合それとは反対だった。クライアントのフィードバックは，概して驚くほどに肯定的で，かつセラピーが正しく進んでいることを再確認するのにとても役立っていたのである。しかもクライアントからの困難や批判が生じた場合でも，フィードバックがもつ固有の特質によって，そうしたことに応答することができるようになり，私たちの臨床実践を改善することにつながる——それは，あいまいでつかみどころのないものを言葉にするよりも，はるかに役立つ！

ミーナとのミックのやり取りの例がさらに示しているのは，多元的なあり方でクライアントとやり取りすることを可能にするためには，セラピスト自身の「関係レパートリー（relationship repertoire）」（エクササイズ3.3を参照）にセラピストが気づいていることが必要であり，そしてクライアントに提供する関係のさまざまな可能性を広げるためのやり方を必要があるだろう。こういったクライアント個々の発展を導くために役立つ枠組みを提供してくれる，いくつかの関係モデルがある。

Howard, NanceおよびMyers（1987）は，**指示性（directiveness）とサポート性（supportiveness）**という2つの包括的な次元によってセラピストの行動を分析し，セラピストの以下の4つの**関係スタイル**を導き出している。

- **高指示（high direction）／低サポート（low support）**。セラピストは，生じていることに主導的な責任をもつ。このスタイルは，クライアントが自分からセラピーの目標へと向かう気持ちになれない，あるいは向かうことができない場合に適している。

- **高指示／高サポート**。セラピストは，高い学習意欲を示すクライアントとの関係の中で，指導的／心理教育的な役割を担う。これは通常，CBTのアプローチに見られる関係スタイルである。
- **低指示／高サポート**。このスタイルを用いるセラピストは，探求と成長のプロセスに参入しているクライアントを基本的に支えている。
- **低指示／低サポート**。セラピストは，主にクライアントの進展の観察者として機能する。この関係スタイルは，古典的な精神分析の特徴である。

Howardと共同研究者（1987）によって遂行された研究は，大多数のセラピストが上記の1つないし2つにのみ慣れ親しんでいて，それに自信をもっていることを示している。そのほかの注目すべき関係モデルとしては，Clarkson（1990, 1995）やJosselson（1996）などがある。

セラピー関係を仕立てることに関する最後の点は，協働の程度も個々のクライアントに対して調整される必要がある，ということである。例えば，第2章で論じた実証的研究は，セラピーの形成に協働的に関わることは多くのクライアントによって高く評価される——そして，クライアントはそのことから利益を得る——ことを示唆する一方で，よりセラピスト主導のアプローチによってうまくいっているクライアントがいることも示唆している。さらに，医療場面で意思決定が共有されるような状況（第2章参照）では，協働的な実践を，セラピスト主導からクライアント主導に至る1つのスペクトラム上で考えることが有益であるようだ（Borrell-Carrio, et al., 2004）。ここで最も重要なことは，セラピストがこのスペクトラム上の多様な地点で実践することができる柔軟性をもっていることであり，しかもクライアントが望んでいる協働の水準に対する感受性が豊かである，ということである。

エクササイズ3.3：あなたの関係レパートリー

1. Howardと共同研究者（1987）が明確にした4つの関係スタイルを参照してください。これらのスタイルのうちで，あなたにとって心地よく，安心できるものはどれですか？
2. もっと詳細にあなたの関係レパートリーを探求するために，付録Bのセラピーパーソナライゼーションフォーム（Therapy Personalisation Form）の項目を確認してみて下さい。各項目について，あなたの関係スタイルに合っていると思われるところに○をつけて下さい。例えば，第7要因で，あなたがクライアントと穏やかに関係をもつことに心地よさをとても感じていて，あまり挑戦的で

あることを好まないなら，中央の0から5（より穏やかである）の間に○をつけます。

10分程度の時間を取って，あなたがまったく心地よいと感じないような実践の関係スタイル／関係スペクトラムについて，自分で考えるか，あるいは隣の人と話し合って下さい。クライアントがそのような関係スタイルによってセラピーを進めていきたいと言ったら，そのときあなたはどうしますか？

クライアントとセラピストのそれまでとは異なる声の調子に耳を傾けること

　この章のはじめの部分で，対話は個人の「内なる」声の調子の多様性に開かれていることを意味していると述べた。つまり，クライアントとセラピストが取り得るさまざまな心的態度，あるいはクライアントとセラピストが話し合うだろう体験の諸領域に開かれていることである（例えば Berne, 1961; Mearns & Thone, 2000; Rowan, 1990; Rowan & Cooper, 1999参照）。このような観点からすると，セラピストが単独の一元的な「声」で話すかのようにクライアントに応答している（あるいはセラピストとしての自分を示している）ことは，協働的な可能性を閉ざしてしまう影響をもつかもしれない。会話の中に多くの声の調子が含まれているほど，潜在的な協働の程度が増大するのである。

　例えば，ジェニーは，自分のことを憂鬱で人生に行き詰まっていると説明し，そしてもっぱら論理的で，ややためらいがちに話すクライアントだった。彼女は，自分についてやる気が出ないと述べ，そして多くのセッションでセラピストに語る中で，このやる気のなさが示された。彼女のカウンセラーであるジョンにとっては，セラピストとして共感的な声の調子で，彼女の声の調子に応答することは容易だった。その声の調子は，ジェニーの目標を巡る探求と協働を促したのである。このプロセスは，ある点で，ジェニーにとって役立っているように思えたが，憂鬱でやる気が出ないというジェニーの感じにとっては意味のある変化には至らなかった。しばらくして，ある別の声の調子が会話に入ってきた。ジョンは自分の中に，ある声の調子があることに気づいた。その声はわずかだが，セラピストというよりも子どもを気遣う父親のように感じられるものだった。そしてジョンは徐々にそれを活用することにした。ジェニーの側では，時々「おてんばな少女」の声を発する瞬間を見せたのである。それは，とても手に余り，やんちゃなものだが，傷つきやすく，弱々しい声の調子をまれに含むものだった。これらの特別な声の調子はどれも，両者にとって，また協働的な活動に対しても，その資源を活用する大きな貢献をなしたのである。例えば，ジョンの思いやりのある声の調子は，ジェニーの「ためにな

る」かもしれないことを示唆することができた。その一方で，彼女にとっては，おてんばな少女としてジョンに向き合うことができ，さらに彼女の人生における他の権威的で難しい人たちにも向き合うことができるようになった。これらの声の現れは，2人の作業が幼少期の経験についての精神力動的な前提によって行われるということを意味するものではないのである。それどころか，ジェニーの好んだやり方は，CBTのタイプの宿題に取り組むことが中心に置かれていたのである。しかし，このそれまでとは異なる声の導入を通して，宿題がどんな内容かについての協働的な議論やその効果の振り返りがより豊かになり，セラピストとクライアントの全体的なあり方について，ある意味でより内省的になったのである。

クライアントの「協働的な能力」の発展を援助すること

　この章では，協働的なセラピー関係を発展させることが，クライアントの熟達や理解が引き出されることを確かなものにすることにとって不可欠であり，そうすることで，セラピーの活動がクライアントの個々の希望やニーズを満たすために最もよく仕立てられることを論じてきた。しかし，協働的な関係の発展はまた，それ自体が1つの価値あるセラピー的な方法であり，クライアントが他者と調和しながら効果的に機能する能力を発展させるのを援助する。関係の深さ（relational depth）(Means & Cooper, 2005) といったきわめて広範に用いられているセラピー関係の理論の多くは，このような協働の価値について言及している――それらは，人生を変化させることやセラピーの目標を達成するために実際に手を携えて関わることよりもむしろ，人が「協働性（collaborativity）」のための一般能力の発展を可能にすることに焦点をあてているのである。これらの理論に関するさらなる情報は，Feltham（1999），Kahn（1997），およびMcLeod（2009b）に見ることができる。

　例えば，ミーナにとって，彼女のセラピーの特に援助的な側面だったのは，ミックに積極的にかかわった体験であり（76ページ参照），そして，そのことを聞いてもらい，それに応答してもらったと感じたことだった。かつては，ミーナは他者へのフラストレーションと苛立ちの感情でいっぱいで，それらを伝えようとするときには，彼らは彼女を罰するかのように反応すると考えていた。しかし，このことは，彼女に無力感を残し，ミーナは自分が望むことを決して手に入れることができないという前提で，人間関係から身を引いてしまう傾向があった。しかし，ミックに積極的にかかわったミーナの体験は，彼女が人間関係で不幸であるときにその関係を変える方法を持っているという感じになるのを援助した。そして結果的に彼女は，他者と関係を持つことにより自信と意志を感じるようになった。

　セラピー的課題の点からすると（第5章参照），すべてのクライアントが協働的

な能力を発展させる必要はないのである。例えば，他者とやり取りをする能力を十分に発展させる能力をすでに持っているクライアントもいれば，セラピストとの関係の中で生ずるであろう協働へのどんな障害にも特別な関心を持たないクライアントもいる。こういった人々にとっては，セラピー的関係を再検討することやあるいは努力のバランスを再調整することはとても容易である。こういったクライアントはこの種のことが得意なのである。こういったクライアントがセラピーに求めているのは，支持者（a support），触発者（a catalyst），天の邪鬼（a devil's advocate）やその他いろんなものであり，それに対してクライアントは，自分の人生の問題を解決するのである。対照的に，協働性に関する大きな困難を持って来談する人々もいる。こういったクライアントは，他者への深い不信感を蓄積してきた人々であり，そういった人々の内面生活は聞こえてくる声に混乱させられ，あるいは支配と強制によって成り立っている他者との関係のスタイルを持っている。こういったクライアントにとっては，「どうやってお互いにコミュニケートしましょう？」とか，「何をするかをどうやって決めましょう？」といった質問に多くの注意を向けることが必要かもしれない。カウンセリングにやってくる人の大多数は，このスペクトラム上の真ん中付近にいるのである。つまりそういった人たちは，他者とどうやって協働するかを基本的に知っているが，時に困難に陥ることもあるのである。

　しかしながら，クライアントが協働的で関係的な能力を発展するのを援助することがどれほど難しいかということを過小評価すべきではない。他者との関係に大きな困難を持つ人々（「境界性パーソナリティ障害」として診断されることもある）は，カウンセリングやサイコセラピーで大きな変化を示さない傾向にある（Castonguay & Beutler, 2006a）。これはなぜだろうか？　セラピーから最も利益を得る人々は，協働性の確かな能力をすでにもっている人々であるようだ，というエビデンスがある。その人たちは，少なくとも非常に強固な社会的ネットワークをもっており，コーピングの機制として他者との会話を活用しているという実感をもっている（Cooper, 2008: 第4章参照）。他者との関係の持ち方をまさに学習する必要がある人々（少なくとも親しい周囲の人たちからはそう見える人々）は，深いセラピーの関係から利益を受けるようである一方で，「語ることによる治癒（talking cure）」を求めるよりも，その他のアプローチを用いることに答えを見出すような人たちもいる。

要　約

　カウンセリングやサイコセラピーへの多元的アプローチの中核は，対話に基づいてお互いに影響しあう，協働的なクライアント - セラピスト関係への深いコミット

メントである。セラピストが協働の水準を高めることのできる多くの実践的なステップがある。セラピストは，セラピー開始前の情報として次のことをクライアントに提供することができる。すなわち，クライアントが絶えずセラピーの取り組みを振り返ることを促し，セラピーの枠組みについてのさまざまな側面を話し合い，セラピーの進行の状態をクライアントと振り返りながら検討する，といったことである。多元的アプローチでは，セラピー関係を個々のクライアントに合うように仕立てるときに，コミュニケーションのプロセス──そのメタコミュニケーション──について話し合うことも，協働の水準を高める価値あるやり方であると考えられる。協働は，クライアントにもともと備わってる能力を引き出し，活用するために重要であるだけでなく，日常生活においてクライアントが他者と協働する力を進展させるのを援助するためにも重要である。

振り返りとディスカッションのための質問

1. 協働的なクライアント─セラピスト関係は効果的なセラピーにとって本質的なものであるという見解に，あなたはどの程度同意しますか？　あなたがそうした関係が重要であると思う理由はどのようなものですか？
2. あなたはどんな要因がクライアントとセラピストの協働的な関係を最も促進させると思いますか？　あなたはどんな要因がその関係にとって最も妨げになると思いますか？
3. あなたは，クライアントにセッション毎に効果測定尺度にチェックしてもらい，進展を振り返るように求めることについてどう感じますか？　あなたは，このような実践にはどのような価値があると思いますか，また，このような実践は，どのようにしてセラピーに否定的に影響をもたらす可能性があると思いますか？

第4章　クライアントの目標：セラピーの出発点

この章で取り上げること：
- なぜクライアントの目標は，多元的な思考や実践を方向づける重要なポイントであるのか，ということの理由
- 目標とはどのようなもので，それらはどのように関係づけられるのか
- クライアントがセラピーにおいてもつことができるさまざまな種類の目標
- クライアントが自らの目標を明確にすることを，セラピストがどのように援助するか
- 目標について対話することのセラピーにおける価値

　本書で展開されている多元的アプローチでは，最も基本的な出発点はクライアントの目標である。つまり，個々人が自分の人生に何を望み，セラピーで取り組むことに何を求めているか，ということである。この出発点は，多元的アプローチが基盤としているヒューマニスティックで進歩的な哲学から生じている（第2章参照）。人間の経験の根幹をなす特徴の1つは，意図されるまたは望まれる未来の感覚をもち，有意味かつ満足な人生を創造することを求めるということである，と多元的な観点は考える。もちろん，人によっては，有意味で満足できる人生とはどんなものなのかという問いに関して，かなり異なる考えをもっているかもしれない。しかし，そのイメージはあいまいかもしれないが，人はすべて，何らかの未来の感覚を軸に自分の人生を積み上げている。このような人間の側面を記述するために使われる言葉がいくつかある。望み (wants)，夢 (dreams)，願望 (striving)，欲求 (desire)，目的 (purpose)，自己実現 (self-actualisation)，生成 (becoming)，統合 (integration) などである。多元的セラピーでは，「目標 (goal)」の概念はこのような生き生きとした経験の重要な側面を指し示すために用いられる。
　第2章で見たように，クライアントとセラピストがセラピーの目標についての理解を共有するときに，セラピーの結果は最も有益なものとなる傾向にある。人々が具体的で挑戦する価値のある目標に向かって取り組むときに，よりよい成果が見ら

れるということを示すエビデンスもある（Locke & Latham, 2002）。しかしながら，これらは，なぜクライアントの目標が多元的アプローチの**出発点**となるのかという問いの中心的な理由ではない。その中心的な理由とは，クライアントが自分自身の望むものを確認することによって初めて，セラピストが協働的にクライアントにかかわることができる，ということにある。このことは，クライアントが明確に設定された目標をもって来談し，その目標が容易にセラピーの課題に組み込まれるということを前提にしている，ということではない。そのようにとらえることは誤りである。クライアントがセラピーの最初に最もよく訴える困難の1つは，人生において「行き詰っている」と感じ，この先のよりよい未来がどんなものなのか見えなくなってしまった，というものである。他にも，今までずっとあまりに自分を抑圧し，押し黙ってきたので，自分が何かを望んでいることや，その希望を言葉に表す，といったことが許されるとはとても信じられないと言うクライアントもいる。しかし，セラピーの目標を明確に表現するのが難しいこうしたクライアントであっても，何らかの理由でセラピールームにやって来ているのである。人は突然にカウンセリングに出くわし，偶然にセラピーの予約を入れるわけではない。そこには常に，よりよい未来への何らかの希望があるのだ。

本章では，目標の概念が多元的アプローチのセラピーにおいて核となる要素の1つとなる理由の解説から始める。そして実際の目標と，目標が変化するさまざまな次元がどのようなものであるかを見ていく。本章のその次の節では，セラピーにおいてクライアントが目標に取り組むことの有用性（pragmatics）を考察する。それは，以前では驚くほどわずかな注意しか払われてこなかったものである（Strong, 2009）。最後に本章では，目標について語ることのセラピー的な価値を概観する。

なぜ多元的アプローチにとって目標が中心になるのか

目標という視点からセラピーを考えると，セラピーにおける多元的観点がもつ4つの重要なテーマが見えてくる。第1に，すでに議論したように，セラピーを目標指向的なものとして見ることは，個人は特有の存在であるという考え方を意味するものである，ということである。つまり，個人はその人の人生そして人間関係を構築することにかかわっている能動的な**当事者**（active agent）である，という見方である。第2に，**クライアント**の目標に焦点をあてることは，クライアントは1人の独立した人間であり，それぞれが独自の見解をもっている，ということを再認識させる。第3に，明確な目標指向的なやり方で取り組むことは，インフォームドコンセントを基盤とする慎重な**倫理的**態度を表すものである。第4に，目標に注意を払うことはクライアントの資源やエネルギーを活性化するための**プラグマティックな**

方略である。目標指向的なセラピーのこれらの側面は，以下のセクションで詳細に触れる。

　目標の重要性を強調することによって，多元的なセラピーの臨床実践は，セラピールームで起こる直接的なプロセス，あるいはクライアントに生じているかもしれない成長と変化のより自然発生的なプロセスにセラピーの焦点をあてている，そのような時間の有益性や価値を否定することを求めているのではない。実際，MichalakとHoltforth（2006: p.36）は，「セラピストがある目標にかたくなに固着するときには，セラピストはセラピーの中で今ここでの経験との接触を失う恐れの中にいる」，と述べている。多元論は「そのいずれか（either/or）」の哲学ではなく，「そのいずれも（both/and）」の哲学を包含している。したがってセラピーによっては，かなり長い期間，目標が明らかに語られないことがあるかもしれない。しかしながら，目標がまったく語られないときには，クライアントの経験の大切な側面が考慮されないままになってしまいかねない。

主体者であるクライアント（agentic client）

　多元的アプローチは，人間を深く価値づけ尊重するあり方によってとらえ，かかわりたいとする望みに根ざすものである。その理由は，人は能動的かつ主体的で，選択権をもった存在であり，自分たちの周りの世界をただ吸収するだけの受け身的な"スポンジ"のようなものではない，という前提に立っているからである。ここには，目的をもった仕方で自分の未来に向かって行為する存在であるという人間についての理解があり，このような理解は，人々の目標をその人自身の存在を方向づける中心的要素としてとらえるものである。このことは，人々が行うあらゆることは意識的に明確に思考されており，計画され，軍隊的な正確さで実行される，ということを示唆しているのではもちろんない。多くの場合，人の目標は漠然としたもので，はっきりとは見つけられていなくて，ことによると無意識的なものでさえある（下記参照）。これは，活動の価値が「目的（objective）」に到達したかどうかによって生じる，と言っているのでもない。多くの場合，人々がそのときまさに行っていることがはるかに重要である。しかしながら，そうであっても前提となるのは，人は本質的に**意味をもった存在**であり（Frankl, 1986），常に何らかの最終的な目的へと方向づけられている，ということである。

エクササイズ4.1：人生におけるあなた自身の目標を探求する

1. 15分程度時間を取って，あなたにとって自分の人生における主要な目標は何かを考えてみてください。1人で考えるか，隣の人と話し合いましょう。以下に，検討の対象になりそうなものを示しています。

- 幸福（Happiness）
- 周囲の人たちから愛されていること（Being loved by people）
- 活力あふれる存在（A vibrant and full existence）
- 力強いリーダーであること（Being a powerful leader）
- 運命（Fame）
- 使命（Duty）
- 世界をよりよい場所にすること（Making the world a better place）
- スピリチュアルな覚醒を達成すること（Achieving spiritual enlightenment）
- 自分の潜在力を最大限に活用すること（Making the most of your potential）
- 自分自身に対して心地よく感じられること（Feeling good about yourself）
- 不安や心配から解放されること（Freedom from anxiety and worry）
- 他者とよい人間関係をもっていること（Having good relationships with others）
- 神に近づくこと（Being closer to God）
- 周りの人たちが愛され，大切にされていると感じられるように援助すること（Making others feel loved and cared for）

2. あなたと同じ目標をもつクライアントにかかわることはあなたにとってどのようなものですか？
3. 上記のリストを読み返して，あなたにとっては，いずれかと言うと批判的に感じられてしまう目標があれば書き出してください。そして，そのような目標を人生の中で最も重要であると考えるクライアントにかかわるとしたら，そのことはあなたにとってどのようなものでしょうか？

クライアントの観点を優先する

なぜ多元的アプローチでは，**クライアント**の目標が方向性をもたらすポイントであるのか？　その第2の理由は，多元論の倫理的な立場からすると，セラピストの観点以上に，そしてそれをはるかに超えるものとして，クライアントの観点を優先させたいとする望みがあるからである。そこには，何がクライアントの人生を意味のある満足できるものにするのかについての視野が含まれる。このことが意味する

のは，多元的アプローチでは，セラピー的な活動の方向性は個々のクライアントがどのようになりたいかに向かうものであって，クライアントのためにセラピストが考えた目標や，あらゆる個人に妥当であるとセラピストが信じている目標に向かうのではない，ということである（それが合理的な思考や自己実現，あるいはスピリチュアルな覚醒だとしてもそうである）。これは，クライアントが必要とし，望み，援助的であると思っていることに関するセラピストの信念が，クライアントの望みを明確にする援助において価値あるものになり得ないということを示唆しているのではない。そうではなくて，多元的な観点からは，セラピストの信念は**クライアントが**望むことを明確にするために常に**活用され**なくてはならないのである。ここでは，BohartとTallman（1999: p.16）による，セラピストが家屋の装飾コンサルタントだとする比喩（第2章参照）を覚えておくとよいかもしれない。コンサルタントはクライアントを促進し助言し励ますことができるけれども，自分が実際にどのような装飾を好むのかをクライアントに話し始めるなら，コンサルタントとしてのその役割を完全に超えてしまうだろう。

　クライアントの目標を明確にする援助をこのように強調することによって，セラピストが自分自身の人生の目標や，それがどれほどクライアントの目標の理解に道を開き，あるいは理解を促進するかについて考えるために時間を費やすことが，セラピストにとっての有益な成長をもたらす作業となるだろう（エクササイズ4.1参照）。

推薦文献

ブライアン・リトル（Brian Little）は，彼が「個人のプロジェクト（日常生活の目標）」と呼ぶものの構造を探求する方法論を発展させた心理学者である。この技法を用いる際のガイドラインは，彼のウェブサイトで入手できる（www.brianrlittle.com）。次の論文には，日標について考えるこの方法をセラピーの中に取り入れた例が記述されている。K. Samelo-Aro (1992). Struggling with self: The personal projects of students seeking psychological counseling. *Scandinavian Journal of Psychology, 33*, 330–338.

　セラピストの目標よりもクライアントの目標を強調することは，多元的アプローチにおいては診断（例えば，「鬱病／大鬱病性障害」，「全般性不安症／全般性不安障害」，「物質使用障害」など）の役割が二義的なものである，ということを意味

している。これは，クライアントの「障害」に対して効果があると言われているセラピーによってクライアントは「治療される」べきであると考える，「エビデンスベースト」の臨床的な視点（例えば，National Institute for Health and Clinical Excellence, 2009）とはかなり異なるものである。多元的アプローチの観点で問うとすると，「患者にとって何が最善であるかを診断医（diagnosticians）はどのように考えるか？」ではなく，「その人が自分自身に何を求めているか？」である。もちろん，ある人は診断医が処方した通りに治療してもらいたいと思うかもしれないし，それは多元的アプローチでも変わるものではない。しかし，そのことを望まない人もいるかもしれないので，その可能性にも開かれている必要があるのである。同じ診断を下されたクライアント群であってもそれぞれがかなり異なるセラピーの目標を表明することがよくあるという事実（解説ボックス4.1参照）がある。これは，クライアントの診断を軸に単一のセラピーへと方向づけられることには慎重であるべきである，という主張を支持するものである。

解説ボックス4.1：同じ診断名をもつクライアントは同じセラピーの目標をもっているのだろうか？

　実証的研究は，同じ診断名をもつクライアントでもセラピーにまったく違ったことを望んでいるようだ，ということを示唆している。例えば，Rajkarnikar (2009) は，社会不安症／社会不安障害（social anxiety）と診断されたクライアントたちがセラピーで取り組みたいと望んでいた具体的な問題について，「パーソナル質問紙（Personal Questionnaire）(Elliott, Shapiro & Mack, 1999, p.73参照)」に対する回答を分析することを通して調査結果を報告している。24名の研究協力者から計207項目の異なる問題が見つかり，そのうちのおよそ半数は回答に対する専門家の評価によって，社会不安症とは関連が「まったくない」と評定された。これらの問題は21個のカテゴリーに分類されたが，その中ではクライアントが取り組みたいと望んだ最も多い問題のタイプは「低い自尊心および自信」であった。ただし，そうした回答でさえクライアント全体の87.5パーセントを占めたに過ぎなかった。一方，社会的な相互交流を回避したり，行動不安を訴えるといった「典型的な」社会不安症の問題は，それぞれ62.5パーセント，50パーセントのクライアントに明らかに見られたが，しかし10～20パーセントのクライアントは性に関する問題や仕事上の問題，および刺激に対する過敏性（irritability）に取り組みたいと回答していた。この結果は，同じ診断名をもつクライアントがセラピーに何を望み，何を援助的であると思っているかにおいてはかなり多様性が見られる，ということを示唆するものだった。

> スイス大学の外来クリニックに来談したクライアントを対象とした，セラピーの目標についての研究もほぼ同じ結果を見出している (Holtforth & Grawe, 2002)。さらにこの研究では，クライアントの目標は診断名に強い影響を受けているが（例えば，鬱のクライアントは不安障害のクライアントよりも，現在の人間関係に関連した目標を設定していたようだった），しかし，診断名による群分けの違いを**超えて**，クライアントの目標にはかなりの共通性があり，多くのクライアントの目標は，その特定の診断名とは関連性が見られなかった。HoltforthとGrawe（2002: p.96）は研究の結論として，「患者は個々バラバラな目標ではなく，複数の治療目標の組み合わせを提示するので，セラピストは広い範囲で治療目標に対応できるように十分に準備すべきである」と結論づけている。

　クライアントの観点を優先することを目指す立場からは，クライアントがセラピーに望むことが（それがあるときには）何であるかを見出すことも本質的なことである。そうしなければ，セラピストにはセラピーが援助的であるかどうかを知る術がないからである。これは，多くの主流のセラピー的観点とは異なるものである。例えば，パーソンセンタードセラピー（Rogers, 1957）のようなヒューマニスティックなアプローチでは，特定の基本的条件が満たされるならば必然的にセラピー的なパーソナリティの変化がもたらされるだろう，と考える傾向にある。しかしながら，多元的アプローチのスタンスからは，どんなセラピーの方法も援助的であると同時に有害でもある可能性をもっており，セラピストはそれがどちらに働くかを前もって予想することはできない，とされる。したがって，クライアントが望むことを見出すこと，そしてそれに適したものをセラピストが提示できるやり方があるかどうかを見極めることは，初期のセラピーの作業における本質的な第1ステップなのである。

クライアントの選択する権利
　なぜ多元的アプローチの枠組みが――クライアントの考えや感情，行為ではなく――クライアントが望むことによって方向づけられるのかの第3の理由は，多元的アプローチが，自分で決定し，自立的な主体としての権利に関わり，応答していく最も直接的な方法と思われるからである。言い換えると，クライアントに深く尊重するようなあり方で働きかけていきたいと思うならば，クライアントが求めるものを尊重し，それに応答することが本質的なことであるだろう。クライアントの望むものが無視され，ないがしろにされ，それが情動や認知や行動よりも重要でないものとして扱われるほど，自己決定する能力や権利をもつ1人の人間としての

その他者（the Other）を認めることから遠ざかり，より父権主義的な立場（a more paternalistic standpoint）に向かってしまうことになる（第2章のアイザイア・バーリン（Isaiah Berlin）を参照）。

強さに基礎を置くアプローチ

多元的アプローチがクライアントの目標を指向する第4の理由は，診断名や問題や病理といった見方とは反対に（例えばPinsof, 2005），クライアントの状態をより肯定的に読み取り，そうすることでクライアントの潜在力や可能性を認めるためのより大きな余地を持つことができるからである。ここでの問いは，「クライアントはどこが悪いのか？（What is wrong with a client?）」ではなく，「クライアントはどこへ向かおうとしているのか？（Where are they trying to get to?）」である。もちろん，多くの例において，クライアントが達成したいのは問題から解放されることであり，このことは多元的アプローチにおいてもまったく適正な目標である。しかしながら，目標をもってセラピーを始めることによって，より問題中心的ではなく成長指向的なセラピーに対する望みを認め，概念化することが可能になる（Rowan, 2004）。例えば，「自分の創造性を伸ばしたい」，「人間関係や性生活をよりよいものにするあり方を見つけたい」，といった目標である。

目標の本質

目標とは，「人や組織が達成しようとする，あるいは達成を目指す事態の予見的な状態（a projected state of affairs）である」（Wikipedia, 2009）と定義される。目標は意識的かつ熟慮的に選択されるものかもしれないし（例えば，「今度の夏までに体重を減らすことを決めた」），あるいはほとんど意識されていないものかもしれない（例えば，「何が何でも誰からも愛されたい」）。いずれの場合でも，一定の範囲の実存的でヒューマニスティックな理論家たちにとっては（例えばBohart, 2001; Frankl, 1986; Heidegger, 1962）——先端的な認知心理学者たち（例えばCarver & Scheier, 1990; Markus & Nurius, 1986）や統合的なセラピストたち（例えばBeitman, Soth, & Bomby, 2005）にとっても同様に——，目標は思考や感情や行動の鍵となる決定要素の1つであり，私たちが経験していることや行っていることのすべてに影響している要因である。

目標の構造

Powers（1973）の「コントロール理論（control theory）」を発展させたCarverとScheier（1990）のような認知的な理論家たちにとっては，人間の目標はある階層

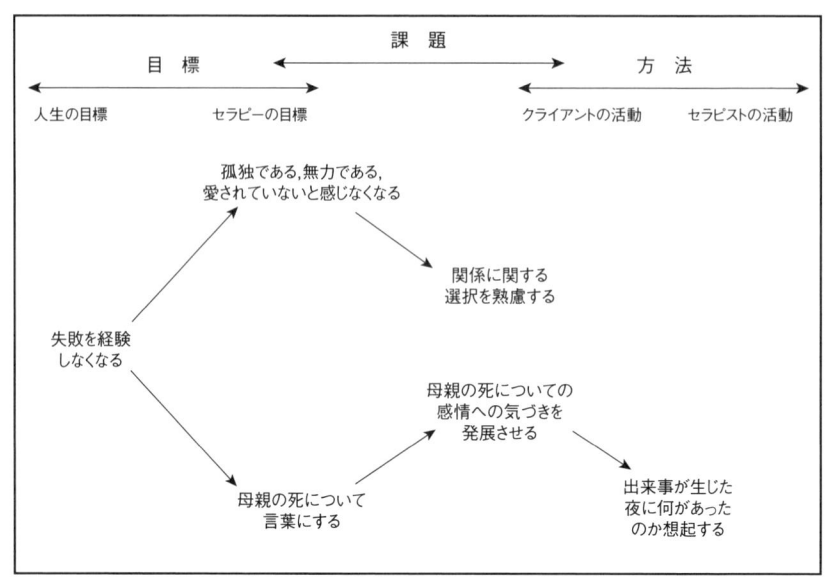

図4.1：ネヴィルの目標，下位目標，さらなる下位目標

的な構造の中に存在するものとして概念化される。つまり，私たちは「より高次（higher order）」の目標と「より低次（lower order）」の目標をもっていて，後者は前者を達成するための方略として作用する，とされる。例えば，あなたの直接的な目標が多元的アプローチについて学習することだとすると，それは，あなたのカウンセリングトレーニングが成功裡に完結するといったより高次の目標にとっても役立つものになるはずである。そしてこのことは，有意義な仕事に就くといったさらにより高い目標にとって，それ自体が役立つものになるはずである——つまり，それは満足できる人生を送るための最も高次の目標を達成しようとする手段である。

　こうした構造は，私たちがクライアントについて思考し，そしてクライアントがセラピーに何を望んでいるかについて考えるときに有益であり得る。例えば，ネヴィルは，きわめて高い水準の目標をもっていて，人生の中でより不幸で満足できない出来事は経験したくないと考えていた若い男性だった。彼はこのことをセラピーの中でどのように達成したかったのだろうか？　それは，孤独でなくなり，無力でなくなり，より愛されるようになること，そして幼少期に経験した母親の死について言葉にできるようになることであった。こうしたことが，継続するセラピーの取り組みにとっての目標となった。例えば，ネヴィルは母親の死のことを言葉にするように援助されることで，子どもだった自分が自動車事故で母を亡くしたことについてどう感じたか，その気づきを深めることに取り組んだ。そして，人生において

孤独だと感じないでいられるように援助されることで,「ぎくしゃくした」関係でいるパートナーに関してどんな選択肢があるかについて,ネヴィルの理解が深まる取り組みがなされた。このどちらの下位目標にも,ネヴィルが取り組んだ「さらなる下位目標(sub-sub-goals)」が存在した。例えば,母親の死についてどのように感じたかを探求するために,その死が告げられた夜に生じたことについて,できる限り正確に想起することへとネヴィルは注意を集中させた。こうした目標の階層は,第1章で紹介したように,多元的アプローチの目標／課題／方法について思考する1つの方法である(図1.2,14ページ)。クライアントは目標をもっていて,その目標をどのように達成するのかが課題であり,そしてその課題をどのように達成するのかが方法である。図4.1のマップに示したように,より高い順位の「人生の目標」と,セラピーの文脈にとってさらに具体化された目標(「セラピーの目標」)とを区別することは有益な場合がある,と筆者らが考えていることに注目してほしい(Mackrill, 2011)。

多元的アプローチの取り組みのすべてにおいてそうであるが,現実には,目標および下位目標を探求することや,それらについて話し合うことは,図4.1のような分析が示唆することよりもはるかに複雑で,入り組んでおり,微妙なものである。例えば,セラピスト(ミック)はネヴィルに,「オーケー,では,あなたの目標はもっと愛されていると感じることで,下位目標はその目指す状態に達することができるように私たちが取り組む,ということになりますね?」と言ってセラピーを始めるわけではない。それよりも,ネヴィルがセラピーに望むことへの気づきや彼がそれをどのように達成できるかを話し合うことが,取り組みへと向かうことを援助し,そしてネヴィルが望んでいるものをセラピーから得ることを確実にしていくような,とても汎用性の高いガイド(a very loose map)として役立つのである。

ネヴィルのケースでそうであったように,多元的アプローチでは,1人ひとりのクライアントの中にも多数の目標が存在している,という前提に立っている。その中の目標のいくつかは統合可能なものであるか,より少数の高い順位の目標に還元することができるだろう。このことは,人はいくつかの,しばしば互いに独立している中核的な意味を自分の人生の中にもつ傾向にある,ということを示唆する心理学研究(Baumeister, 1991)の知見と一致しており,それは唯一の「包括的」あるいは統合的な「より高い意味」があると考える立場とは対照的なものである。このことはまた,クライアントが「いくつかのきわめて異なる目標」(Holtforth & Grawe, 2002)を示すようだ,という多くのセラピストが日常的な臨床場面で観察している事実とも一致している。実際に,ある大学のサイコセラピー・センターにおける実証的研究で見出されたことだが,クライアントはそれぞれ1個から8個の目標をもっていて,それらは通常かなり異なるタイプの目標であり,1人平均3.25個

の目標をもっていたのである（Holtforth & Grawe, 2002）。

　クライアントが多数の目標を見出している状況においては，こうした目標が矛盾したものでないか，あるいは互いに妨害し合うものでないかということについて探求することが有益であるかもしれない。例えば，イアンはセラピー開始時に次の3つの主要な目標を語ったクライアントである。(i) 妻と離れ，ほかの誰かともっとうまくいく関係を見出すこと，(ii) 自分の子どもたちにとってよりよい父親であること，(iii) より収入の高い仕事に就くこと。これらの目標を追及しようとセラピーを活用しつつ可能性を探る中で，イアンは，転職するという目標は現時点では優先順位が低いということを認識し，さらに，目標 (i) と (ii) は両立しないと見なしていることによって，自分の人生における苦悩と欲求不満が生じていることに気づいた。そこでイアンにとっては，セラピーにおける核心的なテーマは，それぞれの目標がどのように達成されるかではなく，（彼にとっては）相容れないけれども深く関連しあう価値をもった2つの目標から選択をすることの意味や含意の探求にあった。

意識されていない目標

　クライアントの目標を検討する中では，その人の人生の中には意識的には気づかれていない方向や目的があるかもしれない，ということに気づくのは大切なことである。このことは，人が言葉に表すことができる目標の重要性を無視しているのではなく，人が行為する中に内在し，時間を経て初めて認めることができるような潜在的意図（intentions）があるケースもある，ということである。セラピーにおける力動的見解，特に**転移**や**逆転移**の概念は，暗黙的なもしくは意識されていない目標を特定することができるという点では，価値ある概念的な方策を提供してくれる。ジェニファーは幼少期に性的虐待を受けていたクライアントで，自分に起こったことを言葉で表すための，そしてその体験の辛く恐ろしい記憶から解放されるための援助をセラピーに求めていた。しかし，数か月以上経過した後，ジェニファーはセラピーに自分を委ねることは難しいと思うようになった。ジェニファーはセラピストに好意を持ち，彼女が抱える課題に取り組むセラピストのやり方には満足していたのだが，セッションを何回か休み，ときにはセラピストに向かってひどく皮肉を言ったり，沈黙したまま長い時間自分の中に引きこもったりした。同時に，セラピストが強く感じていたことは，ジェニファーがどんなに挑発的であっても，セラピストは常に受容し，彼女に向ける反応においては細心の配慮をしなくてはいけない，ということだった。最終的にセラピストは，本人が現在もしかしたら「試すこと」を行っているかもしれないその可能性，そしてもしもそうしているのであれば，そうすることがどんな意味をもっているのか，を考えるようにジェニファーに勧め

た。この話し合いから現れたのは，ジェニファーは，明確な価値をもつ「特別」だと感じられる人間関係を望んでいることと，セラピストがこの望みに応える人であるかどうかを見出そうとしている，という2つの側面への認識であった。こうした会話をするまで，「価値があり特別だと感じられるような人間関係を見出す」という考えは，ジェニファーが言葉にすることができない目標だった。しかし，言語化できるようになると，それはジェニファーにとって多くの意味をもつことに気づいた。そしてセラピストと一緒に取り組んでいく作業を報告することに，別のセラピーの目標を加えることができるようになった。

推薦文献

下記の論文は，セラピーの中で無意識的な目標をどのように理解し，それにどのように取り組んだらよいかについての具体的な例を示したものである。

Bugas, J., & Silberschatz, G. (2000). How patient coach their therapists in psychotherapy. *Psychotherapy, 37*, 64–70.

Curtis, J. T., et al. (1988). Developing reliable psychodynamic case formulations: An illustration of the plan diagnosis method. *Psychotherapy, 25*, 256–265.

接近の目標 対 回避の目標

目標が「接近‐回避（approach-avoidance）」，あるいは「肯定的」-「否定的」の連続線上のどのあたりに存在しているのか，という観点から考えることは有益なものであるだろう。肯定的あるいは接近の方向にある目標とは，例えば「誰かをデートに誘う」，「飛行機に乗れるようになる」など，努力をして達成を目指すものである。反対に，否定的あるいは回避的な目標とは，例えば「心配しなくなる」，「行き詰まった夫婦関係を終わりにする」など，その状態にならないことやある出来事が起こらないことを目指すもの，を意味している。否定的／回避的な目標は 問題の記述として理解できる。一方，肯定的／接近の目標は，解決もしくは可能性の記述であると見なすことができる。セラピーの開始時には，通常クライアントは望むことを問題の点から語ることが多い。これは，その時点でのクライアントの人生が，「問題をもった」ものとして経験されているからである。クライアントは何かで悩まされ，不快な状況を終わらせたい，もしくはどうにか解決したいと望んでいる。しかしながら，一般にセラピーは，何かを**止めさせたり**，人に何かをさせ**ない**ように援助することにおいて，特段効果的なわけではない。ほとんど全ての効果的

なセラピーの技法は，クライアントが新しい理解や行動様式を見出すようになることを目指している。言い換えると，肯定的な目標に向かって進んでいくためにクライアントを援助するものである。ElliotとChurch（2002）が実証的研究の中で発見したのは，セラピー開始時に回避的な目標を主に示すクライアントは，接近の目標をセラピーの目的に定めるクライアントよりも永続的な効果が得られにくい，ということだった。

　接近・回避の目標を区別することによってもたらされる意味の1つは，セラピーの初期にはクライアントが肯定的な目標を明確に考えることによってセラピーに参与することは難しいと感じるかもしれない，という点を私たちに思い起こさせることである。多元的な観点からは，クライアントが最初から「目標達成の評定（goal-attainment scaling）」に取り組むことができるだろうと期待するのは援助的ではないだろう。そのスケールはクライアントが意図する結果もしくはセラピーの課題を特定化し，その課題を達成する道筋のステップを示す行動を具体化し，そして1週間毎の進展を評定するものである。このような構造化された目標主導的なセラピーは，Cytrynbaum，Ginhath，BirdwellおよびBrandt（1979）やKresuk，SmithおよびCardillo（1994）によって概要が示されており，一部のクライアントにとっては適切であり歓迎されるものかもしれない。しかし，別のクライアントにとっては目標や課題を特定するという要求は的を射たものではなく，圧迫的なものとして経験されるかもしれない。その要求は，変化のプロセスに関連してクライアントが必要とするものを考慮していないからである。同様に，完全に問題焦点的な，そしてクライアントに肯定的な目標の点からセラピーの目標について見通しをもたせないようなアプローチも，個々のクライアントのニーズや選好に鈍感になってしまう危険性をもつようだ。多元的アプローチの観点からは，肯定的な目標と否定的な目標の双方を探求することに許容的であることが重要である。

目標の達成可能性

　クライアントの目標について考えるときに考慮されるべきさらなる次元は，それがセラピーにおいて達成可能である程度である。例えば，他者を変えることを必要とするために達成できないような目標もある。15歳の生徒であるジョーは，公園で年少の子どもたちが自分をいじめるのをやめさせたいという理由でカウンセリングにやってきた。50歳の男性ジェフは，妻にもっと気遣ってもらいたいという理由でカウンセリングを訪れた。どちらのケースも，その目標をセラピーの中で生じる方向性として取り上げても，落胆や失敗に至ることになるだろう。ジョーもジェフも，そして2人のカウンセラーも，ジョーやジェフ自身の行為を振り返り，それぞれが達成できることから目標を組み立て直す必要があった（例えば，「いじめに

耐えられるようになる」,「夫婦関係について望むことを,妻に伝えることができるようになる」といったものである)。また,時にクライアントが語るその他の目標も,それがセラピーとは全く異なる種類の資源からの援助を必要としている場合にも達成するのは難しい。例えば,ジャックにとって,セラピーの目標の1つは「自分の家に棲みつく悪霊を退散させることができるようになる」というものだった。ジャックのセラピストは,この目標に取り組むことには気が進まなかった。セラピストが考えるには,悪霊に憑りつかれたジャックを援助することができる悪霊祓いの専門家が存在するからである。セラピストは,ジャックが霊媒師 (exorcist) に連絡を取ることを援助するためのロールプレイであれば,やれるだろうと考えた。しかし,実際に受けることができる悪霊祓いは,ジャックの支払い能力の限度を超えていたのだ。その他にも,あまりに難しすぎて達成困難な目標もある。ジョナは翌日に予定されていた採用面接を恐れていて,もっと緊張せずにいることができればと思っていた。しかしこの目標は,明日までという限られた時間内であり現実的なものではなかった。別のクライアントは,ある問題に対処する方法を学習するだけでなく,自分の生活からその問題を完全に取り除きたいと思っていた。例えば,ジェリーは長期にわたる深刻な飲酒問題を抱えていたが,自分がアルコール中毒にならずに,しかし酒は飲みたいときに飲めるようになりたいと思っていた。ジェリーのセラピストがこの目標に合意することを望まなかったのは,セラピストとしての経験からも,実証的研究のエビデンスの知見からも,それが成功するチャンスはほとんどないと考えられたからである。

　多元的な方向性においては,目標の達成可能性の問題は,セラピーが協働作業であるということを忘れないための手がかりとして機能する。クライアントが見出した目標は非現実的で達成不可能であるとセラピストが考えながら,それを伝えないならば,それはクライアントにとって援助的なものではない。クライアントによっては,「失敗するまで自分でやる」あるいは「これでいいということは決してない」といったことが,人生の大きなテーマであることもある。そうした場合,目標の達成可能性についてセラピストが共感的であると同時に積極的な態度で語るというまさにその行為が,とても促進的なものになり得るのである。

セラピーの目標のナラティブな文脈

　本章において,そして多くのセラピーの実践でも,セラピーの目標は通常,「過去の自分から解き放たれる」あるいは「怒りや自分を傷つけたいという考えから離れる」といった,要約的なラベルによって表される。こうしたラベルは,クライアントが問題や目標が特定の人生の場面にどのように根づいているのかを述べるためのかなり詳細なストーリーにとっての,ある簡潔な見出しとして機能していると考

えられる。クライアントが行う目標の言明がもつ意味に対して，セラピストが関心を寄せることはきわめて重要である。なぜなら，その「冒頭の見出し（headline title）」は，クライアントが理解している複雑な意味の固まりを内包しているが，そのことはセラピストにはただ漠然としか知覚されていないかもしれないからである。例えば，アンディが初回のアセスメント面接でカウンセリングの目標をひとことで述べるように求められたとき，自分が望んでいるのは「怒りや自分を傷つけたいという考えから離れる」ことだと言った。アンディにとってこの言葉は意味あるものだったが，セラピストがそれを十分に理解できるようになったのはそれから数週間後のことだった。例えば，「離れる」という言葉は，アンディにとっては人生を旅に見立てた感覚を反映しており，怒りはパートナーとの関係における特定のパターンを指すもので，「自分を傷つけること」はよくない健康状態のまま長期間必死に生きてきたことを意味するものだった（つまり，「自分を傷つけること」は「自分を十分に配慮していない」という意味だった）。言い換えれば，アンディのセラピーの目標は，人生の物語の内容を1つの全体としてとらえるときに初めて理解できるものだったのである。

推薦文献

White, M. (2007). *Maps of Narrative Practice*. New York: W. W. Norton (pp.27-37). これは，クライアントの問題や目標に関する語り方の中に見られる潜在的な意味を明らかにするために，セラピストがその役割において「調査報告者（investigative reporters）」として行為することに積極的であるべきだ，ということを示唆する興味深い議論である。

目標の地平線

　人がもっている目標とは，その人にとって可能であることの地平線（horizon）もしくは境界（boundary）を示すものである，ととらえることができる。目標は，その人にとっての想像の範囲を規定する。人が目標の達成に近づくとき，地平線もしくは境界線の向こう側に横たわるものを可視化あるいはイメージ化できるようになる。1人のクライアント，マーガレットは，仕事と子育ての両立に力を注いできた結果，夫と何年も離れて暮らしてきたように思え，耐えられないほどの孤独を感じていた。セラピーでのマーガレットの目標は，夫ともう一度距離を縮め，一緒にいることを楽しめるようになることだった。マーガレットにとってセラピーはうまく

いき，人生のパートナーとして夫と関係を再び築くことが必要であることに気づいた。しかし，この間のセラピーの取り組みが終わりに近づいたとき，マーガレットは自分の精神性（spirituality）にいかに専心すべきかという別の事柄，すなわち別の地平線が存在していることに気づき始めたのである。セラピーの開始時には，こうした精神性への問いはマーガレットの念頭にはなく，彼女が歩んできた人生をよく知る第三者であれば，マーガレットが若い頃には人生において常に重要だった積極的な精神性の探求が消えてしまったのはどうしてだろう，と不思議に思ったかもしれない。

　目標の地平線の概念にはセラピストにとって2つの意味がある。第1に，クライアントに次に起こることが何であるかを見極めようとする意味で，クライアントの「あまりに先のこと」をとらえるのは有益ではない。1つずつ順番に取り組む方がよいことが多いのである。第2に，セラピーでの目標として行わなくてはならないことをクライアントが達成したとき，そのことがわかる確実な指標の1つは，クライアントが何か別のことを語り始めることである。ここで示した考え――目標の構造，意識 - 無意識，接近 - 回避，達成可能性，ナラティブな文脈，そして目標の地平線――は，「目標の理論」もしくは目標への取り組み方のモデルを構築するものとして理解されるのを意図しているわけではない。そうではなく，こうした考えは**感受力のある**概念（sensitising concepts）――すなわち，クライアント（とセラピスト）が目標の意味に関する促進的な会話に取り組むことができる能力に寄与するような，目標を概念化する仕方――として提供されるのである。心理学の分野でさらに明らかになっている研究知見やエビデンス（解説ボックス4.2参照）は，セラピストがクライアントとどのような目標を設定するかを考え始めるときにも，有益なものであり得る。

解説ボックス4.2：何が目標設定を効果的にするのか？

　過去40年にわたって，アメリカ合衆国の心理学者エドウィン・ロック（Edwin Locke）と共同研究者は，目標や目標設定に関する大規模な実証的研究のプログラムを実施してきており，その研究知見の多くはセラピーにおいて目標設定のあり方に関するものである。Locke and Latham（2002）に明らかにされている主な研究知見を以下に要約する。

　目標の設定が状態の改善を導くことができるとき，その設定は：

- 目標に関連する活動に注意を向けるものである。
- 人々にエネルギーを与えるものである。
- 努力を持続させるものである。
- 課題に関連した方略や知識を発見し活用するように人々を導くものである。

加えて実証的研究は，目標の設定が最も効果的になるのは次のような場合であることを示している：

- その目標が**挑戦しがいのあるもの**である（不安喚起的なものになり過ぎなければ）。
- その目標があいまいなものではなく**具体的**である。
- 人々がその目標を達成することに**専心**する。
- その目標が**重要**であると見なされている。
- その目標の**根拠**が明確である。
- その目標が遠すぎず，**近くにあって**達成可能なものである。
- その目標がその人の純粋な価値観や望み，個人的なニーズ（「自分に適したもの」）と**合致**しており，外からの要求や内的な罪悪感，羞恥心によって動かされているものではない。
- その人の複数の目標がお互いに**矛盾する**ものではない。
- 目標に関連した進歩についての**フィードバック**がもたらされる。
- 目標を達成するための行動計画が定式化されている（第5章参照）

人々はどのような目標をもっているか？

　サイコセラピーリサーチ協会の協働的研究ネットワーク（Collaborative Research Network of the Society for Psychotherapy Research）の**セラピスト**を対象とした調査では（Orlinsky & Rønnestad, 2005），クライアントが達成のために援助を求めた最も重要な目標は，「自己価値やアイデンティティに対して力強い感覚をもつ」ことだった。これに続いて，「対人関係の質を改善する」こと，「自分の感情や動機づけ，および／または行動を理解する」ことがあげられ，さらに「新しい，もしくはこれまで回避されてきた状況にアプローチする勇気をもつ」ことも多数回答されていた。加えて，より経験を積んだセラピストは，クライアントが「経験の排除された，もしくは分離された側面」を統合する，という目標を達成できるように援助することが重要であると感じていた。

　対照的に，**クライアント**のセラピーに対する目標についての詳細な分類がHoltforth and Grawe（2002）によって提案されている。2人は，セラピストとクラ

クライアントの目標のパーセンテージ

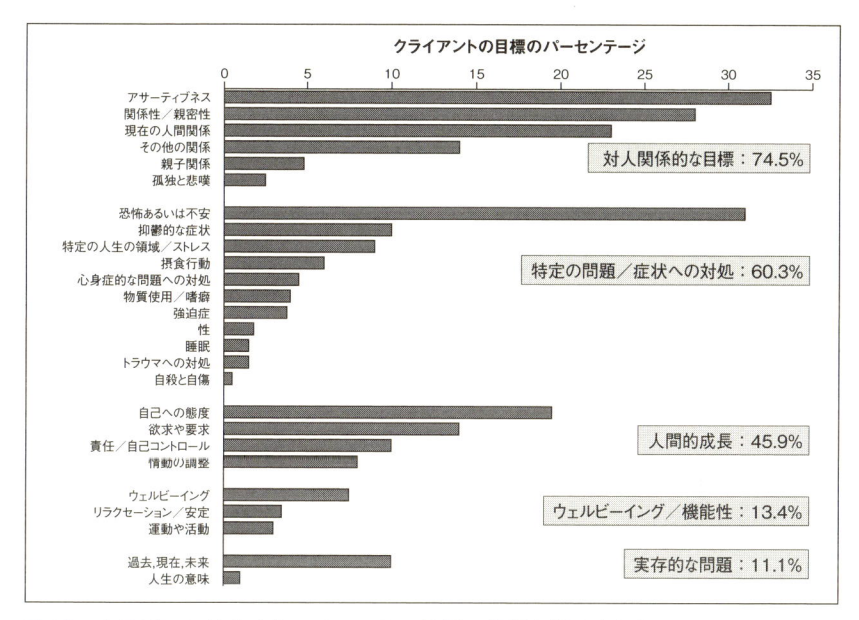

アサーティブネス、関係性／親密性、現在の人間関係、その他の関係、親子関係、孤独と悲嘆	対人関係的な目標：74.5%
恐怖あるいは不安、抑鬱的な症状、特定の人生の領域／ストレス、摂食行動、心身症的な問題への対処、物質使用／嗜癖、強迫症、性、睡眠、トラウマへの対処、自殺と自傷	特定の問題／症状への対処：60.3%
自己への態度、欲求や要求、責任／自己コントロール、情動の調整	人間的成長：45.9%
ウェルビーイング、リラクセーション／安定、運動や活動	ウェルビーイング／機能性：13.4%
過去,現在,未来、人生の意味	実存的な問題：11.1%

図4.2：セラピーに対するクライアントの目標の分類と頻度（出典：Holforth & Grawe, 2002）

イアントによって同時にあげられた目標を分析した。そのデータは，ベルン大学（University of Bern）サイコセラピー外来クリニックでの20年以上にわたる約300名のクライアントから得られたものである。そこから，23個の目標が見つかり，5つの主要なタイプにカテゴリー分けされた。そのカテゴリーとは，対人関係的な目標，特定の問題や症状への対処，人間的成長，ウェルビーイングと機能性，実存的な問題，であり，図4.2に，それぞれの目標を示したクライアントのパーセンテージを示した。そこからもわかるように，外来のクライアントが最も多く示した目標は，対人関係的なタイプのものであった（これは，入院患者のサンプルでは特定の問題や症状への対処が最も多かったこととは対照的である。Holtforth, Reubi, Ruckstuhl, Berking, & Grawe, 2004）。特定の目標として最も多かったのはアサーティブネスの発揮であり，恐怖あるいは不安，関係性／親密性，現在の人間関係，自己への態度，の順であった。イギリスのプライマリーケアの人々を対象とした同様の研究でも，セラピーに対してクライアントが最も多くもっていた目標は，特定の問題や症状への対処，もしくは対人関係的な性質のいずれかだった（McBeath, 2007）。

先行研究の1つであるBraaten（1989）は，次のような5つの次元による人間的な

成長の目標に関する質問紙を作成している。

- **対人的依存性**(interpersonal dependency) 項目例：他者をひどく責めるのをやめる，自分にもっと責任をもつようになる
- **対人的親密性**(interpersonal intimacy) 項目例：他者に自由で肯定的な感情を表現する，他者とのスキンシップをより自由に行う
- **社会的なアサーティブネス**(social assertiveness) 項目例：アサーティブに自分のことを他者に伝える，ためらわずに怒りを表現することを学ぶ
- **自己の個体化**(self-individuation) 項目例：静かに内省することの大切さを学ぶ，自分自身である自由から逃げることをやめる
- **自己受容**(self-acceptance) 項目例：より自己受容的になる，失敗したときに自分を責めることをやめる。

エクササイズ4.2：どのような目標であれば，あなたはクライアントの目標達成を援助できるか？

10分程度の時間を取って，セラピストとしてのあなたがクライアントの目標達成を最も援助することができるのは，どんな目標なのか，隣の人と話し合うか1人で考えましょう（出発点として85ページのエクササイズ4.1にある目標のリストを用いてもいいでしょう）。次に15分程度の時間を使って，クライアントの目標達成を援助するためにあなたが提供できるのはどんなことか，考えられることを書き出してみましょう（例えば，クライアントがより豊かに自己に気づくことができるように積極的に傾聴する，など）。

Braaten (1989) は，メンタルヘルスの問題で治療を受けている人々と，「健康な統制群」として振り分けられた人々のいずれもが，同じような人間的成長の目標に関するプロフィールを報告していたことを見出した。心理的問題を抱えた人々と，人生に満足している人々との違いは，それぞれが違った人間的な目標をもっていることではなく，後者がその目標を達成できていた程度において，より満足しており自信をもっていたことだった。

人間的な目標に関する研究は，目標について表現する豊かな語彙が存在する，ということを示している。こうした語彙は，不安や鬱といった心理的問題の点からすると，症状の軽減に関連しているが，明らかにさらに広い範囲の一連の目標を包

含するものでもある。したがって多元的な観点からは，目標を表現する言語は，精神医学的カテゴリーに意味を見出しているクライアントがそうした考えを自分の目標を特定するときに用いることを可能にする（例えば，「セラピーでの私の目標は，より落ち込まないようになることである」といった）一方で，目標を表現する言語はまた，精神医学的な用語で自分の困難をとらえてはいないクライアントにとっても適切な会話の余地をつくり出すのである。その結果，CORE-OM や BDI-II のような標準化された症状のチェックリストや質問紙と比較すると，目標を表現する言語は，個別化された柔軟な形でクライアントに自分の問題を表現することを可能にするものである。

クライアントの目標に取り組むプロセス

　クライアントの目標が語られるのはセラピー初回だけではない。それどころか，目標は，セラピーの期間中にさまざまなポイントにおいて形を変えながら，焦点をあてていくプロセスとしてとらえることが望ましい。実際，実証的研究によると，クライアントの多くは時間の経過に伴って新しい目標をもつようになる傾向にある，ということを示している（Schulte-Bahrenberg & Schulte, 1993）。この点で，セラピストは，クライアントの目標をマインドフルに受けとめる姿勢でいることが援助的であると言えよう。セラピーの中で起きていることがクライアントの目標との関連という点で明確に合意されたものでないときであっても，クライアントとセラピストがすでに合意して進んでいた方向性について，背景では気づいている状態を保つことが価値をもち得るのである。

クライアントが自分の目標を明確化することへの援助

　実証的研究は，セラピストとクライアントは，「セラピーの目標に関するそれぞれの思考傾向（ideology）によって全く波長が合わないことがある」，と示唆している（Dimsdale, Klerman & Shershow, 1979）。例えば，Dimsdale と共同研究者によると，精神科の入院病棟のスタッフは一貫して，セラピーにとって最も重要な目標として「洞察」を位置づけていた。一方，クライアント自身にとっては「洞察」はそれほど上位ではなく，むしろ症状の緩和や適応が上位に位置づけられていた。

　このことから，クライアントの目標を重視するセラピーのアプローチでは，クライアントはセラピーの開始直後の瞬間からセラピーに望むことを語る機会を必ずつくり，「目標についてのメタコミュニケーション」（第3章参照）が必ず生じるようにする必要がある，ということである。このことは，セラピストが意図的に引き出そうとしなくても，自然に生じるかもしれない。例えば，あるクライアントは，セ

ラピーが，不安を感じなくなり，パートナーとのよりよい関係をもてるための機会になればと思う，と初回のセッションで語るかもしれない。しかし，多くの例に見られるように，クライアントはセラピーや自分の人生に何を求めているのかを自分から進んで語らないことも多い。これにはいろいろな理由が考えられる。自分が求めていることをセラピストに言うのは不適切で，ふさわしいものではない，もしくは失礼であると感じているかもしれないし，セラピストが自分の望みやニーズをわかっていると思い込んでいるかもしれない。自分が何を求めているのか気づいていないかもしれないし，たくさんの胸のつかえを抱えて，不安に圧倒されているかもしれない。あるいは人生やセラピーに対して自分が何を望んでいるのかわからなくなっているのかもしれない。

そうした状況では，セラピストがクライアントに人生やセラピーに何を望んでいるのかを問いただすことは援助的であるとは言えないだろう。実証的研究は，セラピー開始時の最も重要な課題は，クライアントが受け容れられ理解されていると感じられるように援助することである（Cooper, 2008），ということを示唆している。そして，クライアントが入室した瞬間に，何を望んでいるのかをぶしつけに，あるいは繰り返し尋ねることは，クライアントにとって無用な詮索や割り込み，あるいは押しつけと感じられるかもしれない。しかし，多元的な観点では，アセスメントもしくはインテークのセッションのどこかで，クライアントがセラピーに何を望んでいるのかを探求することは一般的には有益であるとされる。例えば，セラピストは以下のような問いかけによってセッションを始めることができる。

- 「私と一緒に取り組むことに何を求めていると思いますか？」
- 「セラピーからどんなことを得たいと思いますか？」
- 「あなたがここにどういうことで来られたのか，教えていただけませんか？」
- 「あなたの人生で変えてみたいのはどんなことですか？」
- 「ここでのセラピーの目標としては，どんなものが考えられますか？」
- 「セラピーの終結時には，あなたはどうなっていたいですか？」
- 「このセラピーに望むことをひとことで言うと，どう言えるでしょう？」
- 「ここでの取り組みが成功したと考えられる場合には，あなたの人生には少なくともどんな違いが生じると思いますか？（Duncan, et al., 2004: p.69）」
- 「まだすっかりよくなったとは言えないとしても，改善の方向へ確かな一歩を踏み出したと言える最初のきざしはどんなものになりそうでしょうか？（Duncan, et al., 2004: p.69）」

こうした問いかけの後で，セラピストは——反射（reflection），要約（summaries），

探索（probes）といったカウンセリングの基本的スキルを用いて——クライアントが以上のような問いかけに明確に回答できるように援助することができる。セラピーの目標に関するこのような対話はとても簡潔なものかもしれないが，多元的な観点からは，セラピスト（およびクライアント）がクライアントの望むことを確認する援助として不可欠なものである。こうした対話はまた，セラピーのプロセスにとっての適切な課題と方法を明確にするような，セラピー開始時の基礎として働くものでもある（第5章および第6章参照）。

構造化された目標明確化の方法

長年にわたって，多数の構成化された，フォーム（質問紙）に基づく技法が，セラピーにおけるクライアントの個々の目標を明確化するための援助として開発されてきた。しかし，ほとんどの場合，こうした技法はクライアントがセラピーで取り組みたいと思う問題もしくは困難に向けられたものだった（Rodgers, 2010）。このようなフォームはどれも，実証的研究の目的——セラピーの結果をより個別的な仕方で評価すること——のために主に開発されてきたが，それらはまた，セラピストが日々の臨床実践の中で活用することにも適したものである。こうしたフォームを使用することをクライアントが侵入的もしくは機械的なものに感じるのではないかと懸念する現場の実践家たちもいるが，筆者らの経験によれば，一般に多くのクライアントは，こうしたフォームが促進的であり，自分がセラピーに求めていることや自分の主要な困難に焦点をあてるための援助になる，ととらえている。

最も基本的な段階では，クライアントは自分のセラピーの主要な（諸）目的が何であるか簡潔に質問され，それらが書き出される（例えば，Kiresuk & Sherman, 1968）。こうしたフォームがセラピーの進展を継続的にモニターするために使われるときには，クライアントは自分がそうした目標にどれくらい近づいているかを評定するように求められる——例えば，「**まったく達成されていない**」(1) から「**十分に達成された**」(7) までの7段階の尺度を用いて評定する。

別の方法としては，セラピーで取り組みたい主要な困難を明確にするようにクライアントに求めることもできるし，クライアント自身が主要な問題をどのようにとらえているのかを尋ねることもできる。例えば，テイサイド・カウンセリングセンター（Tayside Center for Counselling）で使用されている「目標フォーム（Goals Form）」は，クライアントがセラピーに何を望んでいるかを，（問題である）否定的な言葉，あるいは（目標である）肯定的な言葉のいずれにおいても評価することが可能な尺度である（付録し，259ページおよびwww.pluralistictherapy.com参照）。それは，Deane, SpicerおよびTodd（1997）によって考案された最初のひな型から発展した，1ページのフォームである。クライアントは毎回のカウンセリングセッ

ションの開始前に，このフォームに記入するように求められる。そしてカウンセラーは，以前に記入されたフォームをファイルに保存しておくことで，クライアントのそれ以前のセッションでの問題／目標の記述および得点との比較をすることができる。この「目標フォーム」の情報の用い方は，センターで働くさまざまなカウンセラーがそれぞれのスタイルで進化させてきた。またクライアントも，そのフォームに記入したことを話し合いたいと思うことについて，関心の水準はさまざまである。しかし，クライアントとセラピストの双方にとってこの目標フォームは，クライアントの目標がセラピーの出発点であることを確認できる基準として機能し，そのことはクライアントの目標に関する現在の記述によって，各セッションをしっかりと根拠づけることに役立つ。他のいくつかの目標評定の技法と比較すると，この目標フォームの一番使いやすい点は，クライアントの目標に対する理解が進展し，クライアントが目標をより明細なものにするために有益なところである。なぜなら，そうすることによってクライアントは毎回のセッション開始時に自分の目標をあらためて言葉にするからである。

　クライアントの問題／目標の言葉を引き出して記録する他の方法としては，ロバート・エリオット（Robert Elliott）と共同研究者が開発した，Simplified Personal Questionnaire Procedure（Elliott, et al., 1999）がある。その実施に必要な教示はすべて，インターネット（www.experiential-reserchers.org）から入手可能である。その手順は，ブレインストーミング・セッションでクライアントに自分の人生における問題を可能な限りすべて列挙するように求めることから始まる。その次に，セラピスト／調査者はクライアントに，その中からクライアントが自分の人生でまさに問題であると感じていることを反映している10個ほどを選んでもらう。例えば，「人と人生を分かち合う方法を忘れてしまった」，「自分に自信がない」，「自分ではコントロールできないことに対して不安になる」などである。そして，これら1つずつを別々の見出しカードに書き出していく。次に，問題の優先順位によって，最も重要なものを最初に，次に重要なものを2番目に，というふうにカードを並べるようクライアントに求める。そして最後に，これらの問題をフォームに書き写し，ある問題が過去1週間にわたって自分をどのくらい悩ませていたか回答することで（**まったくない**から**最大**まで），1つひとつの問題に対して7段階の尺度で評定するように求められる。

　クライアントが自分の目標を明確化できるように開発されたその他の用具としては，MYMOP（Paterson, 1996）やPSYCHLOPS（Ashworth, et al., 2004）などがある。以上に示したような用具を活用すると，その手続きは，セラピー開始時の目標や問題を特定するためにも，そしてセラピーの継続中に目標へと向かうクライアントの進展をモニターするためにも用いることができる。毎回のセラピーセッションの開

始時に，あるいは場合によってはセラピーの最終セッション時に，クライアントは自分の目標にどれくらい近づいたと感じているか，それとも自分をまだ苦しませている問題がどのくらいあると感じているかを評定するように求められる。筆者らの個人的経験からは，こういった継続的なモニターは，セラピーの取り組みがどのくらい進展しているかについてクライアントが把握することを援助する有益な手段になり，そしてクライアントがセラピーでの自分の目標を常に意識することにも役立つものである。

クライアントが自分の目標を明確にできないときに生じるのは？

　この章の冒頭で論じたように，そして実証的研究（Strong, 2009）が示しているように，目標を明確にしようとするセラピストの働きかけに応じようとすることが，場合によってはクライアントに苦しみをもたらすこともある。そして，「このセラピーから得たいことは何ですか？」といった問いかけに対して，クライアントがキョトンとした表情をしたり，考えたことがないという返事が返ってくることも珍しくはない。あるいは，クライアントは友人／パートナー／地域医（GP）[訳注10]からセラピーに行くようにと言われたから来談したのだ，と言うかもしれない。

　そのような状況では，セラピストがその問いかけをもう少し具体的なものにしようと試みることが有益であるかもしれない。例えばセラピストは，クライアントに目標について質問の仕方を変えて問いかけてもよいし，自分の目標について少しの時間考えるか語るように勧めてもよい。あるいは，セラピーに何を求めているのかを知ることがなぜ有益なのかを説明してもよいし，場合によっては，クライアントが何を求めているのかがわからないという事実をただ伝え返してもよい。クライアントに，最も高い順位の目標について考えるように勧めること（例えば，「あなたの人生にとって最も大切なものは？」，「10年後にどうなっていたいですか？」といった）も有益であるかもしれない。それは，セラピーが目標へどのようにたどり着くことを望んでいるのか，についてクライアントに考えてもらうために援助的な方法であろう。多元的アプローチにおいて前提とされるように，究極的にはあらゆる行動が有意味であるならば，クライアントがセラピーに来談した理由がやがて明らかになるはずである。しかしながら，実証的研究（Strong, 2009）が示すところでは，クライアントがセラピーに望むことがより明確な意味をなすまでに，セラピストとクライアントが何度も繰り返し話し合うという，長い期間を要することが少なくないのである。

　以下は，重篤な鬱と不安，そしてひきこもりを抱えてミックのところに来談し

訳注10) GP (general practitioner) はイギリスのプライマリーケアにおける総合医（地域医）のことを意味する。

た若い女性サスキアとのセラピーの，初回セッションにおける約40分の例である。最初にセラピーに何を望んでいるかを尋ねられたとき，サスキアはどう答えたらよいか困難を感じたが，対話が進むにつれて多くの重要な目標が見えてきた。

ミック： どのようなところへ進んで行きたいですか？
サスキア： 何を求めてよいのかよくわかりません。私にはっきりしているのは，20回のセッションは長いものではなくて。うーん……，全くわかりません。そんなにたくさんのことを求めたいわけではないんです。えー……，何と言えばいいか。
ミック： あなたが，おそらくは少しだけでも変わりたいと思っている主なことは何でしょうか？
サスキア： ええ，確かに人間関係のことは大きいです。だって私は今22歳で，長く付き合っている人が誰もいないんですから……［クライアントは安定した人間関係を求めていることを語る］
ミック： そのようなところ，あなたが親しい人間関係をもつようになれるところは，よい場所のようですね——おそらくは，そこはあなたが行ってみたいよい場所なのかもしれませんね。
サスキア： それとたぶん，いつもこの問題があるのがどうしてなのか，よくわからないんですけど，うーん……，わかるのは嫉妬とねたみが問題だということなんです［ミック：ええ，はい］それで，いつも自分を誰かと比較していて，えー，自分が情けなくなってしまって……［サスキアは周りの誰かと自分を比べてしまう傾向について話し，そうするのをどれほどやめたいと思っているかを語る。］
だから——私がどうなりたいかと聞かれても——それに答えるのは難しくて——とりあえずもっと健康になることかな——，とてもあいまいで，一般的過ぎますよね。
ミック： 身体的に，それとも……？
サスキア： どちらも，どちらも……［サスキアは現在無職であることを語る。ミックとサスキアは，サスキアが職を得たいと思っているのかどうかについて話すようになった。サスキアは補助教員として働きたいと思っていると語った。］
ミック： それでは2, 3年後にあなたは子どもたちを教えていて，大切な人との関係の中にいるという人生を過ごしているなら，それは心地よいものですか？
サスキア： あぁ，それはとてもいいかもしれません。

しかしながら，もしもこのような方向での探求がクライアントを不快にさせ，あ

るいはクライアントに不安や混乱を感じさせるようであれば（例えば，治療同盟の悪化への脅威となる，いった），こうした探求からはいったん離れて，後の機会が訪れたときに考える方が好ましいだろう。特に，クライアントがセラピーの作業に満足していたり，没頭しているような場合，あるいはセラピストが，クライアントがセラピーに望んでいることを（言葉にされていなくても）強く感じていて，セラピーの方向感覚を失っていない場合には，上記のような探求は後に回した方がよい。しかし，クライアントがセラピーに何を望んでいるかを明確にすることができず，しかもセラピストにとってもクライアントの望むことが明確でないようなときには，このような探求を行うことは重要なものであり，後に回すよりもなるべく早い機会に話し合うことが必要である。

　ケースによっては，クライアントがセラピーに何も望んでいない，ということがはっきりするかもしれない（もちろんこの場合は，セラピーに何を望んでいるかを明確にすることができないクライアントとは違う）。そのような場合には，そして特にクライアントがセラピープロセスに参加しようとしない，もしくはセラピープロセスから満足を得られない場合には，セラピストはその時点でセラピーの適切性についてクライアントと話し合うことが意味をもつだろう。多元的アプローチの視点からすると，こうしたことは完全に非診断的かつ非審判的な仕方で実施され得る（されるべきである）。それぞれ異なる人は，それぞれ異なる時点で，それぞれ異なることを必要としており，そして，ある人がある時点ではセラピーによっては援助されない，ということもまったく正当なことである。例えば，あるクライアントが本当に求めているのが，住宅取得控除が受けられるという確証を得ることだとわかった場合には，心理学的なトレーニングを受けた臨床家よりも，住宅取得支援の専門員から助言を受けることの方がずっと援助的であるだろう。

クライアントの目標にセラピストが「合意しない」ときに生じることは？

　Duncanと共同研究者（2004）が指摘しているように，クライアントの目標が，クライアントが必要としていることについての私たちセラピストの感覚に合わない，という場合もある。クライアントが設定した目標に対して，セラピストが批判的あるいは否定的に感じることすらあるかもしれない。このような状況では，多元的な知識をもったセラピストはどのように対応するだろうか？

　まず，セラピストが自分自身の信念や前提を顧みて（85ページのエクササイズ4.1参照），自分の反応がこうした信念や前提から生じていないかどうかを，スーパービジョンを受けることなどによって熟慮することが有益であろう。例えば，クライアントが明確に述べた目標が，ある水準ではセラピストにとって価値あるものに感じられないような場合はどうだろうか？　別の例では，幸福を人生における最高

の目標であると考えるセラピストは，他人を信頼したいというクライアントの目標を受け入れることが難しいかもしれない。

こういったケース以外でも，セラピストが可能な限りクライアントの目標を信頼できるようになることが最善であろう（その目標がクライアント自身や他者を傷つけるものでないかぎり）。Duncanと共同研究者（2004）は，自立支援施設（supervised residence）に住んでいて，地域のスポーツチームのチアリーダーになりたいと繰り返し話していた「精神疾患を抱える」若い女性，サラの例を取り上げている。セラピストはこのサラの目標を受け入れることは難しいと考え，それよりも，もっと有意義な社会的活動や身体活動へとサラを向かわせたいと考えた。しかし，サラ自身の目標でセラピーを始めてみると，サラにとって自分の情熱を探求することがどれほど有益なことであるかが，セラピストにはわかるようになった。サラはそれまでの人生で，その分野についての相当な専門的知識を得ていたのである。その後，サラは先頭に立って，地域のバスケットボールチームのチアリーディング隊を結成した。そのおかげで，コミュニティに再び溶け込むことができ，強い自己効力感を形成することができた。

このような事例に基づいて，Duncanと共同研究者（2004: p.69）は，クライアントの目標を「額面通り（face value）」に受け入れることの重要性を指摘し，「なぜなら，そのような目標は，クライアントが自分自身のために行為を開始することを刺激し，動機づける願望であるからだ」と述べている。倫理的な観点から見ても，「クライアントが自分で語らなくても，私にはこのクライアントが望んでいることがわかる」という態度でいるのではなく，セラピストがクライアント自身の目標の明確化を信頼し，価値づけることができるのは重要であるように思われる。

同時に，クライアントがセラピーに対して提示する目標が，「いくぶんあいまいあるいは非現実的」（Berking, Holtforth, Jacobi & Kroner-Herwig, 2005: p.316）なものかもしれない，という場合もある。そうした目標はまた，「長い目で見れば援助するうえで適切ではない」（p.316）。後者の指摘を別の言い方にすると，クライアントが提示する低い順位の目標は，クライアントがより高い順位の目標を達成するのを助けるという点では特に有益ではないようだ，ということである。例えば，スティッグはパートナーとの関係を改善することを望んで来談したが，その達成のためには，自分の怒りをうまく抑えることができるようになりたいと考えていた。しかし，最初の数セッションの間にすぐに明白になったのは，スティッグが怒りを抑えようとするほど，よりストレスがたまってイライラするようになり，パートナーに八つ当たりしてしまう，ということだった。多元的アプローチでは，このような状況においてクライアントが望むことを得るために，自分の目標が本当に有益であるかどうかを探求するように援助することは，まったく適切なものである。

そして，クライアントにその目標がどれくらい現実的なものであるかを問いかけたり，クライアントがその目標の本質を明確化するのを励ますことも適切なものである。家屋の装飾コンサルタントのように，多元的なセラピストはクライアントの視点に対してきちんと意見が言えるときに最も効果的であろうが，しかしそのことは，クライアントの最も高い順位の要望や価値を問いただしたり，傷つけたりせずになされ得るものである。

　ある場合には，クライアントの目標がまったく正当なものであり，明確かつ現実的なものであるとセラピストが感じながらも，自分にはその目標達成を援助する知識や技能，あるいは動機づけがあるとは感じられない，ということもある。セラピストにとっては，自分がどのような点でクライアントの目標達成を援助できると感じられるのかを明確にすること（58ページのエクササイズ3.1参照）が，このようなケースのときに問題点を特定するのに役立つだろう。そこでは，こうしたことについてクライアントと話し合い，この先クライアントの目標達成をよりよく援助することができる誰かへリファーする可能性を探求すること（97ページの解説ボックス4.2参照）が，セラピストにとって重要であろう（あらためて言うが，多元的な枠組みではリファーすることはセラピストの能力を反映するものではまったくない──私たちは，あらゆる人にいつでも何でもやれるわけではないのだから）。しかしながら，クライアントがセラピーを有益であると感じているなら，そのことは熟慮を必要とする重要な要因であり，リファーをするのは適切ではないかもしれない。例えばセラピストが，クライアントがセラピーに何を求めているかを誤解していたり，クライアントを援助する自分の能力について過小評価しているかもしれない。いずれにしても，常に対話に開かれていることが，クライアントがセラピーに何を望んでいるのかを理解する感覚を深めるうえでセラピストとクライアントの双方にとって有益であるだろう。

解説ボックス4.3：さらなる目標達成のためのリファーを行う

　カウンセリングやサイコセラピーの文献の中には，クライアントを別の臨床家へ適切にリファーする仕方について書かれたものは驚くほど少ない（Leigh, 1998は参照できるけれども）。ひょっとするとこれは，学派主義的な観点からは，それぞれの流派のセラピストたちは自分が提供できるものがほとんどの──すべてではなくても──クライアントにとって援助的である，と考える傾向にあるからであろう。しかしながら多元的な観点からは，あるセラピストはあるクライアントをよりよく援助することもあれば，そうできないこともあり，それは目標，課題，方法にまた

がる全体の調整の度合いによるものなのである。このことは，多元的な情報に基づくセラピストの鍵となるスキルの1つは，より適切な臨床家（セラピストあるいはその他の専門家）に建設的な——すなわち，思いやりのある，支持的で，情報に基づいた，援助的な——仕方でクライアントをリファーすることができることである，ということを意味している。それをどのように行えばよいかに関する実証的研究が早急に求められているが，いくつかの基礎的な示唆は以下のように要約できるだろう：

- 可能な限り自分がクライアントに提供できることとできないことに気づくようにしており，そうすることで，いつリファーを行うのが適切であるかについての明確な感覚をもっている。
- セラピストとしての自分の限界を受けとめるようにしており，そうすることで，リファーの必要性を個人的な失敗のサインとして経験するのではなく，できる限り十分にクライアントを援助するということに自分が専心している証として経験する。
- どこにリファーするとしても，できる限り協働的なやり方でリファーをするようにしており，そうすることで，クライアントに何かを強制したのではなく，ともに意思決定したと感じている。
- クライアントは，リファーを拒絶のサインとして経験するかもしれない——したがって，リファーはセラピストとしての限界を示す1つの結果であり，クライアントにはどんな落ち度があったわけでもない，ということを明確に伝えることが重要である。
- クライアントにとっては他のどんな選択肢（例えば，専門性の高いサービス，低料金のカウンセリング，カップルカウンセリングなど）が利用可能であるか気づくようにしており，そうすることで，リファーの必要性が生じたときに提案できる示唆をあらかじめもっている。
- リファーに関するさらなる議論や助言については，Leigh (1998) を参照。

　最後のポイントとして，セラピーの目標をめぐって意見の不一致があることはすぐには明らかにならないかもしれないが，セラピーの中で困難や悪化が現れ始めたときには，セラピーの取り組みが達成しようとしていることについて，合意の度合いを見直すことが常に大切である。例えば，セラピストはクライアントがさらに自分の感情に触れられるように援助しているが，クライアントは自分の問題のもっと実際的な解決を望んでいるような場合，あるいは，クライアントは自分の悩みと折り合いをつけることに関心があるのに対して，セラピストはクライアントを「治癒

したい」と望んでいるような場合などである。このような場合は，スーパービジョンを受けることがセラピストにとってはとても有益であり得るし，おそらくセラピー関係にもよい影響がもたらされるだろう。例えば，あるセラピストは，「私はここで，あなたがもっと自分の気持ちに触れるようになることを援助しようと思っていますが，もしかするとあなたは，実際にはそれとは違うことを求めているのではないかという気がします。あなたの感じでは…」と言えるようになるかもしれない。スーパービジョンにおいて目標合意の程度を検討することを通して，セラピストは，クライアントがセラピーに何を求めているのかについてほとんど考えていなかったことに気づくようになり，そのような気づきがセラピーの実際に生かせる有益な洞察になり得るのである。

目標の分化のプロセス

　多元的セラピーの中では，クライアントは自分の目標について学習する機会をもつ。クライアントは自分の目標を明確にするように，そしてその目標を達成するあり方を特定するように促される。クライアントはセラピストとの対話に参加することで，自分の目標が相手にどのように知覚されているのかについて，さらに十分に理解することができるようになる。クライアントは，定期的に自分の目標を振り返り，モニターすることができる。こうした活動のすべてが，クライアントが自分の目標からするとどのような地点にいるのかを理解することにおける，漸進的な**分化**（a gradual differentiation）に寄与する。

　エヴァは数カ月にわたってカウンセリングを受けているクライアントである。セラピーを始める前のインテークおよびアセスメントのセッションの時点では，エヴァはカウンセリングへの明確な目標を見出すことができなかった。目標を語るように促されると，目標を語る代わりに，逃れたいと思っている耐え難い生活状況について説明をした。

> 私は子どもの頃虐待を受けました。そして若くして結婚しましたが，相手の男は飲酒常習者で，私に暴力をふるいました。今の私は生まれて初めてまったくのひとりぼっちで，誰も私がどうすればいいのか言ってくれなくく，どうすればいいのかを聞ける人もいません。ふたりの娘は私を拒絶しています。母は今年亡くなり，唯一の心の支えである飼い猫は重い病気にかかっています。

　16回のセッションの後，彼女は「目標フォーム」に以下のことを記録した。

> 私が愛を与えることが虐待を引き起こしているようだ。欺瞞を警告するサインを見落とさない強さを身につけたい。「ノー」と言えるようになりたい。

この新しい文章には，具体的な「要望」の初めての明確化が含まれており，セラピー以前の反応の中にすでにあった彼女が望んでいる将来についての感覚が表されていた。この新しい文章には，因果関係的な結びつき（「私が愛を与えることが虐待を引き起こしている，だから強さを身につけたい」）についての理解も含まれている。その後のセッションで，エヴァの目標はさらにはっきりと分化されていったが，それは，具体的な状況において彼女がなし得る具体的な変化を見出すことができるようになったからである。

　エヴァが作成した目標の文章は，好ましい結果に至るセラピーの中で生じる2つのプロセスを表すものだった。1つは，クライアントが問題／回避的（avoidance/problem）な記述から，目標／接近的（approach/goal）な記述へとシフトし始めるというプロセスである。本質的に，このようなプロセスは，その中で本人が望む将来の可能性が形をなし始めるものであるようだ。もう1つは，クライアントが全般的な苦悩の記述から離れて，自分の問題を，問題の原因，現在の困難，そして状況に改善をもたらし得る事柄を結びつける因果の連鎖へと分析できるようになるプロセスである。もちろん個々のケースでは，その因果の連鎖はさまざまな道筋をたどりうるだろうが。しかし，概して，効果的な協働的関係が構築され，クライアントが自分のセラピーにおける目標を達成し始めるときには，この種のパターンは実際に観察できるものである。このことがセラピストにとって意味するのは，数週間前に合意された目標の記述や，セラピーの契約あるいは決め事をそのまま変えずにいることよりも，クライアントの目標が今はどのようなものであるかという点に関してアップデートすることが重要である，ということである（解説ボックス4.4参照）。「目標フォーム」のようなモニターのための道具を活用することや，クライアントとともに定期的に目標を振り返ることによって，時間が経つにつれて次第に変化するかもしれないクライアントの目標の方向を追っていくことが容易なものになる。

推薦文献

Michalak, J., & Holtforth, M. G. (2006). Where do we go from here? The goal perspective in psychotherapy. *Clinical Psychology: Science and Practice, 13*, 346-365. 最近の実証的研究がセラピーにおける目標の役割およびそれが臨床実践に意味をもたらすという点に関する貴重なレビュー。

解説ボックス4.4：目標の柔軟性は常によいことなのか？

協働的で多元的なセラピーへのアプローチの重要な部分として，一般にセラピストは目標に関して柔軟であるべきであり，セラピーの進展に伴って目標が進化し，さらに分化していくようになることを許容すべきであると，私たちは議論してきた。しかし，セラピーの中で目標が変化するのは必ずしも常によいことであるとは言えない，ということをSchulte-BahrenbergとChulte（1993）は示唆している。そこでは，目標の変化について4つのタイプが示されている：

1. **拡張的**（expansive）――新たな目標や目的が取り上げられる（96ページ：目標の地平線を参照）
2. **適応的 - 建設的**（adaptive-constructive）――クライアントのニーズによりあったものになるように目標が修正されるか，さらによりよく分化される（111ページ，目標の分化のプロセスを参照）。
3. **断念的**（resigned）――本来の目標は達成できないものと見なされ，やや切り下げられた目標が採用される。
4. **破壊的**（destructive）――潜在的には到達可能である目標が，あまりにも早く破棄される。

この分析が意味するのは，セラピストがクライアントの目標の変化や発展に対して許容的であるべきだという一方で，何の議論や検討もなく，目標が絶えず修正され「やみくもに」改訂されることは援助的ではないようだ，ということである。このことは，セラピストが不確かで有能さに欠けるという印象をもたらすだけでなく，クライアントが自分で設定した目標を達成する能力をセラピストが信じていないという印象をクライアントに与えてしまうかもしれないのである。

目標について対話することのセラピー的な価値

本章の最後の論点は，クライアントが自分の人生およびセラピーに望むことについてセラピストとクライアントが話し合うことは，それ自体が価値あるセラピーの方法であるようだ，ということである。このことには，3つのポイントがある。第1に，人が人生に望むことに無自覚であるときは，それを獲得するのはとても困難であるようだ，ということである。したがって，クライアントが人生の目標を熟慮する能力を発展させるほど，その可能性を実現できるようになるのである。このことは，多くの点で実存的セラピー（例えば，Frankl, 1986）やパーソンセンタ

ードセラピー（例えばRogers, 1959）が共有する根本的な前提と一致するものである。それは，クライアントが人生における意味や「生命体的な価値づけの過程（organismic valuing process）」を再構成できるように促進することによって，クライアントはより純粋に満足できる充実したあり方へと向かって選択することができるようになる，という前提である。第2には，以上のこととも関連しているが，人が人生に望んでいるものを獲得できないのは，それを積極的に探し求めたり，それについて語ること（アサーティブネス，といった）が不得手であるからである，という点が指摘できる。例えば，自分が望むことを探し求めようとすると，周囲の人々が自分のことを欲深く利己的だと見なすだろうと思っているかもしれない（それは，「私は何も要りません」といった言い方に表れる）。あるいは，自分が望むものを探し求めることはできても，他人が求めていることを傾聴するのは難しいと思っているかもしれない。そこで，セラピーにおける目標についての対話は，クライアントが望むことを表現し，話し合うスキルを伸展させる機会を提供し，そうすることによって，クライアントは日常生活での人間関係においても目標をより効果的に達成できるようになるのである。そのことは，クライアントが臆することなく望みをもつということに対して，罪の意識を感じなくて済むための助けになるかもしれない。そして第3には，目標について語ることはクライアントに希望を与える，という点である（Lazarus, 1981; Snyder, Michael & Cheavens, 1999）。実証的研究が示唆するところでは，将来に対する絶望や無力感は心理的苦悩の主要な指標として取り上げられることが多い（Higginson & Mansell, 2008）。したがって，クライアントが目標を明らかにするのを援助することは，クライアントに夢や希望や可能性を思い起こさせるという点でも有益なものであろう（Mackrill, 2010）。

要　約

　多元的アプローチは，クライアントの目標をセラピーの出発点としてとらえる。このようなスタンスは，クライアントの視点や権利，強さ，主体的である能力を強調するこのアプローチのヒューマニスティックな哲学的基盤を反映するものである。目標とは，人が達成しようとする事態の予見的な状態である，と定義できる。そしてそれは，最も高い水準の人生の意味から，最も具体的な，状況に基づいた目的までを含んだ，あるヒエラルキーの中に存在するものとして概念化できる。クライアントはセラピーにいくつかの異なる目標をもっているだろうが，それらの多くは対人関係的な事柄や，特定の問題や症状に関するものである。セラピストはクライアントの目標がどんなものであるかを常に知っているわけではないので，多元的アプローチでは，クライアントがセラピーに望んでいることをそのプロセスの初期の段

階で，非構造的な方法あるいは構造化された方法のいずれかによって問うことが重要である，と考える。このような問いかけに答えることは，クライアントにとっては容易ではないと感じられる場合が少なくないが，その問いかけをさらに探求できるように援助していくことは可能である。セラピストがクライアントの目標に合意できないときには，セラピスト自身の先入観や価値観を検討し，クライアントが望んでいることについてのクライアントの感覚を信頼しようとすることが有益だろう。しかしながら，多元的アプローチでは，セラピストがクライアントに積極的に働きかけ，クライアントが人生やセラピーにまさに何を望んでいるのかを明確にできるように援助することもまったく適切なものである。また，セラピーの中で困難が生じたときには，クライアントとセラピストがお互いに同じ目標を共有しているかどうかを熟慮することが援助的であるようである。

振り返りとディスカッションのための質問

1. セラピーの実践が向かっていく主要な地点としてのクライアントの目標について話し合うことには，どのような利点と欠点が考えられるでしょうか？
2. 「人間が行うことや経験することのすべては，目標へと向かうものである」という考え方について議論しましょう。
3. クライアントがセラピーに望むものをセラピストが知っていることは，どのくらい重要であると思いますか？　また，クライアントが望むことをあなたが知らない場合には，あなたはクライアントやセラピーに効果的に取り組むことができますか？
4. あなたがクライアントとしてセラピーを受けた経験をもっているなら，ふり返ってみましょう。セラピストはあなたの目標について話し合うためにどのような機会を設けましたか？　そのことに関するそのセラピストのアプローチは，どの程度有効なものでしたか？　そのセラピストは，セラピーであなたの目標を探求するという点では，どのような援助をしてくれましたか？　またあなたは，そのセラピストにもっとどんな援助をしてほしかったでしょうか？

第5章　課題：セラピーの実践の焦点化

> この章で取り上げること：
> - セラピーの課題の概念：クライアントが自らの目標に至るための具体的な道筋
> - クライアントが頻繁に取り組むさまざまなセラピーの課題の種類
> - 課題の概念はセラピーの実践を進展させるためにどのように用いることができるか
> - 理論や実証的研究は適切な課題の理解を深めるためにどのように用いることができるか
> - 多元的で課題指向的な観点からのケースフォーミュレーション

　アンドリューは，田舎町にある実家を離れた20代半ばの青年で，大都市で小売業の仕事に就いていた。彼は母親の死後，地域医（GP）の勧めで，セラピーを受けに来た。彼にとって，話すことは困難だったが，絶望を感じていることやたびたびパニック発作を経験していることを少しずつ表現するようになった。彼は，母親とはとても仲がよかったが，父親や兄弟とは疎遠だった。彼にカウンセリングでの目標について尋ねると，主な目標は，「耐えること」，そして，人生の次の段階に「進むこと」ができ，「最終的には幸せになること」であると話した。アンドリューは始めの2回のセッションで，心の内を打ち明けて，セラピストであるジョンに彼のこれまでの話を語った。彼が人生の困難な局面にいることが明らかになった――今現在がほとんど耐えきれないほど苦痛で，将来への望みのどれもが非現実的なもので達成できそうになかった。多くのクライアントと同様に，アンドリューは，いつかは幸せになるという目標を達成しようと思うと，取り組まなくてはならない事柄の大きさに脱力する（paralyze）ような感覚になってしまうのだった。はっきりしたのは，アンドリューがセラピーに望みをもち，期待していたということだった。彼は，深刻な個人的危機の状態にあって絶望しているが，同時に人生において前に進むことが必要であるとわかっていたのだ。ジョンは，役に立つと思われるアンドリューの感情を大事にしながらセラピーを行うことを望んでいたが，アンドリューは一歩引いてじっくり考えたり，行動計画と言えるものに行き着けるような状態に

はまったくなかった。いずれにせよ，これまで彼はセラピーを受けたことがなく，カウンセリングについて何も知らないと話した。利用可能な選択肢についての認識も彼にはほとんどなかった。ジョンは3回目のセッションの始めに，自分たちがセラピーをどのように進めていくかについて，自分の考えを少し話してもよいかと彼に尋ねた。さらに，ジョンは，アンドリューが今話したいことを遮りたくはないが，アンドリューの役に立つと思うときには，アンドリューが経験している状況についてのジョン自身の反応を共有したい，と伝えた。20分間にわたる話し合いの中で，何度か中断しながらも，ジョンはこれからともに取り組むことができると考えられる次のような一連の可能性を示した。

- アンドリューの現在の困難を理解するために，いろいろな人生の出来事がどのような影響を与えてきたかを，出来事に沿って検討すること
- アンドリューを苦しめ続けている特定の出来事と折り合いをつけることができるように，それらの出来事に焦点をあてること
- アンドリューが苦痛を感じている人生の領域において，問題を解決し，計画を立て，意思決定していくこと
- 行動を変化させること，例えば，自己破壊的なギャンブル依存を止める方法を見つけるなど
- 母親を失い，家族の基盤がない人生を受け入れること——人生の新たな幕開けをすること
- 困難な気分や感情への対処法を身につけること，例えば，他人に腹を立てたようなときなど
- 自分に合った新しい仕事に関連する情報を見つけ，分析し，行動すること
- 自分をもっと大切にすること
- 父親と関係を維持する方法を見つけること

ジョンはこれらのアイデアを話しながら紙に書き留めて，それをアンドリューに手渡し，彼がそれを見ることができるようにした。これらの可能なセラピーの課題についてのジョンのフォーミュレーションは，**内容**と**プロセス**の両方の情報の組み合わせに基づいていた。アンドリューのこれまでの話には，感情と対人関係のパターンに関わる困難さを裏づけるものがたくさんあった。さらに，アンドリューはいくつかの重要な課題にも気づいた——例えば，彼は「私は違う仕事に就きたいのです」と述べた。さらにジョンは，アンドリューのセラピールームでの**話し方**やそこでのあり方に注意を払った——例えば，彼の話は絶えず自己否定的な言葉で強調されており，彼は激しい感情的苦痛を表現していた。

このセラピーのセッションにおいて，そしてその後のセッションで進展していった会話では，アンドリューは，彼にとって現在の優先順位が高い領域を，後に回すことができる領域と比較して，どこから取り組むかを決めることができた。このプロセスは，ともに取り組もうとしていることについて，ジョンとアンドリューによりいっそうの自信を与えた。彼らは，他に忘れてはいけない事柄があるのを意識しつつ，特定の事柄に焦点をあてることができるようになった。さらに，彼らは全体像，つまりともに取り組んでいる背景にある状況を共有している感覚も得ることができた。

セラピーの課題の概念

前章で議論したように，クライアントの目標とは，クライアントがセラピー**全体**に望むことに関する契約や合意を明確化したものである，ととらえることができる。しかし，セラピーの各セッションのプロセスにおいて，セラピーの取り組みを効率的に方向づけるためには，このような目標は包括的で抽象的過ぎる水準にあるかもしれない。事実，実証的研究は，クライアント自身が目標を達成することに役立つという点で，十分にフォーミュレートされた行動計画が重要な要因になることを示している (Koestner, et al., 2002)。このような理由から，筆者らは，多元的な枠組みの中ではセラピーの「課題 (task)」について考えることが有益であることを見出してきた。アンドリューとの取り組みに示されているように，課題はクライアントが目標を達成するための特定のやり方である。例えばアンドリューの場合，彼が望んでいたのは，人生のさまざまな出来事がどのように彼に影響してきたのかを検討し（「課題」），行動に変化を起こすこと（「課題」）によって，彼の人生を前に進めること（「目標」）ができるようになる，ということだった。

多元的な枠組みの中では，課題は「目標」と「方法」との間にある。セラピーの目標はクライアントによって設定されるもので，さらに全体的な人生の目標と結びついている。セラピーの方法は，もっと明確で具体的で綿密なものである。課題はその間にあり，クライアントが自分の目的地に行き着くための具体的な道筋である。課題は，セラピーの取り組みの**焦点**として，また，取り組みにおけるさまざまな**局面／段階**として，そしていろいろな**計画**としてもとらえられる。大まかに言うと，これらは全て，セラピーの取り組みを達成可能／吸収可能 (achievable/digestible) なものに分割する，という共通する原則の活動を示すものである。

課題という概念は，多元的な方法でセラピーに取り組むことを望むセラピストにとって，とりわけ関係が深いものである。しかし，もっと専門的な流派の立場で実践しているセラピストにとっても，課題の概念はクライアントとの取り組みに

ついて考えるという点では有益である。さらにそれは，専門的な流派のセラピストが，クライアントと話し合って取り決めたいと考えるようなものであるかもしれない。例えば，「ここでの取り組みで，私たちは今どんなことを望んでいるのでしょうか？」，「私たちはどんな領域を取り上げましょうか？」，「今日のセッションで，あなたが焦点をあてたいことは何でしょうか？」といったものである。

解説ボックス5.1：セラピーの課題の概念に対する他の観点

1980年代に，レス・グリーンバーグ（Les Greenberg）と共同研究者（Greenberg, Rice & Elliot, 1993）は，セラピーのプロセス体験的なモデル（後に，感情焦点化セラピーと呼ばれるようになった）の中で起こった主要なセラピーの出来事を特定することを目的とした，実証的研究と理論構築の計画を遂行した。グリーンバーグらが発見したことは，セラピーがクライアントにとって効果的であるときには，情動的な苦悩の特定の「指標」に応じて，特定の連続する課題の活動が観察されうることであった。多くのセラピストが価値を認める他の有力な課題指向的なモデルは，ウィリアム・ワーデン（William Worden）(2001) による「喪の課題（tasks of mourning）」のアプローチである。Worden (2001) のモデルは，死別の出来事を体験した人々との長年の臨床経験と，関連する理論や研究論文を注意深く検討することによって提唱されたものである。このモデルは，人は重要な他者を失った後，4つの課題に直面することを示唆している。それは，喪失したという現実を受け入れること，悲嘆の苦悩を乗り越えること，その人がいない環境に適応していくこと，失った人を情動的に新たに位置づけて人生を歩んでいくことである。これらの課題は，クライアントが自分自身のセラピーの目標に直接に関連していると容易に認識できる焦点を指し示している——これらには，死別問題のカウンセリングを求める人々にとって，十分にうなずける高い信用度がある。感情焦点化セラピーとワーデンのモデルに関するこの文献は，クライアントが取り組むことができる，そしてある特定の時期において特定のクライアントに役立ち得る，そのような課題に関して理解を深めたいと思う多元的セラピストにとって，貴重な資源である。

セラピー課題の分類

多元的な観点では，カウンセリングやサイコセラピーで生じるさまざまな課題のタイプを考えるための，包括的なアプローチを採用することが必要である。下記のリストには，さまざまなクライアントに起こり得る広範な課題を分類するための

予備的な試案を示した。これらの課題の多くは，アンドリューとの取り組みにも見られたものである。

- 意味を見出すこと：問題をよく理解するために，それについてよく話し合うこと
- 特定の問題となっている体験を明確化すること
- 問題解決すること，計画を立て，意思決定すること
- 行動を変えること
- 人生の節目や発達上の危機について話し合うこと
- 困難な気分や感情に対処すること
- 情報を見出し，分析し，情報に基づいて行動すること
- 自己批判をやめて，もっと自分を大切にすること
- 困難な，または耐え難い対人関係に対処すること

エクササイズ5.1：あなた自身のセラピーにおける課題

あなたがカウンセリングあるいはサイコセラピーのクライアントだったことがあるなら，15分程度の時間を取って，あなたのセラピーにおける主要な課題は何だったのかについて，自分で振り返って考えるか，隣の人と話し合ってみましょう。その課題は，上記のリストに含まれていますか？　それとも，上記にその他の課題を加える必要があると思いますか？

こうしたさまざまな課題を考えようとする姿勢がもつ重要な意味は，多元的な方法で実践することを望む全てのセラピストが，少なくともこれらの課題の達成を促進することにおいて基本的な水準の能力を備えている必要がある，ということである。この点については，第8章でさらに詳しく論じる。

課題の観点からセラピーについて考える利点は，その課題を達成するための特定の方法について綿密な話し合いをすることが可能になることである。例えば，シッボーンは「自分が好きになれない」と言ってカウンセリングに訪れ，自分をもっと受け入れられるようになることを望んだクライアントだった。どのように目標を達成するかについて検討することを通して，シッボーンと彼女のカウンセラーは3つの主要な課題を見出した。それらは，摂食行動のパターンを変えること（彼女は過食のエピソードを頻繁に示していた），恋人とのやりとりの際に自己批判をしないこと，そして彼女の問題がどのように形作られてきたかを理解することだった。彼

女は，最初の課題（摂食パターンを変えること）を優先し，カウンセリングの各セッションでそのことに主な焦点をあてることにして，他の課題については毎週話題には出すが，それほど大きな関心を向けないことに決めた。カウンセラーはシッボーンに，衝動的な摂食を**どのように**変えられそうか（例えば，どんな方法が使えそうか）について話し合うことを勧めた。シッボーンが過去に役立つと思えた対処法に加えて，セラピストが得意な方法についても話し合った。そして2人は，次のような方法のパッケージを用いることについてお互いに同意した。すなわち，過食をしたいと感じるときの気分の状態の詳細を記録する食事日誌をつけること，週に3回はスポーツジムで運動すること，残業を週に1回以内にすること（彼女はジャンクフードを口にしながら，長時間の残業を乗り切っていた），恋人にヘルシーな食事を作ってくれるように協力を求めること，そして，過食の衝動が起こったときにはすぐに恋人に話すという約束をすること，である。このパッケージは，セラピストが有効であると考えるアイデア（気分の状態に気づくことや社会的サポートを受けること）と，過去にシッボーン自身が役立つと思えたアイデア（スポーツジムで運動して気分よく過ごすこと），さらに2人の話し合いの中で生まれたアイデア（長時間の残業は自己破壊的な摂食につながっているということ）から成り立っていた。多元的な立場からすると，このようにいくつかの方法を組み合わせることで，特定のクライアントとセラピストの組み合わせがもつ強みと好みに合わせてそれらを独自に仕立てることができるので，どんな単独のセラピーアプローチに基づく介入よりも，より多くの成功の機会をもつことになる。

　シッボーンとアンドリューの取り組みが示しているように，とりわけ援助的であると筆者らが見出した点は，課題を**1つずつ**，順を追って，協働的に組立て，それからそれらに取り組むことである。セラピーとは最終的な目標へのステップバイステップの歩みから成り立つという考えは，クライアントのセラピーへの希望と関与を活性化させることができる。また，重大な個人的問題を克服しようと長年苦しんできた人にとっても，自分が突然変えられるという考えは信じられないか，そのことで脅かされるかもしれないが，ステップバイステップという考えはより受け入れられやすいだろう。

　課題を指向する観点を採用するということはまた，クライアントの目標を達成することに具体的に焦点をあてる課題だけではなく，適切なセラピーの環境の維持を保証することに関係した課題も含んでいる（解説ボックスの5.2と5.3を参照）。

> **解説ボックス5.2：メンテナンスの課題：セラピー空間を手入れすること**
>
> どんなセラピーのプロセスにおいても，そのプロセスが停滞しないようにするために，常に注意を払う必要のある一連の**背景**課題，もしく**はメンテナンス**課題がある。鍵となるメンテナンスの課題は，次のようなものである。
>
> - セラピーに適した物理的空間を確保すること（防音された部屋，手元のティッシュ等）
> - セッションの時間と間隔を取り決めること
> - セラピー関係の質をモニターし，起こりうるどのような関係の「悪化」にも対処すること——例えば，クライアントが怒り憤慨したときなど
> - 倫理や制限に関する事柄やディレンマに対処すること——例えば，クライアントが話すことの秘密が守られるかどうか不安であるときには，セラピーでは安心を感じにくい
> - クライアント，セラピストおよびその他の人々へのリスクの可能性を説明すること
>
> 紙数の関係上，こうしたメンテナンス課題への効果的な取り組みに関する観点や臨床実践については，本書では詳しく検討できない。これらの専門的な臨床実践上の事柄は，主に，カウンセラーやセラピストの基礎的なトレーニング，継続的専門職能力開発（CPD）の課程，そして継続的な臨床的スーパービジョンの中で掘り下げて論じられるものである。
>
> セラピーへの多元的アプローチの文脈に関連して特に留意すべきことは，これらの「メンテナンス」の課題は，ほとんど常にセラピストの側からの働きかけによって，背景（background）から前景（foreground）へと移し変えられる必要がある，ということである。専門家であるセラピストとクライアントの力関係が不均衡であることによって，クライアントは通常，セラピールームが嫌いであったり，秘密保持について心配していたり，橋から飛び降りようかと考えたりすることでさえ，それを自ら口にすることは通常きわめて困難である。セラピストになるためのスキルには，このような困難な状況が起こりかけていることを察知する能力と，効果的な方法で対応する能力を育むことが含まれるのである。

解説ボックス5.3：自殺の危険性のあるクライアントとの取り組みへの多元的アプローチ

　自殺の危険性のあるクライアントへの取り組みは，どんなセラピストにとってもとりわけ難しいものである。自殺の意思が打ち明けられると，例えば，クライアントを強制的に入院させる手続きをとるといったような，カウンセラーが主導権を取って介入する必要性を感じるかもしれない。さらに，セラピーそのものが，肯定的変化の可能性という点では効果がほとんど期待できず，クライアントの自己破壊的で絶望的な部分に焦点があてられてしまうかもしれない。そのうえ，何らかの悲劇的な出来事が起きる状況に責任を負うことや，自殺にどんな意味があるのかに関する個人的感情に対処することによって，セラピスト自身にも衝撃が生じる。

　多元的な観点は，特にこの領域におけるセラピーの実践に役立つ。自殺という重大な局面を乗り越えるために最も役立つ方針の1つは，ともかくクライアントをセラピーにつなぎとめ，話し合いを続けることである，というエビデンスがある（Reeves, 2010; Winter, Bradshaw, Bunn, & Wellsted, 2009）。多元的な観点から協働することや特定の課題を見出すことを強調することは，自殺企図や自殺行為について対話を開始するための有益な枠組みを与えてくれる。自殺はとても複雑な現象である，というエビデンスがある――自殺の危険性のある人にはさまざまなタイプがあり，自殺に追い込まれるまでの多様な道筋がある（Linder, Fiedler, Altenhofer, Goetze & Happach, 2006; Strike, Rhodes, Bergmans & Links, 2006）。自殺にどのような意味があるのかについてのいろいろな理解の仕方が，さまざまなセラピーの学派によって展開されてきた。破壊的な内なる声という概念（Firestone, 1986, 1997），自分は他人の重荷であると考えているとする対人関係論（Stellrecht, et al., 2006），生きることの理由に関する認知行動的概念（Linehan, Goodstyen, Nielsen & Chiles, 1983），危機のアセスメントに関する医学モデルによる概念（Cochrane-Brink, Lofchy & Sakinofsky, 2000; Joseph, 2000）などがある。自殺の危険に対処することに関して価値が認められている方法は数多くある。例えば，自殺防止のホットラインやウェブサイト（Baker & Fortune, 2008）；自殺をしないという取り決め，治療的な発言を繰り返すことや，危機対応のための計画に携わらせること（Rudd, Mandrusiak & Joiner, 2006）；訪問相談（outreach）や手紙を送ること（Comtois & Linehan, 2006），セルフヘルプの本を読むこと（Jamison, 1999）などである。さらに，セラピストが自殺に対する自分自身の感情的な反応を考えるのに役立つ資源もある（Richard, 2000; Trimble, Jackson & Harvey, 2000）。自殺や深刻な自傷という困難な課題に対して，セラピストや他の専門家集団が発展させてきた観点や対処法の多様性に気づくことは，多元的な臨床家が，さまざまな状況におけるそれぞれのクライアントにとって最も効果的な取り組みへのアプローチをクライアントとともに見つけるための基盤を与えてくれる。

目標から課題への媒介のために理論と実証的研究を活用すること

　目標に向かって前進することに含まれる可能な課題について考えるための有益な方略は，クライアントの援助になりうることに関連した理論と実証的研究を活用することである。特にCBTにおいては，鬱の認知療法といった特定の「障害」のために開発されてきたセラピーのプロトコルの例が多くある (Beck, et al., 1979)。多元的な観点からは，このようなプロトコルは，標準化された方法で実施されるような固定化された治療計画というよりも，協動的な話し合いのための「提案 (offerings)」(Moore, 2005) としてみなすことができる。通常，公表されたプロトコルや治療マニュアルは，単一の特定の理論に基づく傾向がある。しかし，どのケースにおいても，代替的または対抗的なモデルによってさらに広範な潜在的課題を認識することが可能になる。例えば，アンジェラは，社会的な場面で非常に強い恐怖を感じるクライアントだった。精神力動的な理論的観点からは，アンジェラが幼少期の恐怖の起源について洞察を得ることが必要であることが示唆された (**意味を見出す課題**)。行動理論の観点からは，アンジェラは，リラクセーションや呼吸法といった新たな方略を身に付けることが有益であるかもしれなかった (**行動変容の課題**)。ヒューマニスティックの観点からは，アンジェラの恐怖は，彼女の個性化や自己実現の疎外もしくは不全を示すものであると理解されるかもしれなかった (**人生の節目**の課題)。重要なことは，これらの各観点が，アンジェラが絶え間なく恐怖や不安を感じている生活を乗り越えるための有効な課題について，さまざまなアイデアを生み出せるかどうか，ということである。最終的には，これらの諸理論は，クライアントにとって意味を見出すという点から，この特定のケースにとって何が (単独の課題か複数の組み合せかのどちらがよいかも含めて) 役立つかということによって，検証されるのである。

　ほぼ全ての場合，このような理論は，心理的苦悩の発生因に関する特定の見解 (原因論) に基づいている。例えば，精神力動的観点では，アンジェラのようなクライアントは，幼少期の特定の体験が原因になって恐怖を「コンテインする」ことができないとするが，認知的観点は，アンジェラの不安は認知的な歪みや脅威についての誤った知覚に起因すると考える。多元的観点からは，このような原因論は，セラピストとクライアントが適切なセラピーの課題と方法を決める際に活かすことができる豊富な見解を与えてくれる，ととらえられる。つまり，クライアントとセラピストがクライアントの問題の発生因を理解できるときには，そのことはどのように困難が解決され得るかについてのとても有益な手がかりになる，ということで

ある。

　例えばミックは，公の場で話す際の恐怖を克服するためにセラピーを訪れたマーセルという若い男性とのセラピーに取り組んだ（Cooper, 2009参照）。彼は以前カウンセリングを受けたことがあり，そのほとんどの取り組みの中で，彼が子どものときに受けた虐待の体験に焦点があてられていた。今回のセラピーの始めの2回のセッションでも，虐待の体験が取り組みの焦点になったが，3回目のセッションでマーセルは，どのようにセラピーを感じているか尋ねられたときに，虐待の体験に再び向き合いたいのかどうかは実はよくわからないと答えた。そして，「ぼくはもうそのことを考えるのはたくさんなんです」と彼は言い，そして「なのに，あの頃に戻ってそれを受け入れなくてはいけないのでしょうか？」と語った。

　ミックは，「その質問の大事な点は，それが今経験していることとどのくらい関係しているのかということだと思うのですが，実はそれは私たちにはわからないことです」と答えた。そして，ミックとマーセルは，マーセルがなぜ今の困難を経験しているのか考えられる範囲の見解を検討し，ミックは3回目のセッションの終わりに，次のようなまとめの見解を伝えた。

　　1つの理解は……過去に起きた事柄がまさにあなたに困難をもたらしていて，そしてそれがあなたを抑えつけ，不安にさせてきた，というものです［**精神力動的な理解**］。もう1つの理解は，あなたは公の場で話すことが得意ではないということが重要なのであり，それはむしろ仕方がないことで，あなたの過去とはあまり関係がないのではないか，というものです［**生物学的説明**］。そして，私にはもう1つ理解の仕方があるように思えます。それは，あなたが話していることはあなたが身につけてきたパターンやサイクルのことであって……過去のことから引き起こされたわけではないのではないか，ということです。むしろ，あなたが公の場で話すのを避けてきたことからきているものかもしれません。そして，避けているうちに，ますます話すことが恐ろしく感じられるようになった，ということです。あなたが，「公の場で話すのは本当はそんなにひどいことではなく……何とか耐えられるものです」と言っていたように，実際に公の場で少しずつ話すようにすれば，耐えられるようになるかもしれませんね［**行動論的説明**］。

　マーセルは，「今言われたことを考えてみると，私の問題は自分で身につけてしまった行動パターンなのかもしれませんね……」と答えた。

　このような理解に基づいて，セラピーでの取り組みの焦点は，恐怖に直面するという課題を通してマーセルがその行動のサイクルを断ち切ることができるように援助することへと移った。具体的には，公の場で話すことを回避しないための実際的な方略を身につけること，そしてそのような状況の中でも肯定的で支持的な「自分との対話（self-talk）」ができるよう援助することであった。17回目のセッションが

終わる頃には，マーセルの公の場で話す恐怖はほぼ消失した。

　マーセルとのセラピーにおいて，ミックは心理的苦悩の原因について定説となっている多くの理論を用いたが，多元的に取り組むためには，それらの諸理論は明らかな真実というよりも，提案や選択肢として対話の中に導入した。また，それらの諸理論は，どれかが他の理論よりも好ましいものだと強調せずに紹介された。その目的は，クライアントがさまざまな時点で，どの理論が有効であると感じるかということについての一連の可能性を開いておくことにあった。実際，この点を示す例として，同じく公の場で話す恐怖を抱えていたタミとのセラピーの対話において，同じような一連の理解の可能性を導入したとき，彼女はすぐに精神力動的な説明に関心を寄せた。それは，彼女の恐怖が母親からの虐げられ無視されてきた関係と結びついている，という説明だった。そのことによって，タミは多くの時間を費やして，幼少期のつらい体験をミックに語ることができた。このことはマーセルとの取り組みとはとても異なる焦点化ではあったが，同様に満足できる結果となった。

協働的なケースフォーミュレーションのプロセスとしての課題を特定すること

　クライアントの問題をともに理解し，適切な課題を決定するプロセスは，「ケースフォーミュレーション（case formulation）」のより大きなプロセスの1つの要素ととらえることができる。**ケースフォーミュレーション**は，カウンセラーやサイコセラピストによるクライアントとの取り組みへの理解の仕方に関する要約的な記述であると定義できる。ケースフォーミュレーションは通常，以下の事柄を含む。

- 当面の事柄／生じている問題／語られた目標
- 根底にある原因／脆弱性（なぜその人がそれらの問題を抱えているのか？）
- 困難が維持されるメカニズム／行為／プロセスは何か？　これらのメカニズムは，どのように根底にある問題と現在の問題をつないでいるのか？
- なぜ今，援助が必要なのか？　援助が必要になったきっかけは何か？
- セラピーにおいて，どのように問題に取り組むことができるのか？（援助計画）
- セラピーの阻害要因は何か？　クライアントの強みは何か？

　ケースフォーミュレーションは，歴史的にはカウンセリングやサイコセラピーにおける認知行動的な立場と関連がある。しかし，ケースフォーミュレーションはある面では，すべての形態のセラピーで用いられている（Eells, 2007; Johnstone & Dallos, 2006）。体験的・パーソンセンタードの立場や，精神力動的な立場は，セラ

ピールームでの今ここでのプロセスに取り組むアプローチを強調しているので，その臨床家たちは援助計画に結びつくような明確なケースフォーミュレーションを組み立てるようにトレーニングされていない傾向にある。それにもかかわらず，これらのアプローチにおいても，臨床家はクライアントの人生に起こっていることをどのように考えているのか，そして自分に開かれているセラピーの選択肢についてどのように理解しているかについての説明を，スーパーバイザーから求められることは少なくないはずである。

　多元的なカウンセリングやサイコセラピーでは，進行中のケースフォーミュレーションと再フォーミュレーションの**プロセス**に携わる必要がある。その目的は，セラピーの最初に固定化された援助計画を立てて，何が起こってもそれを守りとおすということではない。そうではなくて，その目的は，セラピーが援助的であるかどうかを判断するための可能な枠組みをクライアントに**提供**し，その提供された原案がクライアントの好みやニーズをより反映できるように，その原案を適用し，修正し，書き直すようにクライアントに**勧める**ことである。クライアントにフォーミュレーションを伝えるための多くの効果的な方略がある。それは，焦点となるトピックについて話し合いを始めること，ナラティブアプローチを用いること（Omer, 1997），図解的に書いて表すこと，文章化したレポートを提供すること（Ryle, 2005; Ryle & Kerr, 2002）などである。クライアントが違えば，好むコミュニケーションのタイプも違ってくる。それは臨床家も同様である——このような事柄について話し合うことも多元的な協働的アプローチの一部なのである。

　課題について同意することが，フォーミュレーションのプロセスの中心的な焦点を構成することがしばしばある。それはクライアントの立場からすると，課題が話し合われることにおける最も具体的で現実的な側面を表しているからである。クライアントは，どのように自らの問題を理解し，どのように目標を説明し，どの方法が自分に最も適しているか，といったことについてははっきりとしていないかもしれない。対照的に，クライアントが人生を変えるために必要なステップ（すなわち，一連の援助課題）や取り組みたい課題の順序については，明確に理解していることもよくある。例えば，この章の最初に紹介したアンドリューの場合，自分にとっての当面の優先順位は，まず生活のストレスをどのように減らすかについて取り組み，その次にどうやって新しい仕事に就くかについて取り組むということなのは明白だった。さらに，彼は，自分に限っては，人生の意味を見出すには，「こうした事柄について考えるための好機」を待つ必要があることを理解していた。

結論：セラピーの「メニュー」

　多元的アプローチで鍵となる1つの側面（第3章参照）は，セラピストがクライアントに対して，セラピーがどのような効果があると自分が理解しているかを説明できることであり，ある時点で何が最も援助的だと思われるかということに関連して，セラピーの進め方を決定することにクライアントが十分に関与できるようにすることである。筆者らの経験では，こうしたことを実行するという点では，「課題」の概念はきわめて価値あるものである。なぜなら，課題はクライアントが直感的に理解できる仕方で表現できるからである。課題という観点からもたらされる説明力は，カウンセリングやサイコセラピーの役割に対する公共的な評価や理解においても示唆をもつものである。この章で取り上げた課題のリストは，セラピーが提供すべきことに関するわかりやすく，しかも非病理学的な記述を提供している。

　ここで役立つメタファーは，セラピーの**メニュー**という考えである。この章で概説された課題のリストは，セラピストが提供することができる種類の事柄である。このメニューというメタファーは，サービス産業としてセラピーを理解することを喚起させるが，この概念に含まれるのはとても基本的なこと——個人のニーズを満たしそれに応答するという行為——である，という理解も喚起させるものである。メニューという考えは，人間関係や文化についての多元的なビジョンともとてもよく合致している。発展した産業社会において，私たちはとても多くの種類のメニューを提供するレストランに行くようになった。私たちは自分が好むものをメニューから選ぶ権利をもっており，しかも（多くの場合），メニューと少し異なるものを注文することもできる。付録A（251ページ参照）には，セラピーのメニューという考え方をどのようにクライアントに伝えることができるかに関する，いくつかの提案がある。

エクササイズ5.2：あなたのセラピーのレストラン

　20分程度の時間を取って，下記の質問について1人で考えるか，隣の人と話し合ってください。あまり真剣に受けとめなくてもいいですが，これらの質問から，あなたが提供しているセラピーを自分自身がどのように考えているのかについて，興味深い洞察が得られるかもしれません。

● あなたがクライアントに提供するセラピーのサービスが仮にレストランだとしたら，それはどのような種類のレストランですか？（例えば，専門店か，多国籍料

理の店か，テイクアウトの店か，など）
- そのメニューはどのようなものですか？（例えば，種類が多いか，決まったものだけか，など）
- メニューで特別に用意しているものは何ですか？（例えば，「話して聴いてもらえるところ」，「自家製の知恵」，「人生に対処するスキル」など）
- あなたの「おすすめの一品」は何ですか？
- 料金はどのくらいですか？
- クライアントはあなたのレストランをどのように思っているでしょうか？
  - クライアントが気に入っているのは？
  - クライアントが不満に思っているところは？

要　約

　課題は，セラピーにおけるクライアントの目標を達成するためにクライアントとセラピストがたどる道筋である。課題の概念は，カウンセリングやサイコセラピーについての日常的で非病理学的な言語による考え方や語り方を提供し，セラピストとクライアントが各セッションでセラピーの焦点をどこに置くかをともに決定できるようになる仕方を提供する。基本的な課題について予備的に分類することはできるが，それは絶えず完成に向けて推敲されていくものである。セラピストとクライアントは支援や苦悩に関する諸理論を用いて見込みのある適切な課題を特定することができるが，多元的な観点からは，それらの課題は自分にとって最も効果的であるとクライアントが感じることに合わせて仕立てられる必要がある。

振り返りとディスカッションのための質問

1. 「課題」という用語によって，あなたの中にはどのようなメタファーが喚起されますか？　そのメタファーには，セラピーのプロセスに意味を見出すあり方としてどんなメリットとデメリットがありますか？
2. 本章に示した分類に含まれていないとあなたが考えるセラピーの課題には，ほかにどんなものがありますか？
3. セラピストとして最も自信があり，できるとあなたが思っているセラピーの課題はどんなものですか？　今のところ自分の能力を超えていて，クライアントと取り組むには自信がもてない課題はどんなものですか？

第 6 章　方法：変化を促進するための資源

> この章で取り上げること：
> - 方法の概念：クライアントとセラピストがセラピーの課題や目標を達成するために実行する具体的な活動
> - セラピーで活用される可能性のある数多くのさまざまな方法
> - セラピーの諸方法を引き出すことができるさまざまな資源：
>   - セラピーの文献や伝統
>   - 文化的な資源
>   - 個人的な知
> - セラピーの中で方法について話し合うための具体的な方略
> - 方法の有効性をモニターすることの重要性
> - セラピーの臨床家とクライアントの双方における方法の能力の発展

　クライアントが課題を達成し，目標に到達するためにできる**具体的**なことは何か？　カウンセリングとサイコセラピーの分野全体では，違いをどのように生み出すかについてのまったく特有かつ固有の考えをめぐって，さまざまなセラピーのアプローチ（認知行動療法，精神力動的セラピー，パーソンセンタードセラピーなど）が体系化されてきた。対照的に筆者らは，多元的な観点から，違いを生み出す**数多く**のあり方があることを論じてきた。多元的なモデルでは，セラピストとクライアントが違いを生み出すためにともに行う実際の手続きあるいは行為を**方法**と呼ぶ。これはさらに，**クライアントの活動**（クライアントがなす具体的なこと）と，**セラピストの活動**（セラピストがなす具体的なこと）に分けることができる。セラピストの援助が必ずしも必要なく，クライアントが自分でできることについて考える際に，この区別は特に有益であるかもしれない（148ページの解説ボックス6. 4参照）。

　多元的な観点からは，「ブランドになっている（brand-named）」セラピーの流派（例えば，精神力動的セラピーやCBTなど）そのものを方法として考えることはそれほど有益なものではない。なぜなら，方法が協働的なクライアントとセラピストの活動であると定義されるときには，セラピーの各流派は方法の多元性を含むこと

になるからである。クライアントの観点からすると，自分にとってはCBTに基づく方法の中でいくつか役立つものがあり，同時に，精神力動的な臨床実践やゲシュタルトセラピーの方法の中にもいくつか役立つものがあるかもしれないのである。真の意味での多元的なセラピーには，クライアントにとって何が最も援助的であるのかについてのクライアント自身の感覚に応答的でありつつ——ある特定のクライアントが特定の時点で取り組んでいる特定のセラピー課題に関して，そのクライアントにとって最善であるような特定の方法を見つけるために——現在存在しているセラピーの流派や治療パッケージを常に脱構築する（deconstruct）構えが求められる。

　セラピストの言葉や行為が，クライアントの注意や，クライアントがセラピストその人やセラピー関係を経験する仕方に影響を与える限りにおいて，セラピストがクライアントを前にして述べることやなすことのすべてがセラピストの活動とみなされうる。セラピストが自分は特定の技法や介入を使用していないと考えていても，セラピストはクライアントに影響を与えており，そして反対に影響を受けてもいるのだ。

方法の多様性

　活用できる可能性のあるセラピーの活動の豊かさについて考える際に，Mahrer（2007: p.12）は，「いくつかの街区にまたがり，それぞれのやり方をもったおびただしい数の商店や露店を含んだ巨大な商業地」をイメージするようにセラピストに勧める。例えば，ハルキはあがり症（performance anxiety）に苦しむ大学1年生で，グループディスカッションやゼミで話すことを強く恐れていた（さらに，レジュメを発表することはもっとよくなかった）。セラピストであるジョンのところに来談したとき，ハルキは生活のほとんどには満足しており，カウンセリングに望む唯一のことは「ゼミに参加できるようになる」という目標を達成することだった。何度かの話し合いの末，ハルキには主なセラピー**課題**（第5章参照）が3つあり，目標に到達するにはそれらの課題に取り組む必要があると思われた。それらの課題とは，(a) このようなパターンが形成された理由を**明確にすること**——ハルキは「その場しのぎの解決法（quick fix）」は望まず，今後それが再び起きないように問題を理解する必要があると感じていた。(b) ゼミで彼の心を挫くような，強いパニックをコントロールする仕方を学習すること。(c) 単なる「対処法」を越えて，「発表者」としてどうすれば実際に上手くやれるのかについて肯定的なイメージをもつこと（このことは，教職に就くという彼の希望に強く結びついた，より広い**人生の節目**の課題の一部だった）。カウンセリングが進むにつれて，3つのテーマは各セッシ

ョンで別個に焦点があてられるようになった。

　ハルキのパニック感情に対処するという課題に焦点をあてた初期のセッションの1つでは，ジョンとハルキはその課題に役立つ可能性があるとハルキが考えるさまざまな仕方について話し合った。ジョンはハルキから出てきたアイデアをフリップチャートに書き出していった。心に浮かぶのはリラックスするのを学習する必要があるということだと思う，とハルキは話し始めた。そこでジョンはハルキに，ゼミで発表するのと似た他の状況で，ハルキがもっと容易に対処することができるようなものがないか尋ねた。ハルキはそのような場面をすぐにはっきりと見つけることはできなかったが，そのセッションの後半でその問いかけに戻って，ジョンに思い出したことを話した。ハルキは，学校のサッカーチームでいつもペナルティキックを蹴るのだが，不安に対処するために，ある決まった手順に従うことについて祖父から受けた助言を心の中で反芻していたことを語った。それを聞いたジョンはハルキに，パニックに対処するための示唆を聞きたいと思うか尋ねた。ジョンは，それはあくまで示唆であり，役に立たないようであれば拒否しても構わないことを強調して伝えた。ジョンは3つの可能性を述べた。第1に，感情のコントロールを失うプロセスを理解する仕方としてパニックのモデルを知ること。第2には，パニックの瞬間に自分にどういうことを言い聞かせているのか，心に浮かぶものを探求するために2つの椅子を使った方法（a two-chair method）を活用してみること。第3に，パニックの克服についてのセルフヘルプの小冊子を読んでみることだった。

　ハルキはそのときまでにフリップチャートに書き出されたこれら3つの方法について，「2つの椅子のやり方は少し怖く感じる」と正直に話したが，これらは自分にとって何らかの潜在的な価値があるようだと感じていた。その後の2回のセッションを通して，ハルキとジョンは適当な宿題（例えば，リラクセーションスキルの練習をすることや，尊敬する人またはゼミで過敏になることにどう対処したらよいかを助言してくれる人の2人と話すことなど）に加えて，これら3つの方法を試みた。ハルキは比較的短期間で，ゼミの中でより多くの自信をもてるようになった。

　セラピーのこの局面では，何が起きたのだろうか？　多元的な観点からみると，ハルキとジョンの両者は，考えや資源の点で2人ができることをもち寄るためにともに取り組んでいたのである。リラクセーションスキルを学習することや，状況の回想においてそのスキルを適応することといったアイデアのいくつかは，CBTから引き出されたものだった。「信頼できる他者に相談すること」というアイデアはハルキから出されたものだったが，それを2人で一緒に発展させたときには，ジョンはそれに，再想起（re-membering）に関するアイデアという点で，（ジョンが得意とする）ナラティブセラピー的な発想を加えた。2つの椅子のエクササイズは，ゲシュタルトセラピーと感情焦点化セラピー（EFT）――EFTのマニュアルに完全

に沿った形で実施されたものではなかったかもしれないが——に由来していた。ハルキとジョンは双方とも，何を達成しようとしているかについて比較的明確な考えをもっていた。それは，ゼミでうまくやれる力である。各セッションが両者にとって楽しめるものになったのは，2人はさまざまな方略を試すことができたので，そのどれかがうまくいかないときでも失望しなくて済むような場を作り出すことができたからである。

方法の源泉

　もとをたどると，セラピーで用いられる方法はすべて，人類の歴史における計り知れないほど豊かな文化的な遺産に由来している。セラピーや心理学に関するテキストに書かれているどんな考えや臨床実践も，日常生活のどこかにその起源がある。そのようにとらえることで，変化や癒しや成長のための諸方法を次のような3つの広範かつ互いに重複するカテゴリーに分類できるものと考えることは有益である。

- **カウンセリングやサイコセラピーの文献に**——公式にであれ非公式にであれ記述されている技法，アイデア，方略，および臨床実践。そしてそれらは，トレーニング，スーパービジョンおよび実証的研究についての専門的な構造によって支えられている。
- 普段は「セラピー的なもの」とはみなされないが，**文化や社会**の中に存在している実践。これらの実践には音楽，アート製作，ウォーキング，冒険，対人ケア，読書，瞑想，スポーツ，政治参加，その他さまざまな活動が含まれる。
- **個人にとって特有**（idiosyncratic）で**ユニークな実践**——パーソナルな知

　認識しておく必要があるのは，クライアントとセラピストの双方が上記3つの方法カテゴリーにアクセスできるということである。セラピストとしてのトレーニングを受けていないほとんどの人々も，セラピーで生じることやそこで用いられるさまざまな方法についての何らかの考えをもっている。誰もが人生を豊かにし，人生を変えるような活動についての個人的な経験をもっている。そのような経験は，ある文化の一員であることや，ある人生を生きることを通じて生まれるものである。
　セラピーでこれまでに用いられてきた，あるいは用いることができる癒しや変化や回復の方法についての包括的なリストを本書に含めるには十分な紙数がない。そのようなリストを掲載することはあまりに膨大にすぎる。そうする代わりに，以下のセクションには，最も広く使われている方法のいくつかの例を簡潔に示す。それはほとんどのセラピー場面で用いられ得る諸方法の中心的なレパートリーを示すも

セラピー文献から見出される方法

　カウンセリングやサイコセラピーの専門家コミュニティは，20世紀の間に膨大な数の書籍や論文を生み出してきた。そこでは，人々が変容するのを援助する方法について，きわめてたくさんの考えが示されている。しかしここでは，こうした文献に示されている変容のための方略を，次の5つに分けて考えることができる。

- 会話
- 構造化された問題解決
- 新しい経験の創造
- もっている力の活用
- 情報処理過程を変える直接的な介入

　方法についてのこれらのカテゴリーについて，順を追って論じていく。

会話（Conversation）

　最も幅広く使われているセラピーの方法で，かつ最も多くのセラピー場面における臨床実践の「標準形（default mode）」であるのは「話すこと（just talking）」であると定義できるだろう。会話は人類の強力な道具であり，何千年にもわたって人々が経験を理解したり，他者からの援助や支援を受けたりするための手段として進化してきたものである。それは，クライアントが自分の問題について話し，自分の言ったことを振り返り，自分が取り組むことのできる新しい行為を決定するように促すことによって，どんなセラピーの課題にも取り組むことを可能にする。セラピーの方法として会話を効果的に活用するためには，話すこと（talk）が組織化され構造化され得る数多くのさまざまなあり方についての深い認識が必要となる。
　例えば，セラピストの多くは，クライアントが話題の意味を探求するための援助のあり方として，**共感的反射**（empathic reflection）というパーソンセンタードの会話の方略を用いている。しかし，あるクライアントにとっては，このような会話の仕方が奇妙で脅威や阻害をもたらすもののように感じられるかもしれない――心を開くのに十分な安全が感じられるためには，さらに多くの構造が必要なのである。このことをクライアントに確かめることは有益であるかもしれない。例えば，次のように言ってみる。「少々気になっていたのですが――この話題についての私たちの話し方は，あなたには大丈夫なものでしょうか？　私はあまり話をしていないと思います。それは，あなたが自分にとって重要なことを何でも言えるように，とい

う理由からです。でも，あなたにとってよいと感じられるなら，私からもっと話すこともできますし，具体的な質問をすることもできます。どう思いますか？」

認知行動療法において広く活用されているソクラテスの問答法（Socratic questioning）という会話の技法が価値をもつような状況もある。それは次のようなものである。「私は今何かを試みることが有益なのではないかと思います。私たちが同意したのは，あなたが本当に困惑したときに何が自分に起こっていたのかに関して，何らかの見通しをつかめるようになるまであなたの状況について話し合う，ということでした。私が今考えているのは，あなたがさまざまな心配事についてたくさん話をするとき，いろんな思い込みがあるようですし，それがあなたにとって役に立っているとは思えないのです。私は，そうした思い込みのいくつかに積極的に関わってみたいのですが，どうでしょうか？ そうすることは意味がありそうでしょうか？ あなたが感じる困惑にしばらく一緒にとどまって，あなたの中にある思い込みをもう少し詳しく確かめてみてもいいでしょうか？ この点について，いくつか質問してもかまいませんか？」

別の役立ちそうな会話の方略は，クライアントが生み出した**隠喩**やイメージに注意を向けることである。例えば，次のような言い方が考えられる。「たった今，ドンとの暮らしがあたかも丘に向かって大きな岩を押しあげているようだ，とあなたが言ったとき，私はそのイメージがあなたにとってのすべてのディレンマを表しているように思えて驚かされました。しばらくの間，そのイメージにとどまってみることは役に立つかもしれないと思いますが，そうすることで何か意味が感じられるでしょうか？」

さらに，多くのセラピストに取り入れられているそのほかの会話の方略は，**解釈**の活用である——それはクライアントの発言内容を，より広い意味の文脈に意図的に置いてみることである。例えば，次のような言い方である。「私は，あなたが職場の同僚を信頼することがどれほど難しいかについて話していたことに耳を傾けてきました。そのことから私が想起したのは，初回のセッションの開始時にあなたが私を信頼するのがどんなに難しかったかということと，そして先週のセッションであなたのお父さんがどれほど信頼できないかについて語っていたことです。そこには，あなた自身が納得できるような関連がありますか。それとも私の解釈のし過ぎでしょうか？」

以上の方法は，会話が探求（exploration）や内省（reflection）や意味づけ（meaning-making）や学習，そして意思決定を促進するために活用できる数多くのやり方の中の典型的なものである。さまざまな単一の流派の臨床実践の観点では，どれほど上記の方法のいくつかが強力に推奨されており，同時に他の方法が積極的に排除されているか，という点に注意することが必要である。しかし多元的な立場からすると，

上記の諸方法は会話のさまざまな形態に過ぎず，その形態の中に「良い」「悪い」という明確な境界線が引かれるわけではない。これらすべての方法は，時と場合に応じて，それぞれのクライアントにとって援助的であることもあれば，援助的でない可能性もあるのである。

構造化された問題解決（Structured problem-solving）

クライアントとセラピストには，一定の期間にわたって遂行される行動の**計画**（plan）に取り組むことが求められるようなセラピーの課題がある。この種の方法では，直近の課題を**プロジェクト**のようなものとしてとらえ，産業の分野で開発されてきた問題解決やプロジェクトマネージメントについての考え方を活用しようとする。構造化された問題解決は，セラピーへの認知行動療法のアプローチにおいては中核的な方法である。セラピストは，問題がどのように生じたのかについて，そして変容に向かうクライアントの目標についての情報を収集する。この情報は，その後**ケースフォーミュレーション**（第5章参照）に集約される。それは，プロジェクトのための青写真のようなものであり，最初に消去あるいは低減されるべき問題行動を特定し，次に好ましい反応パターンを確立するために必要な行為が描き出される。この計画はその後，構造的な仕方で実行される。それは通常，セッションとセッションの間にクライアントが実行することを合意した宿題を通して行われ，それについて次回のセッションでセラピストと振り返るのである。この種の方法は多くのクライアントに好まれる。それは，状況を変えるために実践的で肯定的な何かを実行できるという感覚をクライアントにもたらすからである。しかも，取り組む活動の多くは問題解決方略と類似しており，その方略は，予定表を作成したり，目標を設定したり，リスクを調べたり，進み具合を記入したり，方略の複数の選択肢の長所と短所のリストを作成したり，SWOT（強み strengths，弱み weaknesses，機会 opportunities，危険 threats）分析を試みるといった，生活上のさまざまな面に広く用いられる。

推薦文献

Lazarus, A. A. (1981). *The Practice of Multimodal Therapy*. Baltimore, MD: Johns Hopkins University Press（高石昇監訳 1999『マルチモード・アプローチ—行動療法の展開—』二瓶社）．マルチモードセラピーについての価値ある入門書。多元的セラピストが活用できる方法が幅広く概観されている。マルチモードセラピーについての明解で簡潔な概説は，S. Palmer（2000）を参照。

> Westbrook, D., Kennerley, H. & Kirk, J. (2007) *An Introduction to Cognitive Behaviour Therapy: Skills and Applications*. London: Sage. 実証的研究に基づいて広く活用されているセラピーの流派への間違いのない，しかもわかりやすい学び方について述べたものであり，本書によって，構造化された問題解決や行動研究にとっての数多くの方法が生み出されてきた。

新しい経験の創造（creating new experience）

　精神分析理論による有益なアイデアとしては，「修正感情体験（corrective emotional experience）」（Alexander & French, 1946）といったセラピーの概念がある。情動的な生活の重要な側面を表出することが許されなかったような関係の中にいたという幼少期の経験をもつ人々が存在している。例えば，母親あるいは主要な養育者を物理的にまたは情動的に欠いていたり，得られにくい環境に育った子どもは，情緒的に安全であると感じられることがどのようなものなのかを学習するのが難しいかもしれない。その結果，そのような人は，他者をまったく信頼できずに成長する可能性がある。こうした人にとって，セラピストとの関係は，信頼や安全といった特質をもつ新しい体験になる可能性がある。この種のプロセスは，方法についての多元的な概念の点から理解することができる。それは，（他のことに加えて）以下のような流れでクライアントに伝えるというやり方である。「あなたが自分の人生に取り入れたほうがよい1つの課題は，他者を疑うのをやめて，その人たちが信じられると感じることでしょう。私は，私たちがそのことに取り組むためのいろんなやり方があると思いますが，おそらくそうしたやり方の1つは，あなたと私の間に起こっていることにまさに関心をもつことでしょう。あなたが私と一緒にいて，安全だと感じるためには何が必要でしょうか？　あなたがやってみたいことがあれば，そのことをお手伝いするために私は何をしたらいいでしょうか？」

　クライアントが特定の状況を回避するパターンを身につけている場合，新しい経験の創造を提供するような別のタイプのセラピー課題が必要になる。例えば，シーラは閉所恐怖で，エレベーターには乗らず，地下鉄で移動することもなかった。この問題にうまく対処しようとすれば，どこかの段階で，シーラにはエレベーターに乗るとか地下鉄に乗車するといった，それまで避けていた恐い経験をすることが必要だという事実から逃れることはできない。認知行動療法では，**曝露法**（exposure）の概念がこういったタイプへの方法の提案として用いられている——その目的は，クライアントと一緒に行動の階層表（graded sequence of actions）を作成し，そうすることによって最終的に，最も恐怖を感じるシナリオや場面にクライアントが対峙するのを可能にする，というものである（Westbrook, Kennerley & Kirk, 2007を

参照)。

　新しい経験の創造を提供するセラピーの方法はほかにも数多くある。例えば，ゲシュタルトセラピーや感情焦点化セラピーにおける「2つの椅子」のワーク (Greenberg, 2002) は，クライアントが重要な他者 (例えば，母親や父親など) や自己の一部 (例えば，自分の中の批判者) との対話に向かうように促すものだが，それ自体が新しい経験であり，それは長い間心の底にしまい込まれてきた悲しさや嫌悪や怒りなどを表現するといった，より新しい経験へと導くことができるものである。新しい経験の創造を提案する他のセラピーの方法の例は，リラクセーショントレーニング，アサーショントレーニング，マインドフルネス技法に見出される。そこでは，クライアントは自分にとってこの世界での新しい生き方がどのようなものであるのか示される。

クライアントがもっている強みの活用 (Making use of existing strengths)

　近年，ソリューションフォーカストセラピストやナラティブセラピストによって特に強調されている重要な一連のセラピーの方法は，クライアントがもっている知識やスキルや個人的特性を活用できるようなやり方を中心に据えている。これらの方法の鍵となる動きは，まずクライアントが自身の個人的な強みを思い出し，気づくように促すこと，次にそういった力はどうすればクライアントが現在抱えている問題に効果的に取り組むために用いることができるか，について考えさせることである。例えば，クライアントは過去に特定の問題を乗り越えられたときのことを思い出そうとすることや，最近自分が効果的に機能した具体例 (「例外 (exceptions)」) に注目すること，あるいは今後その問題を克服できたときのことを想像すること (そしてその成功をどのように達成したかを説明すること) などを勧められるかもしれない。多くのクライアントにとっては大変なことではあるが，このような方法を用いる領域に入るシンプルなやり方は，自分の肯定的な特質をリストアップするようにクライアントに勧めることである。すばらしく革新的なセラピーのエピソードとしては，Madigan (1999) が，鬱のクライアントとともに知人に手紙を送り，クライアントが過去にしてきたことや今後できそうな積極的な社会貢献がどんなものであるのかについての知人たちの考えを聞くように勧める取り組みがある。また，グループセラピーはクライアントが自分の強みに気づくことのできる力強い場となり得る。そこでは，クライアントは自分がどのくらい正直で，感受性豊かであるかなどについてフィードバックを受け，そうした特質を他者との相互作用の中で実際に示すことができる。

エクササイズ6.1：あなたのクライアントの強みと資源に注意を向けることを学ぶ

クライアントが手に負えない問題で身動きできないように見えるとき，私たちはクライアントの個人的な強みや資源を見失ってしまうことがあります。クライアントとのセラピーセッションの5分間に，以前のセッションからわかってきたクライアントの強みや資源をリストアップする時間を取ってみましょう。そして，クライアントがセラピーの目標を達成するためには，その強みが活用できるどんな可能な方法があるかを考えてみましょう。さらに，できるだけ近い次のセッションで，クライアントが自分の強みに触れることがいかに有効であるかを熟考するためにもう5分時間を取ってみましょう。このような焦点化されたセルフスーパービジョンの活動は，FleuckigerとHoltforth（2008）によって，セラピーの成果や強固な治療同盟を促進するために発見されたものです。

推薦文献

Fleuckiger, C., Weusten, G., Zinbarg, R. E. & Wampold, B. E. (2010). *Resource Activation: Using Clients' Own Strengths in Psychotherapy and Counseling.* Cambridge, MA: Hogrefe & Huber. クライアントの個人的な強みと資源を特定し，それらを活用できるように援助するやり方についての貴重な情報源。

情報処理過程を変える直接的な介入

　セラピーの方法についての最後のカテゴリーは，セラピストがクライアントの脳の機能や認知の過程に直接的な影響を与えるような技法である。これは，セラピストのコントロールのレベルにおいて，前項までに記述した他の方法のカテゴリーとは異なるものである。セラピストがクライアントと会話や問題解決，新しい経験の創造，解決策の発見を行っているとき，通常，そこでは高度な協働や共同構築（co-construction）が進行しているのである。対照的に，セラピストが催眠や感情解放テクニック（emotional freedom techniques）[訳注11]（タッピング），あるいは眼球運動による脱感作と再処理（EMDR）を用いる際には，これまでに論じてきた他の方

[訳注11] 原著では"emotional field techniques"と記載されているが，"emotional freedom techniques"のことであると解した。

法よりも，クライアントの役割はやや受動的になる傾向にある。

典型的なセラピーの方法を活用する力量の開発

　典型的なセラピー（formal therapy）における諸方法を，上記の5つの領域でとらえる議論は，さまざまに異なる臨床実践への概括的な導入に過ぎないものである，と考えられるべきだろう。セラピーの諸方法についての有益な解説としては，SeiserとWastell（2002）が参考になる。セラピーの諸方法のトレーニングコースやワークショップに関する情報は，例えば（イギリス国内では）Therapy Todayなどの専門誌や諸外国の同様の刊行物に掲載されている。セラピストの大多数は，理論の流派や初期に受けたトレーニングの内容にかかわらず，その臨床実践の中では広範囲のセラピーの流派で用いられているさまざまな方法のレパートリーを活用しているようである（解説ボックス6.1参照）。

解説ボックス6.1：経験を積んだセラピストが活用している諸方法

　ThomaとCecero（2009）の研究では，セラピストが自分で最も大切にしている理論モデル以外のアプローチから生まれた技法や方法を，どの程度活用しているのかについて調査された。調査のための質問紙には，主要なセラピーのアプローチの全体から抽出された127の技法が記載され，その質問紙に米国の経験を積んだ209名のセラピストが回答した。特定の各流派のセラピストたちは，自分が属していると考えるセラピーの流派からの技法よりも，自分の流派以外の技法を頻繁に使う傾向にある，という明確なエビデンスが得られた（第1章参照）。さらにその調査データの分析から，セラピストには自分が支持する理論的な流派がそれぞれあるにもかかわらず，大部分のセラピストたちが用いている一連の中核的なセラピーの技法があるようだ，ということも明らかになった。そのようなセラピーの方法の上位20項目について，支持が多かった順に示す。

1. クライアントの視点から世界を理解しようとする（共感）【ヒューマニスティック】
2. 無条件の肯定的配慮を提供する【ヒューマニスティック】
3. 不適応的なあるいは歪曲した信念に立ち向かう【認知行動的】
4. 自己一致している／純粋である【ヒューマニスティック】
5. 感情を反射する【ヒューマニスティック】
6. 代替行動（alternative behaviours）を立案して勧める【認知行動的】
7. 患者がワークスルーするように，あるいは洞察を人生の状況に適用するように

導く【精神力動的】
8. 思考や仮定や信念がどのようにさまざまな情動的反応を引き起こすのかについて，クライアントが気づくように指導する【認知行動的】
9. 今ここでの気づきに注意を喚起する【ヒューマニスティック】
10. クライアントが「〜べき・〜はず・〜ねば (shoulds, oughts and musts)」の思考をしていることを認識し，それを変えていくように導く【認知行動的】
11. 楽しむことができる活動 (pleasurable activities) のスケジュールを立てる，あるいはそうした活動をすることを勧める【認知行動的】
12. 人や状況についてのナラティブを変えるのに役立つような肯定的なリフレーミングを提供する【認知行動的】
13. 意味や目的の感覚が見出せるように促進する【ヒューマニスティック】
14. 幼少期の経験を探求する【精神力動的】
15. クライアントに機能不全の家族システムの中での自分の役割を検討するように勧める【システム論的】
16. セラピストに対してありのままに，自分を偽らずにいるように勧める【ヒューマニスティック】
17. 問題のある対人関係における情動的な問題を探求し解釈する【精神力動的】
18. 今ここで生じているボディランゲージや話し方についてクライアントにフィードバックする【ヒューマニスティック】
19. 現在生じている内的な感情や感覚にフォーカシングするようにクライアントを促す【ヒューマニスティック】
20. 共感的な再焦点化 (empathic refocusing) を通して，クライアントが回避していることや過小評価していることに共感する【ヒューマニスティック】

　このリストの興味深い面は，ThomaとCecero (2009) の調査に回答したセラピストのうちヒューマニスティックなグループに属していると答えた人は7パーセントに過ぎなかったにもかかわらず，どの学派のセラピストによってもヒューマニスティックな方法が広く活用されていたという点である。歴史的に見ると，パーソンセンタードセラピー，ゲシュタルトセラピー，実存的セラピーといったヒューマニスティックなセラピーに特有なアイデンティティは，その独自の発想がサイコセラピーの分野全体に浸透していく中で次第に他の流派と融合していったのだ，と見ることができるだろう。また同様の過程は現在，CBTの考えや方法にも生じているのかもしれない。

　ここに記載したような最も広く活用されている典型的な諸方法（対話，構造化された問題解決，新しい経験の創造，クライアントが持っている強みの活用）のいく

つかは，実際にはそのためのトレーニングを必要としていない。それらは，どの文化の中でも対人関係において感受性豊かで，配慮的で，援助的な人々に備わっている良識的で常識的な知であると言える。もちろん，このような方法を実行する能力は，トレーニングやスーパービジョンによって増強できる。もちろん臨床家には自らの能力の範囲内で活動すべきだという倫理上の要請はあるが，しかしソリューションフォーカストセラピーのトレーニングを受けたことがないということが，クライアントが個人的にもっている強みに関心を払わないことの言い訳にはならない。ただし，5つ目の方法のカテゴリー（情報過程を変える直接的介入）は特別なトレーニングを要するものである。しかしながら，このようなより指示的な方法のどれかに関心をもつクライアントは，今受けているセラピーの補助もしくは代替として，その方法を使える専門的な臨床家を見つけてそこに相談に行くように援助されてもよい。クライアントが自分の深刻な心的外傷の症状を克服するためにはEMDRが必要であると考える場合には，そのクライアントがEMDRを試す機会をもつことを否定する理由があるだろうか？　そうした技法が最善に活用されるように，そしてクライアントの人生にその成果が統合されるように，できる限り援助することをためらう理由がどこにあるだろうか？

セラピーの文献に見出されるインフォーマルな方法

ほとんどの芸術家や技術者や科学者と同じく（さらに言うと，この世のほとんどの人々と同じく），セラピストは常によりよい仕事のやり方を探求している。これは次のことを意味している。すなわち，公刊されている膨大な数の実証的に妥当性をもつマニュアルやフォーマットに加えて，「インフォーマル」な方法についても，とても創造的で刺激的な文献が存在しているということである。これらはさまざまな臨床家によって考案されてきた技法や方略であるが，ブランドとして知られている理論的なアプローチやマニュアルの中には含まれていないものである。その特有のやり方の開発者であるセラピストたちが書いた数多くの価値ある本の中には，Susan Carrel（2001）の *The Therapist's Toolbox* や，Michael Mahoney（2005）の *Constructive Psychotherapy*，Irvin Yalom（2001）の *The Gift of Therapy* などがある。これらのセラピストによって用いられるユニークな方法は，例えば次のようなものである。

- セラピールーム外でのクライアントの生活についてその感じをつかむために，自宅にいるクライアントを訪問する（Yalom, 2001）。
- アイデンティティをめぐる問題を探求するやり方として——セラピーセッション中に時間を取って——クライアントに鏡を見るように促す（Mahoney, 2005）。

- クライアントが決断できずに悩んでいるときに，「同じ問題を抱えてあなたのところに相談に来た友人がいたとしたら，その人に何と言ってあげますか？」と尋ねる（Carrel, 2001）。

これらは，長い年月をかけて臨床家たちが形にしてきたきわめて数多くの具体的な方法の中のいくつかに過ぎない。これまでに書き留められたことのない，さまざまな語り伝えや，臨床実践の集積の中で受け継がれている，あるいは失われ忘れ去られたそれ以上の諸方法があるはずである。

セラピーの方法としての文化的な資源

本章の冒頭で，セラピーの方法はどれも，突き詰めると世界のさまざまな文化やサブカルチャーの中に存在するアイデアや実践の膨大な資源から引き出されたものであるということを論じた。そのような種々のアイデアの集まりの中から何らかのやり方が取り出されて，「セラピー」という語らいに属するものとして定義されるようになったのである。しかし，ある文化の中で利用可能な，ほとんど無限にある，潜在的に「セラピー的」であるような種類の活動の多くは，今なお活用されずに残されたままである。それらは，人が意味を見出す仕方や，行動変容の方略，アイデンティティや所属の安心感を作り出す仕方などにアクセスすることを可能にし，問題解決する人の能力に肯定的な影響を与える可能性をもっているという意味において「セラピー的」であると言えるのである（Mahrer, 2007参照）。セラピーで活用できる**文化的な資源**の例を，解説ボックス6.2および6.3に示した。

**解説ボックス6.2：文化的な資源の活用：
アンジェラにおける音楽と創造性の関係**

ジョンは数カ月の間，若い女性アンジェラとセラピーを行った。アンジェラはある専門職に就いていた。20歳代の彼女は自分の人生に不満を感じており，地域医（GP）からは鬱状態だと診断されていた。彼女は大きな団体の事務所に勤め，高く評価され出世した職員だった。だが彼女が強く望んでいたのは，創造性を表現することや，人とは違った人生を送ることだったのである。子どもの頃の大きな夢の1つは，音楽に関するものだった。彼女はチェロの名手で，演奏することに大きな喜びを感じていたのだが，より上級の音楽の試験を受けるように親が圧力をかけたことに憤慨し，それに抗議して，結局は音楽の道をやめてしまった。セラピーの終結後数年が経って，彼女は楽団に入ったことをジョンに話しに来た。その活動は喜

びや楽しさの源泉となり，彼女の人生に埋没していた創造性を開花させる幕開けとなった。しかしその楽団は同時に，ある種の早期葛藤の経験を彼女に呼び起こした。それは，楽団の指揮者が公演会でソロ演奏をするよう彼女に働きかけ始めたときのことだった——公演会は，彼女にとって若い頃とても恐れていた音楽の試験と類似した出来事だったのだ。断続的に数回のセラピーセッションの中で，そこでのテーマは，アンジェラと楽団との関係，つまり彼女の人生における重要な文化的資源との関係が主な話題となった。セラピーの中ではときに見られることだが，人生を変える可能性をもつ文化的な活動であっても，決まりきった定番の形ではアンジェラの人生にはぴったりとは適さなかったのだ——彼女がその活動をやり抜き，それを彼女の人生に最大限に生かすためには，セラピストとの関係を活用する必要があったのである。

解説ボックス6.3：記憶のアルバム：セラピー中に生じる どんなことよりもさらに役立つ文化的な資源

　ジャンは正直で実直な女性で，人生を働くことに費やしてきた。やりがいはあるものの賃金が低い介護の仕事を続けながら，同時に子育てをしてきた。才能豊かで愛されて育った彼女の娘は21歳で自殺した。カウンセリングルームの中でのジャンの情緒的な苦痛は顕著で，それは彼女が目覚めている間中その心の中心にあった。カウンセリングでジャンは経験した出来事についてのさまざまな側面を語り，そのすべてについて何らかの意味に気づき始めていた。しかし，彼女の情緒的な苦痛は変わらなかった。彼女のカウンセラーはそのような苦痛にアプローチするいろいろな方法を提案したが，どれもうまくいかなかった。ある週，彼女はカウンセリングルームに入ってくるなり，娘の友人たちが娘の写真や娘の話でいっぱいの思い出の本を作ってくれていることを話した。「これはいい考えだと思いますか？」とジャンは尋ねた。カウンセラーは答えた。「あなたがその本を見て，娘さんのお友だちの言葉を読んだら，それについてあなたが感じたことをお友だちに伝えることができるかもしれませんね。また，お友だちのお話を聞いて，あなた自身の記憶をお友だちと共有できるかもしれませんね」。結果的に，この世の何かが少しでも役に立つとすれば，この記憶のアルバムはジャンの情動的な苦痛の軽減に役立った。彼女は自身の喪失感を他者と共有できるような密接な時間を日常の中に見つけることができたのである。

表6.1：鬱に対処する方略

最も役に立った介入	最も広く用いられていた介入
1. カウンセラーへの来談	1. 気晴らしの飲酒
2. 身体運動	2. 鎮痛剤
3. リラクセーションの学習	3. 身体運動
4. 親しい友人	4. 親しい友人
5. かかわり合いを断つ	5. 家族
6. 家族	6. ビタミン剤
7. 外出を増やす	7. 仕事を休む
8. 新しい余暇活動	8. 外出を増やす
9. 地域医（GP）	9. 地域医（GP）
10. 問題についての読書	10. かかわり合いを断つ
11. 仕事を休む	11. マッサージ
12. マッサージ	12. 問題についての読書
13. サイコロジスト	13. 特別なご馳走
14. 電話相談	14. 抗鬱薬
15. 抗鬱薬	15. 薬剤師
16. 精神科医	16. 新しい余暇活動
17. ビタミン剤	17. カウンセリング
18. ソーシャルワーカー	18. 睡眠薬
19. 断酒	19. 自然療法士
20. 聖職者	20. 断酒
21. サイコセラピー	21. 抗生物質
22. 自然療法士（naturopath）	22. リラクセーションの学習
23. 気晴らしの飲酒	23. サイコロジスト
24. 特別なご馳走	24. 聖職者
25. 催眠	25. 精神安定剤

　文化的な資源に対しては，それらが自動的に，あるいは当然のごとく効果の面で常に肯定的であるようには考えるべきではない。例えば，仕事でストレスが溜まった一日の帰りにスポーツジムで汗を流すことは，リラックスすることや，仕事と家庭の間にうまく線引きをすること，また，仕事に関係のない人たちと新たな出会いをもつ機会としては，よい役割を果たすかもしれない。しかし反対に，ジムで身体を鍛えること自体が強迫的でアディクション的なものになってしまうこともある。そのような場合には，ジムでのトレーニングが，否定的な身体イメージを強化したり，深い人間関係を回避するための方法として使われることもあるかもしれないのである。したがって，文化的な資源とは人に一連の**可能性**を与えるものである，と考えることがより有益だろう。セラピーの中でこうした資源を活用するという観点

からすると，そこで生じる問いには次のようなものがある。その人はその活動にどのような可能性を見出しているか？　その人が自分の人生の目標達成のためにその可能性を活用するためには，その人はどのように支えられ，支援される必要があるだろうか？　その人の生活全体のバランスという点では，その活動に参加するのに必要なコストはその人にとって見合うものだろうか？　などである。

　セラピーに来談するほとんどの人が，自分の問題に対処するために何らかの文化的な資源を活用している，ということは明白である。オーストラリアの精神科医アンソニー・ジョーム（Anthony Jorm）は，鬱状態などの身近な心理的問題にどのように対処しているのかについて，一般市民を対象とした大規模調査を実施している。その研究の1つ（Jorm, et al., 2000）では，人々が不安や鬱状態に対処するのに最も役に立った方略と，実際に用いられていた方略が尋ねられた。その結果は有効性が感じられた順にリストアップされているが，それを要約したものを表6.1に示した。このような対処行動の多くのものは，メンタルヘルスやウェルビーイングに与える肯定的な影響の点においても，カウンセリングやサイコセラピーに取り入れられているという点においても，その潜在的な有効性がすでに広く認識されきており，実証的研究によるさらなる精査が待たれているものである。

エクササイズ6.2：あなたに当てはまる文化的な情報源は何か？

　あなたは自分が落ち込んだときに，表6.1にある資源の中のどれを最もよく用いているでしょうか，また，どれが最も役に立っているでしょうか？　あなたの回答は，表6.1のリストやその順番と一致していますか？　10分程度時間を取って1人で考えるか，隣の人と話し合ってください。

　重要なのは，Jormと共同研究者（2000）が作成した文化的な資源のリストは十分なものではない——質問紙調査ですべてを尋ねることは不可能である——という点を認識しておくことである。ここにあげられていないその他の文化的な実践に関しては，いろいろな書き手や研究者によって記述されているが，それらの中にはセラピー的である可能性があると見なすことができるものがある。例えば，アート創作，クッキング，教育，ガーデニング，瞑想，意識啓発グループ（consciousness-raising groups），音楽，ペット，政治活動，ボランティア活動，テレビの視聴などである。私たちが多元的アプローチの固有の強みであると考える点の1つは，どれが「最善」であるかを決めつけずに，またこれらの活動を「適切なセラピー」から排除したり

せずに，役に立つ（あるいはもしかすると役に立たない）と見なされるこれらすべてのものの可能性に開かれているということである。

　カウンセラーやサイコセラピストは，この種のさまざまな方法をクライアントとの臨床実践にどのように取り入れることができるだろうか？　原則的にやってはいけないことについての基本原則の1つは，特定の活動を役立つものとして「処方する（prescribe）」ことである。Marley（2009）は人生の危機に直面した際の文化的な資源の活用について人々にインタビューを行った。これら研究協力者は広範囲な文化的な活動に参加している人びとであり，その文化的な活動はJormと共同研究者（2000）のリストに類似していた。しかし，研究協力者たちが語ったことは，情動的なストレスに曝されているときに新しいことを試みるほどには自分は強くないと感じていて，人生でもっと幸せだった時期，多くは幼少期に身につけた方略にほぼ全面的に頼っていた，ということだった。この研究協力者たちが危機的な時期に援助や支援のための新たな資源を求めた場合に限ると，明確な構造や合理性を提供するカウンセリングを初めとした活動に向かう傾向にあり，自分たちの中に自信や主体性（危機的状況ではそうしたものが自分の中にあるとはとても感じられないようだった）が求められるような活動にはあまり向かっていなかったのである。

　この研究知見は，セルフヘルプのために書籍を活用する「読書療法（bibliotherapy）」についてこれまで行われてきた実証的研究によっても支持される。こうした資源は，心理的な問題を抱えている人々にとって重要な価値を示して（den Boer et al., 2004）おり，カウンセラーやサイコセラピストはかなりの割合で，クライアントに特定の本を読むよう（あるいは，特定の映画を鑑賞するよう）に示唆している（Norcross, 2006）。しかし，エビデンスが示しているのは，セルフヘルプのために読書することは，セラピストから本を処方された場合よりも，クライアントが選書において主導権を発揮したときに（例えば，クライアントが読書という対処法にすでにある程度の信頼感をもっている場合）より効果的である，ということだった（Menchola, Arkowitz & Burke, 2007）。一般的に言って，読書療法が最も効果的に働くのは，セラピストがクライアントに導かれ，そしてクライアントが行う読書の素材選びをセラピストが肯定的に受け入れるような場合である。

エクササイズ6.3：あなた自身のセルフヘルプの素材

　10分程度時間を取って，あなた自身のリストを作ってみましょう。本，映画，他のアート素材（例えば絵画）など，あなたの人生において役に立った，あるいは「セラピー的」だと感じられたものにはどんなものがありましたか？　さらに10分

程度時間を取って，あなたのリストを近くの人たちと共有してみましょう。どんな状況のときにあなたは，読書や映画鑑賞などについてクライアントに提案してみたいと思うか，また，あなたはそのような会話をどのように進めていけばよいか，考えてみましょう。

推薦文献

Norcross, J. C. (2006). Integrating self-help into psychotherapy: 16 practical suggestions. *Professional Psychology: Research and Practice, 37* (6), 683–693.

解説ボックス6.4：セラピストの行為を伴わないクライアントの活動

　クライアントが文化的な資源に潜在的な価値があることを知ったときには，セラピー関係の外にある――あるいはセラピーとは無関係の――役に立つ活動に取り組む可能性がある。このことは，「クライアントは，変化のための取り組みの大半をセラピーセッション以外で行っている」（Dreier, 2008: p.17）ことを示唆している実証的研究によっても支持されている。例えば，サンドラは父親の死期が近いことに対して強い不安を抱えてセラピーに来談した。その話題を話し終えたとき，今後起こるだろうと彼女が理解したことに対して彼女自身が準備をするための時間が必要だった。3, 4回目のセッションの頃に，サンドラはプールに泳ぎに行くことがどれほど役に立っているかわかったと語り始めた。泳いでいる間に父親について考え，自分の感情に触れ，そしてその週のカウンセリングセッションで話したことを振り返ることができる，そんな機会になっていると言うのだった。さらに6回目のセッションで，サンドラは遠慮がちに，いろんな意味でプールに泳ぎに行くことはカウンセラーに会うことよりも役に立っていると語ったが，後者は前者のための有益な触媒（useful catalyst）であり，物事をより深く探求できる場であるとも述べた。

　セラピストにとっては，このようなフィードバックが常に受け入れやすい，というわけでは決してない。セラピストの存在意義が揺さぶられる感じがしてしまうかもしれないし，クライアントのセラピーセッション以外の活動がもつ価値を減じたい，あるいはこうした発言をセラピー関係のコミュニケーションとして再解釈したい，といった衝動に駆られるかもしれない。例えば，サンドラは間接的にセラピストに対する怒りを表現しようとしているのではないか，といったようにである。し

かし，多元的な観点——そこでは，方法の多様性を通じて目標は達成されると考える——からは，セラピー外活動（extra-therapeutic activities）をセラピー内活動（intra-therapeutic ones）と敵対させる必要はないのである。それどころか，そのいずれもがクライアントの進展に貢献する力をもっていると考えられるのである。強い相補的な関係にある場合（例えば，クライアントがセラピーの中で同意した宿題に取り組む，など）もあれば，そうでない場合もあるが。

セラピー方法の源泉としての個人的な知：「実存的な試金石（existential touchstones）」

記述するのが難しいものではあるが，それにもかかわらず実践の際にきわめて重要であるようなセラピーの方法のさらなるカテゴリーがある。それは，クライアントとセラピストの両者が自分の人生において価値を見出してきた個別的で個人的な方略である。筆者らは上述したように，クライアントがもつ資源や個人的な知の活用についてすでに議論してきた。しかし，セラピストの個人的な知に基づくことにも価値ある役割を果たす可能性があるのである。

デーブ・メァーンズ（Dave Mearns）(Mearns & Cooper, 2005: p.137) は，*Working at Relational Depth in Counselling and Psychotherapy*におけるミックの共著者だが，個人セラピーや他の場面で自己探求に持続的に取り組むプロセスにおいては，カウンセラーやサイコセラピストはしばしば大きな確かさの感覚（great sense of certainty）を所有している自分の人生の領域に気づくことがある，ということを見出してきた。これは，「かなりの強みをもたらし，関係の中で自分たちをしっかりと位置づけることに役立つような，そして多様な関係にもオープンであり，心地よさを感じるような出来事や自己体験」のことである。デーブは，この個人的な資源を「実存的な試金石」，すなわち，私たちのクライアントの体験を深く理解するために「私たちが到達できる場所」であると記述した。

私たちはまた，実存的な試金石というものを，クライアントにとってある特定の時点で最も役に立つと感じられるかもしれない**方法**について，より深く理解するために利用できる資源であると考えることができる。例えば，ミックはパニック発作を数年にわたって経験した後で，パニック発作に対処する最善の方略の1つは，潜在的に不安喚起的な状況に陥る前に，身体にできるだけ多くの「アドレナリン」を生じさせること（例えば，激しい運動をすることによって，あるいは予想される最悪の結果をイメージすることによって）であると発見するに至った。ミックは不安な状況でこうしたことを行い，それによって自分のアドレナリンの量を増やすことで，ショックや失見当識（disorientation）はかなり抑えることができるようになっ

た。その結果，彼はパニックの悪循環に陥りにくくなったのである。

　個人的な「自家製の（home-grown）」対処法としては，ミックがこのやり方をクライアントと共有することはあまりないだろう。しかし，仕事に強い不安を感じていた若い男性マークとのセラピーにおいては，この対処法を取り入れることが適切であると思われた。マークはとても有能なコンピュータソフトのプログラマーだったが，上司と面と向かって話す際に，強いパニック発作を起こすことがあった。「とにかく彼女に見抜かれている気がするんです。それに自分が内側では震えているのが感じられますし，そうなるとどんどん悪くなるんです。私は自分自身に，"彼女は，私のことをまったくの間抜けだと思っているに違いない"と言い続け，そしてクビになってしまうと確信したんです」とマークは言った。彼は，不安の解消に役立つかどうかを確かめるために，ヨガや水泳を試してみたと言った。「その不安を打ちくだいて，違いが生まれるかどうか試してみたんです」と。

ミック：　　　朝のうちにそのことを試したのですか？
マーク：　　　［沈黙］仕事に行く前に，という意味ですか？
ミック：　　　ええ。私が今考えていることは，えーっと，あなたがアドレナリンを出すようなときには，そうですねえ，本当にアドレナリンが出る，そのようなやり方として運動が使える……
マーク：　　　そして置き換える……［ミック：ええ，おそらくそう……］身体のアドレナリンを運動のアドレナリンに？
ミック：　　　生理学のことはよくわかりませんが，私はただ，試してみる価値はあるのではないかと思ったんです。ええと，ほらあの……パニック発作が起きるようなときの1つとしてですが，とても静かな所にいるときに，あなたの身体にアドレナリンが突然出たとしたら，とても怖くなるでしょう。［マーク：そうですね］逆に，あなたが運動やその類のことをしていたら，あなたの身体はもうちょっとアドレナリンを感じられるようになるでしょう。［マーク：はい］だから，不安を感じ始めたときでも，それほどショックは感じません。［マーク：ええ，はい］それは，「そうだ，これが何だかわかる。これはまさに，その……」のように。なぜなら，それはあなたが望んでいることだから，［マーク：「これが……だとわかります」］ですね。「私にはこれがわかる，これはまさに，これは……」のように。

　このような個人的な試金石を生かす中で，もちろんセラピストは，個人的に自分の役に立ったと思う方法がクライアントの役にも立つだろうと仮定しないように，かなり慎重になる必要がある。上述の例では，クライアントは実際に，ここでミックが提案した置き換えが「とても役に立った」と回答していた（セラピー終結時

までミックが見ることのないクライアントの個人記録（confidential form）の中に，そのように記載されていた）。ただし，そこにはクライアントがセラピストからの個人的な提案に同意する，あるいは応じるという圧力を感じてしまう強い可能性が明らかにある。それにもかかわらず，慎重かつ感受性豊かに，そしてとても試案的なやり方で使用されるなら，セラピストの個人的な試金石は，適切な状況の中でクライアントにとって最も援助的である方法に，知識や洞察をもたらすさらなる資源となる可能性をもっているのである。

協働的な活動としての方法の選択

　以上のことから明らかなように，多元的な視点では，セラピーに用いられる方法をセラピストだけで決定しないことが重要である。むしろセラピーの方法は，本章の最初にあげたハルキの事例のように，クライアントとセラピストの協働や対話から見出されるべきものである。この点についてさらに詳述した例を，「隠れて過食をするよりも健康的な食べ方をする」という目標をあげたクライアントの事例から示す。そのクライアントは，自分にとっての次のステップもしくは課題が，過食の引き金となる状況を「より明確に理解する」ことだ，とわかる段階にきていた。

カウンセラー：いつどこでそれが起きるのかという手がかりをつかむことは意味がありそうですね。何か違ったことをどうやるかという感じをつかみかけているのでしょうか？　と言うのは，私たちがこれまでこのことを話し合ったときには，あなたは，「わかりません」というところに戻ってしまうと言っていたからです。でも今はそのことを見つめる準備ができているようですし，それがどこからやってくるのかを知りたい……

クライアント：その通りです。ちょっと怖いんですけど。まるで──少しコントロールできているような。私ではないみたい。

カウンセラー：というか……以前の自分ではない？

クライアント：そうも言えるでしょう。で，何を提案していただけるんでしょうか？

カウンセラー：それをどう進めるか，ということ？

クライアント：ええ。

カウンセラー：そう──私が今ここで何を言おうとしているかはおわかりですね。

クライアント：ええ──私がどう思うか？

カウンセラー：あなたはどう**思います**か？　それにどうアプローチしたらよいかについて何か感じをつかんでいますか？　何があなたに役立ちそうでしょうか？

クライアント：そうですね。数週間前に，日記をつけることについて尋ねられたことを

　　　　　　　覚えています。
カウンセラー：私も覚えていますよ。日記をつけるという発想には，あなたはほとんど関心を示さなかったですよね。
クライアント：興味がわいてきました。いわば──やらなくてはと思ったときに私には何かが必要なんです。私がここに来ると，いつもあなたはそのときどきのことを話すようにとだけ私に勧めるので……私は戸惑って，混乱してしまうんです。
カウンセラー：それでは，あなたの日記の何を私に見せるか選ぶことができますか？　それとも，私がそれを見る必要がありますか？　あるいは，あなたが日記をここにもってきて，その一部を私に読み上げますか？　あなたにとってはどれが1番いいのでしょうか？
クライアント：あなたがそれを全部読むのは嫌です。そんなことはできません。全部ではなくて，一部をここで伝えられるかどうかも自信がありません。

　この短い抜粋は，カウンセラーとクライアントが一緒に方法を発展させるプロセスを例示している。日記をつけるというアイデアは，クライアントとセラピストのどちらにとっても，「過食の引き金（binge triggers）」を記録し，探求するための有効な手段であると思われるものだった。しかし，この活動をどのように実行するかということについて共通の合意をつくり上げることに関しては，取り組むべき課題がまだたくさんあった。日記をつけることは，セラピーの方法としては「宿題」として分類できる。セラピーにおける宿題の活用については，広範な実証的研究と臨床的な文献がある（Kazantzis, Deane, Ronan & L'Abate, 2005）が，これらの研究や文献が示しているのは，事前にセラピストと合意した宿題をクライアントが実行しないことがとても頻繁にある，ということである。このような文献が私たちに教えるのは，クライアントとセラピストがこの宿題という方法や，それをやり通す理由（例えば，それが課題や目的を実現することにどのように役立つか）について，詳細な共通理解に十分に至るほど，宿題の活用がより効果的になるようだ，ということである。ここで求められるセラピストのスキルは，その方法が展開していく可能性のある道筋に十分な認識をもつこと，そしてクライアントにとってその活動が意味するであろうことに共感的に波長を合わせることにある。ここで重要なのはセラピストが方法を「処方すること」ではなく，共同構築のプロセスを促進することにある。そして当然のことだが，その方法は経験に照らして修正される必要があるだろう。ときには，その方法がとても独特な方向に向かうこともある。例えば，上述のクライアントは日記をつけることになったが，その後「過食の場面」を描いたマンガをいくつか描いて毎週セラピストに見せた。それは彼女にとって役立つものになったのである。

第6章　方法：変化を促進するための資源　153

　以下は，心理学者フェビアン・デービス（Fabian Davis）（2010: p.33）が示すセラピーの方法についての協働の別の例である。彼はメンタルヘルスサービスの利用者に対して詳細なインタビューを実施した。ここに示された語りの事例は，セラピストがクライアントに代わって意思決定するよりも，セラピーをどのように進展させたいかについてクライアントと話し合うことの中に価値がある，ということを特に強力に示す実例である。デービスの1人のインタビュイーは，「自分が周囲の多くの人の死の原因であり，自分は幼少期の性的虐待の犠牲者であると信じている若い女性」だった。デービスは次のように書いている。

　　彼女は多くのカウンセリング経験の中で，セラピーを受けることができる十分な強さをもっておらず，セラピーが害になるので受け続けるべきではない，と言われるほどの感情的な激しさを示す状態に何度も至ることがあった。幸い，彼女が受けた直近のセラピーにおいて，彼女はそれまでとは異なる反応に出会った。彼女のカウンセラーは，セラピーをやめさせるために専門的な力を使う代わりに，この困難な時期を乗り越えるためにどんなことがやれると思うかと彼女に尋ねたのである。話し合いの後，クライアントはその時点でのセラピーを短期間休むことにして，再開できる状態になったら戻ってくることで合意した。その後，集中的にセラピーを受ける期間と，セラピーを休止する期間を繰り返すことによって，その協働が実を結ぶことになった。このインタビュイーはインタビューを受けた時点では，自分が周囲の多くの人の死の原因になっているとは思っておらず，仕事に復帰していた。このプロセスの1つの鍵となる側面は，その同伴者（カウンセラー）にクライアント自身の問題解決の力を信頼できる構えがあることだった。

方法をめぐる対話を開始すること

　本章の前述の箇所で，カウンセリングやサイコセラピーの臨床実践の中で活用されているさまざまな種類の方法について概要を提示した。クライアントが，その人自身のアジェンダとして取り上げた特定のセラピーの課題に取り組むために，可能性のあるすべての方法について長い時間をかけて話し合うことはほとんど役に立たない。クライアントがセラピーの技法の微妙な違い（nuances）に関心をもつことはほとんどない。そのことよりも重要なのは，時間を意識しつつ同時にセラピーのプロセスに貢献するような仕方で，合意に基づく意思決定を促進することである。それがよく機能するときには，この種の会話はクライアントとセラピストが協働できる力を強化し，自分で選択し，自分の人生をコントロールできる力の感覚をクライアントに与える。力それがうまく機能しない場合，この種の会話はクライアントを混乱させ，セラピーへの信頼を失わせ，セラピーに費やす時間の価値を損なわせかねない。

一般的には，セラピーの初回セッションにおいて必要とされる契約や境界設定に続いて，主要な課題を明確にすることが通例である。すなわち，何らかの最初の探求あるいは「お互いを知ること」である。そのためにクライアントは自分の生活歴を語り，セラピーに来ることになった理由について述べるように促される。この段階では，クライアントが過去に自分の問題に対処してきた方法について，それが専門的なセラピー的介入なのか他の方法なのかを含めて話すように勧めることが価値をもつだろう。

　こうした対話への導入は，次のような語りを通して可能となる。それは，「私たちが合意したように，今あなたにとって大事なことは，パートナーが仕事で家に帰るのが遅くなっても，気分を損なわないで済むような何らかの方法を見つけることです。それについて私たちが取り組むことができる，いくつかの違ったやり方があるように私は思います。私には提案できることがいくつかありますが，私がもっと関心があるのは，あなたが突発的な怒りにもっと対処できるようになるために，あなたにとって何が援助的なのか，あなたが考えをもっているかどうかを聞きたいということです。……」といったものである。しかしこの時点で，明確な提案や方略を思い描くことのできるクライアントはほとんどいない，ということを心に留めておく必要がある。と言うのは，多くのクライアントは，セラピストはエキスパートであり「何でも知っている」と考えているからである（そしてその結果，クライアントは自分が「無能」と思われるのを恐れて，提案をすることに尻込みをしてしまう）。したがって，この時点においてもこの後も，好ましい方法についてクライアントが何らかの考えをもっているかもしれないことを示す，どんな手がかりにも細心の注意を払い，その好ましい方法がもたらし得ることについて最大限の関心を積極的に示すことが必要である。

　クライアントがセラピーの課題にどのように取り組むかについて提案することができない場合，セラピストが何からの試案的な示唆をするかどうかはセラピストに委ねられている。提案のほどよい数は，3つであろう。提案が3つより多くなると，クライアントを混乱させる恐れがある。逆に3つより少ないと，課題に取り組む仕方が1つしかないことが暗に示されるため，議論が続かなくなる恐れがある。次のような言い方はこの段階では適切なものであろう。

　　前に言いましたが，このような問題に取り組むためには，いくつかのやり方があります。1つは，その問題についてただ話を続けて，あなたに起こったことや，あなたがそうした仕方で反応する理由をはっきりさせるというやり方です。次は，あなたがパートナーに対して気分を損ねたときの具体的な例をあげて，実際にそのとき起きたことや，そのようなパターンをどのように変えたらいいかを分析するやり

方です。そしてもう1つは，パートナーが仕事から帰ってきたときにあなたが怒ってはいなかった場合を考えてみて，そこから私たちが何を学べるのかを理解するやり方です。以上が私の考えです。私はあなたが考えていることに関心があります――以上の考えのどれかがあなたに役立つかどうか，あるいはそれに取り組むための何かほかのやり方があるかどうか，あなた自身が考えることはあなたにとってよりよいものであるはずでしょう……

　このような言い方によって達成しようとしていることがどんなものであるのかに気づくことは重要である。ここでのクライエントはパーソンセンタード的／精神力動的（「話を続けること」），CBT（思考-感情-行動のパターンを変えること），ソリューションフォーカストセラピー（例外を見つけること）といった選択肢を提示されてはいない。その代わりに提示されているのは――これらの十分に確立されたセラピーのアプローチとたまたま一致しているような――いくつかの潜在的な価値をもつ変化の方法について熟考する機会である。クライエントはその中から1つを選び，ひょっとすると標準的なCBTのプロトコルに従うことを望むかもしれない。あるいはまた，クライエントはこれらの方法の何らかの組み合わせに至り，それがクライエントにとって意味あるものになるかもしれない（例えば，「私は，あなたがあげたリストの2番目と3番目が気になっています――自分が怒っていなかったときを考えるのは，飽き飽きした古いパターンをどのように変えるかを理解するのを助けてくれそうです……」）。あるいは，複数の妥当な代替的方略が存在するというその考え自体が，クライエント自身の個人的な考えの点においても，クライエントによる問題のさらなる熟考を刺激する歓迎すべき効果をもたらすかもしれないし，そして（さらに好ましいことに），クライエント自身を「問題に直面した無力な人」ではなく，「この問題に対して何かがやれる人」という方向に推進させるかもしれない。

　それゆえ，方法の選択の大事な点は，クライエントが自分の世界観と目の前にある状況によく合致するという観点から，自分にとって最も効果的な方法を選択できるようになる，というだけではない。その目的は，自己効力，個人の力，主体性，どのように学んだらよいかを学ぶこと，といったような主題に関するより広範な事柄をめぐって，1回もしくは複数回の内省の機会を促進することにある。選択されたある方法を十分に活用することは，クライエントとセラピストにとって重要な可能性を開くことになる。それは，セラピーがその後のどこかの時点で難しい状況になったときに思い起こすことができる，ともに達成したことについての共通の記憶を創り出す。それはまた，セラピーが終わってからでも，セラピー外の時間でも，人生にさらなる問題が生じたときに活用可能なスキルをもっているという自信をク

ライアントが獲得できるように導くことができる。

　上述のセラピストによって示唆された3つの方法が，**可能な**選択肢のとても広範囲なリストから導き出されたものである，ということにも注意してほしい。これらの選択肢は，このセラピスト自身が安心して自信を感じられる，あるいはそのセラピストが，この目の前にいるクライアントにとって最も意味をもたらすと感じられるような方法なのである。他のセラピストは，あるいは同じセラピストでも別のクライアントには，別の示唆を提供するかもしれない。例えば，リラクセーションの学習やマインドフルネススキル，セルフヘルプの本を読んで実行すること，何らかのソーシャルスキル／アサーティブネストレーニングの実行，問題探求のための描画法の活用，2つの椅子を使ったワーク（two-chair work）などである。

解説ボックス6.5：方法選択の倫理

　倫理的にすぐれた臨床実践の基本の1つとして，どのヘルスケア領域においても，クライアントや患者が受ける治療法については，十分な説明をおこなったうえでその人たちの同意（informed consent）を得ていなければならない，というものがある。パトリック・オニール（Patrick O'Neill）（1988）は，多数のサイコセラピストとクライアントに対して，同意のために説明したことや説明されたことについてインタビュー調査を実施した。彼は，同意を求めることにおいてはセラピストの間に幅広い差異があることを見出した。クライアントに対して慎重に説明を行い，選択肢を示したセラピストがいた一方で，クライアントはセラピストが決めた治療プランに合意するだろうと思っていたセラピストもいた。インタビューを受けたクライアントたちは圧倒的に，もっと多くの代案や情報を望み，クライアントにとって最善のセラピーがどれかを決めるプロセスにもっと参加することを欲していた。同意する内容がはっきりと話し合われなかった場合には，多くのクライアントは，自分が受けたセラピーに不満だったか，最終的にセラピーからドロップアウトした，と報告していた。

方法をめぐる見解の不一致

　目標や課題と同様に，クライアントが最も適切な方法を選んでいるとセラピストには思えない場合には，どのようなことが起きるのだろうか？　セラピストには，クライアントが過去に役立たなかった方法や何ら論理的根拠のない方法，実証的研究のエビデンスに反する方法，望ましくない——だが，おそらく必要な——不安

を回避するための手段になるような方法を使いたがっているように見えるかもしれない。例えば、犬恐怖のクライアントが、何らかの「曝露法」の手続きではなくて、母親との関係に目を向けることによってその問題に取り組みたいと言うかもしれない。前者の方がかなり強力であるというエビデンスがある (Emmelkemp, 2004) にもかかわらず、である。さらにまた、ここで強調しなければならない重要なことは、クライアントが信じていたり望むことがどんなことであっても、それをただ認めることよりも、クライアントと協働的に活動することの方がより多くのものを生み出すことができる、という事実である。こうした協働的な活動は、クライアントにとってだけでなく、セラピストにとっても判断や理解や知覚を生み出す誠実かつ率直な対話が発展することに役立つものなのである。

例えば、以下の対話はミックとサスキア（第3章参照）のセラピーにおける、初回セッションからのものである。ミックはサスキアに、セラピーの中で考えたことの何があなたの役に立ったと思うか、また、以前のセラピストとのセッションでは何が役に立ち、何が役に立たなかったと思うかを尋ねた。するとサスキアは、「背後に座っているだけの人」——その人は何のフィードバックもしない——がいるときには助けにならないことがわかった、と答えた。サスキアはもっと多くの言葉や助言が欲しかった、と言った。ミックはそのようなやり方で援助することを心から歓迎した。ただし彼は、サスキアがかなりの「外的な評価基準 (externalised locus of evaluation)」の持ち主であると感じていたので（例えば、彼女に何をすべきかを言ってくれる人に目を向けがちだった）、それを強化するだけになってしまわないか、ということが気になっていた。

ミック： そうですか、フィードバックが役に立ちそうな気がするのですね？
サスキア： ええ、そうなんです。
ミック： わかりました。
サスキア： そのとおりなんです。なぜって……この世の中のどんな人でも、人生のどんなところにいても、見過ごしてしまったものはいつもあるものです。それを見たくなかったり、単に見なかったりしますから。誰かが90％「実現した」としても……その人はすべてを見ようとはしないでしょう。［だから］あなたはこうも言う［ことができる］んです。「こうも言えた、ああもできた。」と。だから、「ああ、確かに、ありがとうミック、私は——私は気づかなかった。」と言うんです。
ミック： フィードバックをするときに私にとって大事なのは、あなたが「違う」と言えることだと思います［サスキア：もちろん］。そして「いいえ、ピッタリきません」とか「それは役に立ちません」と言えることです［サスキア：ええ、もちろん］。と言うのは、私が取り組みたいと思

っていることの1つは——たくさんフィードバックをすることなんですが……それにはあなたが，「いいえ……は嫌です」「……はいいですね」と言ってくれる必要が生じるんです。

　また，協働はクライアントの視点を無批判に受容するものではないし，同時に，それを無批判に否定するものでもない（Borrell-Carrio, et al., 2004の第2章参照）。そのうえ，筆者らの経験では，クライアントが行う提案はほとんどいつも役に立っているのである。例えば，ジェシカは幼少期から強迫的なパターンに苦しんでいた。読んだものや書いたものをひっきりなしに確認したり，再確認したり，家族への災いを振り払おうとする儀式を行っていた。こうした行動は，充実した人生を送ることの妨げとなっていた。だからジェシカには，セラピーでの変化の目標がすぐに理解できた。しかし数週間経っても，ジェシカとセラピストには，彼女の強迫的な生活様式を変える効果的な方法を見出すことができなかった。この状況を振り返ったとき，ジェシカは，セラピストが提案するどんな方略もうまくいくとは思っていない，ということを明かした。変容のための唯一の方法は，「意志の力」を活用することだと彼女自身の中で確信していたからである。セラピストは意志の力の可能性に懐疑的だった。それは，ジェシカ自身が語っていたように，意志の力を長年にわたって使っても，この困難に対しては何の役にも立ってこなかったからである。しかし，意志の力がいろんなことに対して意味することを話し合った後に，ジェシカは満足な人生を送る土台として，自分で責任を取る覚悟の大切さだけでなく，他者を信頼できることの大切さ（それは，ジェシカが幼い頃からほとんど得られなかった経験だった）についても話し始めた。この会話から生まれてきたことは，OCDの問題に関して一緒に取り組むことができるという可能性だった。それは，強迫的な行動が対人関係においてどのような意味をもっているのかを探求することと，そしてジェシカがその都度実行したか実行「しようとした」選択肢との間を行ったり来たりする話し合いによるものだった。このようなプロセスにおいて転機となったのは，ジェシカが自分の儀式的な行為がどのように実行されてきたかについてセラピストに語り，そしてOCDを他者と共有できる経験に修正するという即興的な方法が見つかったことであった。

　しかしながら，本書の目標に関する章（第4章）でも示したように，多元的な力の核心は，セラピストが話し合いや交渉を通しても自分がクライアントの望む仕方で，あるいはクライアントがその目標に到達するのを最もよく援助できる仕方で取り組むことができると感じられないときには——心理的セラピストと非心理的セラピストのいずれに対しても——クライアントをリファーすることに前向きであり，そしてそうする力がある（109ページの解説ボックス4.3参照）ということであ

る。ラザラス（Lazarus, 1981: p.89-91）は，慢性の落ち着きのなさと震えを経験していた42歳の女性の事例を提示している。初期の探求の後にラザラスは，この女性の症状がどんな心理的な要因よりも，受けた医学的治療によって生じた最近の変化に結びついているようだ，という結論に至った。ラザラスが彼女を主治医のところへ戻したところ，その問題は数日のうちに解消した。

方法の論理的根拠についての共通理解を発展させること

　セラピーにおいて変化のためのさまざまの方法を活用することは，単に仕事のために適切な「道具」を選び，それを使えるようにするようなものではない。セラピーの目的は，クライアントの人生が秩序づけられるような希望や感情や人間関係を取り扱うときに，クライアント自身が実際に理解していることをめぐって重要な問題を内省し探求するための会話の余地を開くことにある。このような会話を促進するためには，セラピストが，特定の話し方や行動の仕方が特定の結果をもたらし得るのはどうしてなのか説明できるような，何らかの枠組みをもっていることが有益である。セラピストとクライアントが，ある具体的な課題を達成するために用いる方法について開かれた話し合いに取り組むときには，セラピストが，自分が示唆する方法の論理的根拠を提案でき，そして提案される方法についての論理的根拠をクライアントが明確に理解できるように援助することが必要である。共有された論理的根拠を構築することは――方法が遂行されているときに生じることの多い――方法の「微調整（fine-tuning）」をめぐって，クライアントとセラピストが協働することをとても容易なものにする。

　方法の論理的根拠を話し合うときに，心に留めておくと有益であるような2つの鍵となる原則がある。第1の原則は，「行為言語（action language）」（Schafer, 1976）に基づいて会話を続けようとすることである。この原則は，「私」「私たち」「あなた」という語の使用を基本として，それぞれの人（クライアントとセラピスト）が自分が行っていることを意図し，その責任があるという根本的な仮定を表している。このことはとても明白な点であるが，それにもかかわらず強調する価値がある。例えば，セラピストとクライアントがリラクセーション技法の活用について同意しているときには，行為言語を用いて提案された方法について話し合うことが一般的には最も有効である。「あなたが筋肉を緊張させてそれから弛緩させると，あなた自身が楽になるあり方を身につけることができます。またこれは，あなたの頭の中をめぐっている気がかりに耳をそばだてるのではなく，状況の中で自分がどのように感じているかに注意を向ける仕方を得ることに役に立ちます」。対照的に，もっと距離をとった非人称的な言語の使用では，相互に関与しあっているという感覚が生まれない。「このCDにはリラクセーション技法の教示が入っています――

リラクセーションは不安に対処するとても重要なスキルです」。

　さまざまな方法のメリットとデメリットを吟味することに関連して有益であるもう1つの原理は，**機会**（opportunities）あるいは「提案（offers）」の視点でさまざまな方法について考える，というものである（Moore, 2005）。ある特定の方法を用いることが，単純な原因‐結果による具体的な結果を導くわけではない。例えばクライアントに，夢分析が洞察を導くだろうとか，自然散策が必然的にウェルビーイングを増大させるだろうと言うことは意味がない。そのように言う代わりに，こうした活動は独特な経験の機会を提供するものだ，と言う方が好ましい。自然散策は，疲れや空腹，生活における自然の大切さを思い出すこと，自分にとってよいことをすること，仕事や家庭生活に求められること以外に時間を費やすこと，散策仲間との関係を大切にすることなどの**機会**となる。しかし，これらのことが**確実**に生じるわけではない。例えば，疲れたり空腹になったりするのは，そのような身体的状態になるまで，遠くまで，あるいは速足で歩くという決心や実行をするかどうかによるからである。

　機会としての方法にアプローチした事例は，本章の前半部分で検討したジョンとハルキのケースの中に見ることができる。カウンセリングのある時点で，ジョンはハルキにリラクセーションスキルの教示を行った。しかし，この活動はハルキの行為不安を除去するものとして立案されたのではなかった。そうではなくて，それは「あなたが試してみることができそうで，それが違いをもたらすかどうか私たちが確認できる」ようなものとして示されたのである。方法がいくつもの機会からなるというその発想は，クライアントをある特定の仕方での活動と関連づける。一連の機会という点から方法を組み立てることによって，クライアントが「失敗する」リスクは軽減される――合意されたどんな方法においても，他の多くの機会がとらえられない場合でも，何らかの機会は常にとらえられるからである。ハルキはリラクセーションの状態に入れないかもしれないし，ひょっとしたら彼はゼミでリラックスを感じてはいるが相変わらず話すことはできないかもしれない。このどちらの結果が報告されたとしても，起こったことをハルキの問題についてさらに何かを学習する機会として述べることにジョンは開かれているはずである。「おそらく，私たちは，あなたがどのようにリラックスできなくなるのかを見出す必要があるでしょう」，あるいは「ゼミの中ではあなたがリラックスしているか緊張しているか以上に困難なことがあなたにはありますね――それがどんなものなのか考えることは役立ちそうでしょうか？」

　「機会（opportunity）」という発想は，今後の望ましい状態へ向かう動きを含意している。その状態は，今用いている方法からセラピーの課題の実行，そしてセラピーの目標の達成に至る活動や意思決定の連鎖について語る基礎を創り出す。最終

的には，機会の概念は多元的な観点にぴったりのものである。1つの特定の活動が何かを行う機会を表すことができるときには，確実に，同様の機会を生み出す他の活動が存在している――同じ結末に至る際に，常にさまざまな方法が存在している。

方法の有用性をモニターすること

　方法とはただ単に，セラピーの課題が達成され得るためのやり方のことである。方法の有用性は，技法や介入が的確にあるいは手順通りに提供されるかどうかではなく，クライアントの人生に違いをもたらすかどうかで評価される。課題の達成を確かめることは重要である。例えば，クライアントに尋ねてみたり，クライアントの行動にかかわりのある面での変化を観察したりすることである。ある方法がどれ位の期間，何らかの効果をもっているのかを予測するのは難しい。セラピーの方法には，効果が生じるまで時間のかかるものや，かなりたくさんの練習が必要なものがあるだろうし，そのような前提があることはわかる。例を示すと，ある人は，他者との関係が深まるのを恐れ，社会的にも孤立するようになっており，数週から数カ月にわたるソーシャルスキルトレーニングを経て，次第に関係づくり能力（relationship-building competence）の幅を広げる必要があるかもしれない。一方，サイコセラピーについての実証的研究からのエビデンスに，25パーセント以上のケースに，「突然の進展（sudden gains）」が生起する，というものがある（Present, et al., 2008; Stiles, et at., 2003）。突然の進展とは，あるセラピーセッションとその次のセッションまでの間に，クライアントの問題や症状のパターンが大幅に改善されることである，と定義される。この現象が含意するのは，明らかに方法が功を奏した場合があるということである。それはあたかも，クライアントが自分のやり方を変える必要があると急に「わかった」かのようなものであり，変化すると決心したかのようなものである。現在までにわかっているところでは，ある方法が突然の進展のきっかけとなるのか，もっと長い時間をかけて徐々に恩恵を与えるのかを予測することはできないようである。

エクササイズ6.4：学習をさらに進めること

　本章で記述された臨床実践のあり方は，理想的には，セラピーの終結時点で，クライアントにある明確な理解を残すものです。それは，将来再び起こりうる人生の問題に対して，クライアントが「私に役立つことは何か」について明確に理解しているということです。15分程度時間を取って，セラピー（あるいは，他の人間的な

成長の文脈）の中で出会った「方法」を振り返り，人生におけるその他の困難に対してその方法をどの程度活用することができるのかについて，自分で考えるか，隣の人と話し合いましょう。セラピストとして，クライアントの学習をさらに進めることを援助するために，あなたは何ができるでしょうか？

モニターすることが求められる別の領域は，クライアントとセラピストによって実行されている方法の**密度** (intensity) についてである。セラピストとクライアントが一緒に取り組むことを同意していたやり方が適切でも，十分なエネルギーが費やされていないのではないか，クライアントを当惑させる形で実行されているのではないか，といった可能性を考えることは必要である。例を示すと，徹底的に話すことによってテーマを探求することへの同意は，（「あなたにとってそのことが意味することをあなたが理解するのを援助する」というセラピストの役割をしながら），クライアントの話の暗黙の意味 (implicit meanings) を理解するために，セラピストが共感的な伝え返しを活用することを意味している。しかし，共感的な伝え返しには，クライアントの言ったことの単なる鏡映 (mirroring) や繰り返し (restating) から，意味や情動の底にある構成要素をとらえようとするようなより「付加的 (additive)」な応答 (Hammond, Hammond & Smith, 1997) までの幅がある。あるクライアントにとっては低密度の共感 (low-intensity empathy) ではもの足りないという可能性があるが，別のクライアントにとっては高密度の共感 (high-intensity empathy) はあまりに威圧的で押し付けがましいものと感じられるかもしれないのである。方法の密度に関する問題は，すべてのセラピーの方法において生じている。例えば，どの程度の宿題がクライアントにとって適量なのか，恐怖を誘発する状況にどの程度曝露するのか，2つの椅子のワークをどの程度実施するのか，といったものである。

　セラピーの方法が効果的に活用されるかどうかは，同意されたアプローチが望ましい効果を生んでいるかどうかについて，そしてそうでないときはプロセスをよい状態に戻すにはどうすればよいかについて，クライアントがセラピストに伝えるように促されるような「フィードバックの文化」（70ページの解説ボックス3.5参照）の確立にかかっている。257ページの付録Bにあるセラピーパーソナライゼーションフォーム (The Therapy Personalisation Form) は，その達成のための1つの手段になる。

多元的な実践に向けた基本的な方法の能力
(Basic Method Competences for Pluralistic Practice)

　本章で紹介してきたセラピーの原則と臨床実践は，カウンセリングやサイコセラピーのトレーニングやスーパービジョンにとっての重要な示唆をたくさん含んでいる。こうした話題については，第8章で詳しく論じる。この点については，ここでは臨床家に要請される多元的な臨床実践のあり方の主要な5つの領域を示しておくことで十分であろう。第1に，多元的なやり方で実践しているセラピストは，クライアントに提案される可能性のある具体的な方法を特定するために，セラピー理論を解体したり脱構築することが求められる。第2に，クライアントに提供することができる方法のレパートリーを増やすことが必要である。その方法には少なくとも，会話，構造化された問題解決／行動変容，強みに基づく方略を活用してアプローチするという選択肢が含まれている必要がある。このレパートリーには，関連するすべての考えうるセラピーの方法が含まれるわけではない。臨床家個人が一生のうちにそれが可能になるほど十分にトレーニングを受けることはあり得ないからである。しかし臨床家には，クライアントが熟慮するプロセスに刺激を与えられる程度に十分な選択肢が活用できることが強く求められるのである。第3に，クライアントとこうしたやり方で取り組むためには，方法の選択に関する協働的な議論を促進する能力が求められる。第4に，多元的に実践することには，セラピストが実践の仕方に柔軟に対応できることが必要であり，対話に現れたことに合わせて新しい方法を採用することや，以前の方法を捨て去ることも重要である。最後に，すべてのセラピーの方法は，基本的なカウンセリングスキルに依拠している。「マイクロスキル」を効果的に活用する仕方を例示し説明してくれるすぐれた本やトレーニングプログラムは数多く存在している。そのスキルとは，傾聴，非言語コミュニケーションの活用，観察，伝え返し，問いかけ，対決などである (Hill, 1999; Ivey & Ivey, 1999)。一般にスキルトレーニングのプログラムは，研修生が安全な環境の中でこれらのスキルを練習し，フィードバックを受ける機会を提供する。これらのマイクロスキルは，さまざまなセラピー的な介入の基礎を形作っている。2つの椅子のワークや系統的脱感作などの複雑な介入は，ある特定の結果が得られるようにデザインされた複数のマイクロスキルの組み合わせであるととらえることができる。こうしたプロセスが生起するのを可能にする十分な基本的スキルを獲得しているセラピストのもとでは，多くの場合，協働的に活動しているクライアントとセラピストが結果の達成のためにやっていることが十分に機能できるようになるのである。

> 要　約

　セラピーの方法とは，セラピストとクライアントが変化を生むためにともに遂行する実際的な手続きもしくは活動である。同じ課題を達成するために，数多くの異なる方法が活用できるようである。方法は常にクライアントの積極的な関与を必要としており，セラピストとクライアントが方法について合意している場合に最も援助的なものになるようである。方法は数多くの資源から引き出され得る。例えば，公刊されているセラピーの文献，日常的な文化的な資源，自身にとって役立つことに関するクライアントおよびセラピスト自身の個人的な知，などである。方法については，時間を意識したやり方で，クライアントの効力感――および，個人的な責任――の進展を強調しながら，変化が生起するようにクライアントと話し合われるべきである。さらに，選択された方法の有効性は継続的にモニターされるべきである。

振り返りとディスカッションのための質問

1. 「同じ課題を達成するために数多くの異なる方法がある」という仮説に対して同意しますか，それとも反対ですか？　複数のセラピーの課題，あるいは問題にとって，唯一効果的であるような方法があると思いますか？
2. 「クライアントにとって最も役に立つセラピー的な方法が，セラピーセッション以外にあることもある」ということについてどう考えますか？　議論しましょう。
3. セラピーの方法が援助的であるかどうかを話し合う最善のやり方はどのようなものだと思いますか？　あなたは，自分の臨床実践の中でそれをどのように確認することができるでしょうか？

第 7 章　実証的研究：多元的なカウンセリングと　サイコセラピーを発展させる

> この章で取り上げること：
> - カウンセリングやサイコセラピーの実証的研究に多元的な見地を取り入れることがもつ意味
> - カウンセリングやサイコセラピーの実証的研究への多元的なアプローチ，その特徴は：
>   - 普遍的な変化の法則というよりも可能な変化の道筋が明確にされる
>   - 実証的研究の情報に基づく (research-informed) アプローチが採用される
>   - 「ミクロな変化 (micro-change)」のプロセスに焦点があてられる
> - 多元的なアプローチが，伝統的なサイコセラピーの実証的研究に内在する問題のいくつかを乗り越えていくあり方
> - 多元的なアプローチのさらなる発展に貢献していくために実証的研究を活用する方略

　近年，カウンセリングやサイコセラピーの専門家たちは，実証的研究の知見がもつ重要度のこれまでにない高まりを無視できなくなってきている。例えば，イギリス政府の予算は，実験的な研究で有効性が示されたセラピーに対して，より増額して配分されるようになっている（例えば，心理的セラピーへのアクセス向上 (Improving Access to Psychological Therapies) プログラムを参照．Clark, et al., 2009）。また，実証的研究に関する能力も，英国カウンセリング・サイコセラピー学会 (British Association of Counselling and Psychotherapy: BACP) などの専門組織によるトレーニングの要件の中でますます重要な役割を担うようになっている。
　多くのカウンセラーやセラピストにとって，実証的研究が主導する専門職 (research-driven profession) へと向かう動きはとても問題をはらんだものであり（例えば，Rowan, 2001），また，その問題に向けられている懸念は，多元的な見地とかなり一致したものである。しかしながら，本章では，筆者らは実証的研究が多

元的なカウンセリングやサイコセラピーの発展において価値ある役割を果たすことができるということを示したい。しかし，これを示すためには，私たちが実証的研究の知見を生み出し，それを活用するやり方を修正する必要がある。本章では，カウンセリングやサイコセラピーの実証的研究を2つのやり方で見直すことを目指す。第1に，カウンセリングやサイコセラピーの実証的研究全体のための多元的な枠組みについて，いくつかの一般的な原則を提示する。第2に，多元的アプローチの発展に実証的研究がどのように貢献できるのか，そのあり方のための示唆をいくつか提示したい。

カウンセリングやサイコセラピーの実証的研究への多元的なアプローチ

多元論は，カウンセリングやサイコセラピーの現代的な実証的研究に対して，それを新鮮な形でとらえることを可能にするような，哲学的そして社会政策的な観点を提供する。筆者らは，多元的な立場が実証的研究の実施や，研究にかかわる政策にとって重要な意味をもつと考えている。

臨床実践の指針となる価値ある，しかし唯一ではない情報源としての実証的研究

カウンセラーやサイコセラピストたちが，近年のエビデンスベーストという風潮へ向かう動きに対して懸念を抱く理由の1つは，実証的研究に基づく知識が，多くの点で他のすべての認識形態よりも優先されるようになっている，ということによる。例えば，英国国立医療技術評価機構（NICE）のガイドライン（National Institute for Health and Clinical Excellence, 2009参照）では，臨床実践で推奨されることを述べるにあたり，ほとんど実証的研究——それも，ごく一部の限られた研究方法によって実施されたもの——の知見のみを参照している。したがって，そこではクライアントの選好，セラピストの経験，直観的な理解，クライアントの事例史，スーパービジョンによる指導，個人的な内省といった要素はすべて，臨床実験において確認された観察事実に比べると，臨床的な指針としてはまったくもって二次的な情報源と見なされている。しかし，エビデンスに基づくアプローチの提唱者たちでさえも指摘しているように，こうしたガイドラインはセラピストの臨床的判断に取って代わるものにはなり得ないのである（例えば，Chambless, Sanderson, Shoham, Bennett Johnson & Pope, 1996）。実際に，アメリカ心理学会は近年，エビデンスに基づく心理学的臨床実践を「**クライアントの特徴や文化，選好といった文脈に基づいた，臨床技術**とその時点で入手可能な最良の実証的研究との統合」（APA, 2006: p.273，強調部は筆者らによる）と定義している。この定義が意味しているのは，実証的研究の知見が他のすべての情報源よりも尊重されるとき，具体的

な個々のケースにとって決定的に重要な情報が見落とされかねないというきわめて実質的な危険がある，ということである。例えば，臨床実験では非指示的セラピーの鬱に対する短期的な効用が証明されている（King, et al., 2000），ということをセラピストが知っているのは大事なことである。しかし，あるクライアントがもっと指示的なアプローチを求めていたり，非指示的なアプローチがあるクライアントには適正なものではないというセラピストの臨床的な判断が生じていたりといった事実があるにもかかわらず，それらを無視するときには，クライアントが不利益を被るかもしれないきわめて実質的な危険があるのだ。

　それとは対照的に，多元的アプローチでは真実に至る「王道」はないと考え，実証的研究のエビデンスは，カウンセリングやサイコセラピーをどのように実践するのか，その方針を決めるうえで1つの——しかし1つでしかない——とても価値ある情報源である，という前提から出発する。この前提が意味するのは，実証的研究のエビデンスは，クライアントの選択，セラピストの経験，理論的理解といった他の要素と同じように評価されるが，それら以上のものではない，ということである。これが「実証的研究に主導される」アプローチとは異なる，カウンセリングやサイコセラピーへの「実証的研究の情報に基づく」アプローチである（Westen, Novotny, & Thompson-Brenner, 2004）。例えば，あるクライアントとの臨床実践において，一般的には，より高い水準の共感がより好ましい結果と関連している（Bohart, Elliott, Greenberg & Watson, 2002）ことを知っておくのはとても有益なことかもしれない。しかし，このクライアントとどのようにセラピーを進めていくのかを考える際には，その他にも考慮される必要のあることはたくさんある。例をあげると，クライアントに対するセラピストの個人的な反応，スーパーバイザーからの指導，クライアントが問題を体験している理由を説明するための理論，クライアントにとって何が最も援助的であるかについての直観的な感じ，などである。

　とは言え，近年における発展にもかかわらず，実証的研究のエビデンスはカウンセラーやサイコセラピストが最も情報をもたない領域の1つである，という点には注意しておく必要がある（例えば，Boisvert & Faust, 2006）。また実際に，多くのカウンセラーやサイコセラピストの養成コースでは，研修生に理論を教え，内省を促し，スーパービジョンを提供することは続けられるが，実証的研究のエビデンスを活用するように勧めるのは——それが勧められる場合でも——ずっと後になってからである。したがって，このような状況を鑑みると，多元的な観点からは，実証的研究のエビデンスについての理解を得ることは多くのセラピストにとって重要な優先事項である，という議論が可能である。ただしこのことは，実証的研究のエビデンスがその他すべての形式の知識よりもすぐれているからというよりも，それが多くのセラピストの基本的知識にまったく取り入れられていないから，という理由

によるものである。

> **推薦文献**
>
> Cooper, M. (2008). *Essential Research Findings in Counselling and Psychotherapy: The Facts are Friendly*. London: Sage（清水幹夫・末武康弘監訳 2012『エビデンスにもとづくカウンセリング効果の研究―クライアントにとって何が最も役に立つのか―』岩崎学術出版社）．ミックによるこの本は，肯定的な結果と関連づけられるクライアント，セラピスト，関係，技法そして流派の諸要素について，包括的でわかりやすいレビューを提供している。また，Ladislav Timulakによるすぐれた著作である *Research in Psychotherapy and Counselling*（London: Sage, 2008）も参照。さらに実証的研究の知見の概説の決定版としては，Michael Lambert (Ed.). (2004). *Handbook of Psychotherapy and Behavior Change*. New York: John Wiley. がある。

利用者の視点に基づく実証的研究の発展を積極的に促すこと

　セラピーの実証的研究に関する多元的な見地は，研究知見の生成に関してさまざまな観点や関心をもついろいろな人々がいることを思い出させてくれる。現時点では，カウンセリングやサイコセラピーの分野で公表されているほとんどすべての実証的研究が，専門家コミュニティの内部で立案され実施されたものである。その結果，こうした実証的研究では，セラピストやセラピー研究者の視点がその他の人々の視点よりも優先されている。対照的に，多元的な立場では，クライアントやサービス利用者には，探究したいリサーチクエスチョンや，活用しやすい研究知見はどのようなものかの基準が，専門家とは異なる形で存在するのはもっともである，という事実への熟慮が促される。消費者の利害にかかわるより広い文脈においては，製品を購入し利用する消費者の立場のみからの研究を実施する数多くの組織が存在している。イギリスを例にとれば，イギリス消費者協会（Consumer Association, 雑誌 *Which?* を刊行している）が，幅広い商品やサービスについての独自のテストを行っている。その研究結果は，製造業者やサービス提供者がより高いスタンダードを達成し，欠陥製品をなくし，そして広く人々が求めるものを提供するための刺激や注意喚起として機能している。カウンセリングやサイコセラピーの領域における，真の意味で多元的な実証的研究の部門があるとするなら，それは現状よりもはるかに拡大された消費者ベースの研究を含むものになるだろう。そしてそのような

研究では，カウンセリングやサイコセラピーの専門家集団との継続的な対話や議論が行われることになるだろう。

研究方法論としての多元論を包摂すること

　以上のことから考えられるように，多元的な立場においては，カウンセリングやサイコセラピーの実証的研究にとって最善の唯一の方法はなく，また決められた「エビデンスの階層（hierarchy of evidence）」もない，とされる。むしろ，多様な方略——質的（言語ベースの）研究や量的（数量ベースの）研究，ケーススタディ，プロセス - 効果研究，効果研究，調査研究，実験デザインによる研究——はすべて，サイコセラピーの分野における知の発展に貢献できる可能性をもつものとしてとらえられる。そしてそれ以上のこととして，これらのさまざまな情報源からの知識は，相互に強化し合う潜在力をもつものとしてとらえられるのである。つまり，解釈と再解釈による活発で継続的なプロセスを生み出す可能性をもちながら，さまざまな知識が相互に補強し合い，複数の角度から現象を測定し，そして互いを洗練していくのである（Goss & Mearns, 1997）。

普遍性ではなく可能性を明確にすること

　実証的研究の文献には，一般的あるいは普遍的な「法則」を確立しようとする指向性が強くあるために，多くのセラピストはそうした文献を臨床実践に活用することに用心深くなるか，無関心になってしまう——セラピストたちの主な関心は，個々のクライアントにとって何が援助的であるのか，にあるからである。今日の実証的研究のほとんどにおいては，例えば，「ある特定の心理学的診断を受けた人々には，どのセラピーが効果的か？」，あるいは「どんな要因がセラピーの良好な結果に関連しているか？」といった問いかけがなされる。しかし，ほとんどのセラピストが経験し，また本書において筆者らが論じてきたことは，実際のクライアントは一人ひとりとても違っており，あらゆるクライアントに普遍的にあてはまる法則を確立しようとする試みは，個々のクライアントを扱うような問いと比べて意味がないということである。もっと悪いことには，私たちが「動機づけ面接が薬物乱用のクライアントに有益**である**」，あるいは「認知分析的セラピーが神経性やせ症（拒食症）のクライアントに**効く**」などと結論づけてしまうと，私たちは，あるクライアントには適さないかもしれない，あるいは明らかに有害であるかもしれないような方法を押しつけてしまうことになりかねないのである。

　そして，確かに実証的研究の文献ではしばしば，その主張は「XがYを導くことが示された」といった書き方によってなされるが，**どんなときにもあらゆる**人々に援助的であることが示されたセラピーやセラピー要因はこれまでのところ存在

しない。カール・ロジャーズ（Carl Rogers）(1957) が，セラピー的なパーソナリティ変化が生じるために必要かつ十分であると考えた，高い水準の共感といった関係的な特質でさえ，あるクライアントたちにとっては逆効果であることが見出されている（Bohart, et al., 2002）。同様に，あるセラピーが効果的であると効果研究が主張する場合でも，そうした効果研究から実際に示されているだろうこととは，もっとはるかにさまざまで異質な成分からなる何かなのである。例をあげると，筆者の1人であるミックが実施したスクールカウンセリングサービスに対する評価研究からは，「カウンセリングを始める前と終了後の心理的困難の水準の有意な減少」（Cooper, 2006a: p.49）が見出された。そのことは間違いないものだが，この記述は平均値における変化を述べているに過ぎない。他方，個々人の変化を見ると，エビデンスが示しているのは，カウンセリングの開始時に心理的困難が「不適応」のレベルにあったクライアントのうち40パーセントが改善を見せたが，「適応」レベルから開始したクライアントの10パーセントは悪化した，ということである。研究文献では概して，そのような個体間の差異は「ランダムな分散（random variance）」（Shoham-Salomon & Hannah, 1991）として，つまり，私たちがある介入の実際の効果を確かめることを妨害する周辺的な要因として扱われてきた。しかし，もし「患者画一性神話（patient uniformity myth）」（つまり，クライアントは同質の集団であるという見方，Kiesler, 1966）を拒否し，代わりに，そのような個体間の差異を私たちの探求の主題にとって決定的に重要なものと見なすときには，個体集団の平均的な効果についての研究知見を解釈することはより一層難しくなり，それを臨床実践へと適用することはさらに難しくなるのだ。

　実証的研究知見のこのような解釈の仕方とは対照的に，多元的アプローチでは，どんな決定的で普遍的な前提も存在しない，存在するのは可能性のみである，という仮定から始める。この観点では，実証的研究のエビデンスは人がどのように変化するのかについて確実なことを提示するものではない，とされる。実証的研究のエビデンスができることとはむしろ，人がたどり得る変化の**可能な**「道筋」を私たちが描き出す手助けをすること（Doss, 2004）である。この「道筋」の概念と筆者らの考える多元的な枠組みとをつなぐことにより，実証的研究が私たちに語ることができるのは，特に以下のことである。

- クライアントの特定の活動を促進するかもしれないセラピストの特定の活動
- 特定の課題を十分な達成に導くかもしれないクライアントの特定の活動
- 特定の目標を達成に導くかもしれない特定の課題

　このようにして，こうした多元的な枠組みは，私たちが自身の信念の普遍的な正

しさを主張するように迫られることなく，実証的研究の知見を活用し，それを臨床実践に組み込むことを可能にしてくれる。例えば，実証的研究からは，パニックを経験している多くのクライアントが，認知療法から多大な効果を得ていることは明らかである（例えば，Clark, et al., 1999）。このことから，認知療法が――機能不全な認知の修正において――パニックの治療の際に有効であると示されていると主張する人たちがいるだろう。しかし，これを可能な変化の道筋の1つとすると，認知療法は一部のクライアントにはとても援助的であるだろうが，パニックを経験しているあらゆる人々に援助的であると保証されているわけではない，1つの方法として見ることができる。本書でこれまで議論してきたように，多元的な立場を取ることは，私たちがその人に効果をもたらさないような援助を適用しないようにしていく助けとなる。また，この立場は，セラピーの広範で多様な可能性や，幅広い情報源から得られる知識や理解に対して常に開かれているための支えとなるのである。

　もちろん，上記の例のように，ある変化の道筋は他のものより「よく確かめられている（well-trodden）」かもしれないし，実証的研究のエビデンスは――量的なものも質的なものも――，私たちがそのような事実を立証する一助としてとても役立つだろう。例えば，仮に全般性不安症／全般性不安障害のためのリラクセーションセラピーと実存的セラピーの比較研究を行ったとして，前者の条件では80パーセントのクライアントが改善を見せたが，後者では20パーセントだった，という結果が出たとしよう。この結果をベースにするなら，特に初期の段階では，あるいはこれ以外の知識がない場合には，全般性不安症／全般性不安障害をもつ人々との臨床実践にリラクセーション法を採用しようとする方向に気持ちが傾くだろう。しかしそのように気持ちが傾いたとしても，私たちが，あるクライアントにとって，十分には確かめられていない道筋――実存的セラピーの方法――がひょっとしたら最も援助的であるかもしれない，という可能性を意識するのを妨げることにはならないだろう。同様に，クライアントは「質問（asking questions）」よりも「傾聴（listening）」をより援助的なセラピストの行為として評定する傾向があるという研究知見（Williams, 2002）は，私たちをより「傾聴」することへ導くかもしれない。しかし同時に，この研究知見は，ある時点のあるクライアントにとっては，質問されることがとても大きな価値をもち得る，という可能性に開かれているままでもいられるだろう，ということにも私たちを導いているのである。

　ある意味では似た文脈の話となるが，セラピストのある行為が，程度の差はあるが，実はクライアントにとっての否定的な経験と関連づけられていることを実証的研究に学ぶのも，とても価値あることかもしれない。例えば，実証的研究のかなりの量のエビデンスは，転移解釈を頻繁に行うことがより好ましくない結果と関連する傾向にあることを示している（Piper, Azim, Joyce & McCallum, 1991）。このこと

を原因‐結果の普遍的な法則として解釈するなら，このエビデンスから「転移解釈の多用は避けるべきである」（Crits-Christoph & Gibbons, 2002: p.298）と結論づけられるかもしれない。しかし多元的な観点からすれば，他の情報がない場合には転移解釈の多用は避けた方が賢明かもしれないが，適切なクライアントに対して適切なタイミングで行われた場合にはとても援助的である可能性がある，と結論づけることがよりふさわしいかもしれないのである。

　もちろん，実証的研究が，貴重ではあるが他の情報に優先するのではない情報源として見なされるときには，可能性のあるクライアントの変化の道筋を描き出すために，その他の多くの形態の知識も活用することができる。しかしながら，実証的研究から得られる知識のユニークな価値の1つは，それが**クライアントの観点**から見る変化のプロセスについて価値ある洞察を提供してくれる，という点にある。つまり，実証的研究の知識は，クライアントがセラピーの中で経験していることを，セラピストによる判断や解釈を経ることなしに伝えるのである。このことは，セラピストがクライアントの経験をいかに頻繁に誤って判断しているかという点を考慮するならば，特に重要な特質であると言える。「実証的研究知見の価値とは，それがセラピストに何を**知らしめるか**ということよりも，セラピストが信じて疑わない憶測や期待を見直すように**迫る**ことにあると言えるのではないだろうか。つまり，既成の信念体系を見直すことによって，目の前のクライアントにこれまで以上に敏感に対応できるようになると言える」（Cooper, 2008: p.3, Cooper, 2010）のである。上記で議論したように，セラピストの経験，直観的な感じ，臨床上の洞察といったものはどれも，セラピーの計画の決定においてその役割を担っている。しかし，クライアントが求めていること，あるいは必要としていることについての深く直観的なフェルトセンス（felt-senses）が，場合によってはまったく誤っていることもあり得る，という点を意識しておくことも重要である。実証的研究のエビデンスに注意を払うことは，セラピストがクライアントの変化の可能な道筋について自分寄りに偏ることのない理解を育てていくための一助となるのである。

　最後に，クライアントの変化の可能な道筋という観点から実証的研究を理解することには，2つのさらなる利点がある。第1に，そのような理解は，クライアントを主体的で自由に選択できる存在とする正しい認識が守られることを意味する。より伝統的な理解においては，実証的研究の知見とは，変化についての原因‐結果の法則——入力Xが出力Yを導く——を定立するのに用いられ，あたかもその法則にはクライアントそれぞれの個性はまったくかかわってこないような扱いであった。しかし，実証的研究の知見をクライアントに生じ**得るかもしれない**，変化の可能な道筋の1つとしてとらえるときには，それが起こるべくして起こったと**みなす**必要のあるものは何もないのである。第2には，第1の点とも密接に関連している

が，変化の道筋という考え方は，単なる直線的な関係というよりも，本質的に相互的で円環的なプロセス——ポジティブフィードバックの循環やネガティブフィードバックの循環（positive and negative feedback loops）のような——の概念化を可能にするものである。例えばDoss (2004: p.373) は，「曝露法が十分に効果をもたらすときには，それがクライアントの自己効力感を高める可能性がある，そしてそのことが次に，クライアントにとってより大きな脅威に自らを曝すことに取り組むのを助ける」という例を示している。ここでは，曝露法が不安の低減を引き起こすと単純に結論づけることは，実際に生起しているプロセスの多くを見落とすことに結びつくだろう。むしろ，曝露法を実践していることと自己効力感が増加することとの間にはポジティブフィードバックの循環があり，その循環は，臨床的な目標の達成へと導いていくための，方法と課題の間の相互的な関係の観点から描くことができるものなのである。

ミクロなプロセスに焦点をあてること

　上述のことと密接に関連しているが，大多数の現代の実証的研究におけるさらなる限界の1つは，さまざまな要因間のきわめて大規模でマクロレベルな関連に焦点をあてる傾向にあるということである。典型的な例としては，サイコセラピーの効果研究は，セラピストの特定の活動と特定の目標の達成との間の関連を問うものである。例えば，非指示的な臨床実践は，CBTに比べて鬱を改善する度合いが優れているのか，それとも劣っているのだろうか（King, et al., 2000），といった問いである。しかしながら，多元的な枠組みのレンズを通して見るとき，そのような問いは，セラピストの特定行為が特定の目標へと導く可能性のある，たくさんの道筋や段階を見落としている。例えば，そのような問いは，非指示的セラピストの活動がどのような種類のクライアントの活動を促進するのか，そうしたクライアントの活動がどのような種類の課題をサポートできるのか，あるいは，そうした課題の達成を通して実現される特定の目標や結果には，どのような種類のものがあるのか，といったことを見ていない。結果として，そのような実証的研究からは，セラピーの中で生起することについて，きわめて漠然とした——とても離れたところから映像を見ているような——イメージしか提示されず，そのようなイメージを，特定の時期に特定のクライアントに対して行う具体的な臨床実践へと生かすことは困難なのである。

解説ボックス7.1：この私には何が効くのか？

40年以上前に，イリノイ大学の心理学者ゴードン・ポール (Gordon Paul) (1967: p.111) は，「サイコセラピーにおける効果研究の方略 (Strategy of outcome research in psychotherapy)」と題する，大きな反響を呼んだ論文を執筆した。彼はサイコセラピーの実証的研究のあり様に意義を唱え，「サイコセラピーは効くのか？」という問いは事実上無意味である，なぜなら「サイコセラピー」という用語があまりにたくさんの，いろいろな臨床実践を含んでいるからである，と主張した。彼に言わせると，特定のセラピーの学派に問いを絞ることによって問題はさほど改善されない，なぜなら各学派がそれぞれに膨大な数の方法を内包しているからである。彼はまた，特定の「種類」のクライアントに対するセラピーの有効性を問うことも意味がない，と主張した。というのも，「標準的な診断カテゴリーに当てはまる個人の間にも，あまりにも多様な違いが存在しているので，そのように診断された人々について，どのような問いや説明を与えても，それは無意味なものとなってしまう」からである。よく知られているように，彼は，あらゆる効果研究において問われるべき適切な問いとは，「**どの**状況のもとにある，**その**特定の問題をもった**この**個人に対しては，**誰**によってなされる，**どの**治療が最も効果的であるか？」であると結論づけた。多元的な立場からすると，カウンセリングやサイコセラピーの実証的研究に今も求められているのは，「誰に何が効くのか？」(Roth & Fonagy, 2005) といったきわめて一般的な問いではなく，まさにこの種の具体的な問いなのである。しかしながら，ポールによって示唆された問いの公式は，「**この特定の場合における**この個人にとって」というフレーズによって拡大することができるだろう。そこでは，人は方法の多様性を追求することに意味を見出すかもしれないし，どの方法が取り上げられるかはセラピーセッション毎に違ってくるかもしれない，という可能性が認識されている。臨床現場での日々の実践の文脈においては，考慮されるべき問いとは，「誰に何が効くのか？」といった臨床実践から遠く離れたものではなく，より具体的で直接的な「この私には何が効くのか？」なのである。

こうした限界があるために，Doss (2004: p.368) は，よりマクロな「何が効くのか」という実証的研究のアジェンダではなく，セラピーにおける変化の実際のメカニズムやプロセスに焦点をあてるようなものへと，サイコセラピーで生じる変化を研究する方法論を変える必要がある，と主張している。このような立場を支持するものとして，ドナルド・キースラー (Donald Kiesler) (2004: p.392) は次のように述べている。「サイコセラピー研究者は，"最終的な (ultimate)"患者の結果（**ビッグアウトカムズ (Big Os)**）に主要な関心を置くことから，直近の (proximate) 患

者の結果（リトルアウトカムズ（Little Os））へと焦点を大きくシフトさせなければならない。というのもリトルアウトカムズは，セラピー終結時やフォローアップ時に見いだされるビッグアウトカムズに先立つものであり，両者は概念的にも実証的にも互いに繋がりあっているからである」。

多元的な枠組みは，このような実証的研究のプログラムが達成されるための1つの手段になる。多元的なアプローチは，セラピストの活動とセラピーの結果との間に見出せる最終的な関連に焦点をあてることよりも，その関連を直近で起きている，ミクロレベルの変化の諸プロセスへと分割するのを可能にする1つの概念的な枠組みを提供する。そうすることによって，実証的研究は，例えば支持的な傾聴，助言，あるいはリラクセーションエクササイズの教示といったセラピストの活動によって促進される，具体的なクライアントの活動を見ていくことになるかもしれない。あるいは研究者は，クライアントが自己肯定感を高めるといった目標を達成していくさまざまな道筋を見出すことになるかもしれない。そのような研究は，複雑で詳細なマップの構築を不可避的にもたらすだろう。しかし，何かをもたらす可能性をもっているものや，その可能性がもたらし得るものの具体的なリアリティに焦点をあてることで，実証的研究は，臨床家が特定の方法をクライアントに提案し実行する際に，はるかにすぐれた役割を果たす可能性をもつのである。

解説ボックス7.2：セラピーの基本原則の理解をしていくために実証的研究を活用する

2002年から2004年にかけて，現代のサイコセラピー研究における2人の国際的な研究者，ルイス・カストンギー（Louis Castonguay）とラリー・ビュートラー（Larry Beutler）が，サイコセラピーにおける変化にとって有効な「基本原則」を特定していくためのアメリカ心理学会（American Psychological Association）と北米サイコセラピーリサーチ協会（North American Society for Psychotherapy Research）の合同特別委員会の委員長を務めた。多元的な枠組みと同様に，そこでは「サイコセラピーにおける変化の基本原則」の概念は，方法と結果の溝を埋めるような中間に位置するところの抽象概念（middle levels of abstraction）を明瞭にするために用いられた。これらの基本原則は，「サイコセラピーにおいて変化を導くような研究協力者の特徴，セラピー関係の条件，セラピストの行動，および介入の種類を特定する一般的な見解」（Castonguay & Beutler, 2006c: p.5）と定義された。その特別委員会が到達した変化の基本原則の例としては，「最も効果的な治療は，患者の抵抗を誘発しない治療である」（Castonguay & Beutler, 2006a: p.357），

> 「セラピストがクライアントの認知の変化を促進するとき，セラピーは有益なものになるようだ（Castonguay & Beutler, 2006a: p.363）」，さらに，不安症／不安障害のクライアントにとっては「フィードバックを提供することが援助的であるようだ」（Castonguay & Beutler, 2006a: p.360）などである。総計で50を超える基本原則に到達し，それらは広範かつ多様な臨床実践を包含し支持するものだった。特別委員会の報告書は Principles of Therapeutic Change that Work（New York: Oxford University Press, 2006）というタイトルで出版され，現在でもカウンセリングやサイコセラピーの実証的研究の分野において最も革新的な文献の1つである。メンフィス大学で研究に従事するサイコセラピー研究の第一人者ハイジ・レヴィット（Heidi Levitt）も，セラピー体験の中で最も意味ある基本原則の特定を，クライアントとセラピストの双方に求める実証的研究のプログラムを通して，同様の研究アジェンダをさらに前進させている（Levitt, Butler, & Hill, 2006; Levitt, Neimeyer & Williams, 2005）。

多元的な実証的研究のプログラム

　本章の以下の節では，カウンセリングとサイコセラピーへの多元的なアプローチのさらなる発展を促進し拡張する可能性をもつと筆者らが考える実証的研究の特性について，そのアウトラインを提案する。この提案を行う際，筆者らは，サイコセラピーの歴史において最も重要なターニングポイントがあり，それらは理論，臨床実践，実証的研究そしてトレーニングが相互に影響し合う1つの全体として一体となったときに起こってきた，という事実に特に留意している。筆者らは，セラピーに関する有用な知識がいかにして集められ，構築されていくのかについての筆者らの考えにきわめて大きな影響をもたらした具体例を特に念頭に置いている。それは，1950年代初めに，シカゴ大学でカール・ロジャーズ（Carl Rogers）の主導する，臨床家であると同時に研究者でもある少人数のグループの活動からクライアントセンタードセラピーが発展したこと（McLeod, 2002）である。セラピーにおける価値ある発展は，新しいアイデアが意思や方向性を同じくする人々の集まりという文脈の中で，臨床実践と実証的研究を通して検証され，洗練されるときに生じるのである。もちろん，ロジャーズの時代状況とは異なり，現代ではこういった臨床家や研究集団のメンバー全員が同じ場所にいる必要はない――インターネットや国際的な交流によって，効率的な研究チームが世界を足場に機能できるようになっている。

変化の道筋を明確にすること

 これまで議論してきたように,多元的な枠組みでは,セラピストの活動とセラピーの結果というマクロな関係から距離を置くことができる。そのような関係に注目する代わりに,多元的な枠組みは,セラピストの活動がクライアントの活動を刺激し,クライアントの活動が課題の達成をもたらし,そしてその課題の達成によってクライアントの目標達成を援助することが可能になる,その道筋を見定める基盤を提供してくれる。そのような実証的研究に着手するすぐれた手法の1つとは,詳細な質問インタビューによるものである (Kvale, 1996)。それは,自らのセラピー実践において援助的だったことは何か,そしてそれがどのような結果をもたらしたのかについてクライアントと対話することである。

 このような研究の例として,中等教育段階における,生徒たちのカウンセリング体験についての調査がある(分析の全容については,Cooper, 2004を参照)。クライアント経験をもつ19名が,カウンセリングを受けた体験とカウンセリングの実践で何が援助的だったと感じたかについてインタビューを受けた。これらのインタビューはその後逐語化され,カテゴリーと下位カテゴリーを設定するために分析された。カテゴリーは,クライアントの活動,セラピストの活動,そして課題の3つに区分された。回答者の反応はRodgersとCooper (2006) の質的な主題分析のためのスコアリング法 (scoring scheme for qualitative thematic analysis) によって分類された。

 カウンセラーの活動で何が援助的だったかという点において,研究協力者のほとんどは,カウンセラーがひたすら**傾聴をすること**の価値について報告していた。このことと密接に関連して,何人かの研究協力者は,カウンセラーが自分を**理解**してくれているようなあり方について語った。言い換えると,カウンセラーが研究協力者の視点から物事を見つめ,研究協力者が体験していたことに共感していた,ということである。加えて,研究協力者の何人かはまた,**批判的でない,あるいは評価的でない**人に話すことの価値について述べていた。

 上記に見られるように,研究協力者の多くが,カウンセラーの非指示性やクライアントの語りの促進を評価した一方,約半数の研究協力者はまた,カウンセラーが問いかけた**質問**が貴重だったと語っていた。大部分の研究協力者が,カウンセリングが援助的だった主要な理由の1つとして,カウンセラーが提示した**提案**や**助言**があったことだと言及していた。そのように語る一部の研究協力者は,特に,どういった行動をしたらよいかについて助言をしてもらったことの価値を述べていた。例えば,いじめっ子に立ち向かう,自分の問題について大人に話す,などである。行動の仕方についての助言と密接に関連して,一部の研究協力者は,カウンセリング中に教えられた呼吸法 (breathing exercises),ビジュアリゼーション法 (guided visualisation），漸進的筋弛緩法（progressive muscular relaxation）といった**リラクセーション法**（relaxation）が特に役に立ったと語っていた。

クライアントの側の活動に関していえば，ほぼすべての生徒が**十分に語る機会**がもてたことを評価していた。より具体的には，一部の研究協力者は，「胸の内を明かす」，「ストレスになっていることやその他のことをありのままに語る」，「出てくるままにつつみ隠さずに話す」といった機会をとても高く評価していた。約半数の研究協力者にとって援助的だったのは，なぜ自分がそのように感じたり，考えたり，振る舞ったりしたのかを振り返ることだった。つまり，自分がそれまで意識してこなかった自分のあり方を探究することであった。このことが一部の研究協力者にとって特に貴重だったのは，**他に取り得る——しかもより建設的な可能性をもつ——行動**の仕方や状況への反応の仕方を探求する機会が得られたことだった。

カウンセリングを受けることによって得られた肯定的成果とは具体的に何だったのか？　この研究で最も多かった回答，それは約半数の研究協力者によって報告されていたものだが，カウンセリングを受けたことで自分の**行動の仕方に肯定的な変化**がもたらされた，というものだった。例えばある研究協力者たちは，カウンセリングを受けた後に，よりアサーティブに行動するようになったと報告していた。つまり，より積極的に自分の感じていることを他者に話し，周りに援助を求め，またいじめっ子に立ち向かうようになった，ということである。別の何人かは，カウンセリングを受けた後に，過敏に反応することが減ったと報告した。つまり怒りを感じたときにその場から距離をとれるようになり，何かを「口走る」前に立ち止まって考えられるようになったのである。別の研究協力者たちは，カウンセリングを受けた結果として，自分の思考や感情に苦しめられることが少なくなった——内的な緊張やプレッシャーを感じることが減少した——と報告していた。またその他の研究協力者たちは，カウンセリングを受けた結果，自分の感情や行動に対してのすぐれた洞察がどのように育っていったかについて語っていた。このことと密接に関連して，何人かの研究協力者たちは，カウンセリングを受けた結果として，考えが**より整理された**と報告していた。つまり，混乱したり葛藤することが少なくなった，ということである。

図7.1に提示したのは，この研究知見の概要を示した「プロセスマップ」である。さまざまな回答カテゴリーの相対的な大きさを示すために，それぞれの回答をした人数の割合に応じた文字の大きさが使用されている。こうしたマップは，多元的な枠組みが広範囲の変化の可能性を含んだプロセスをいかに明確化できるかについて示しており，このような設定で実践している臨床家が採用すべき最も適切な方法を考える際に貴重なものとなり得るのである。このようなパラダイムを活用するさらなる実証的研究では，セラピーにおいて満足のいく「語り」が生じるとき，そこに

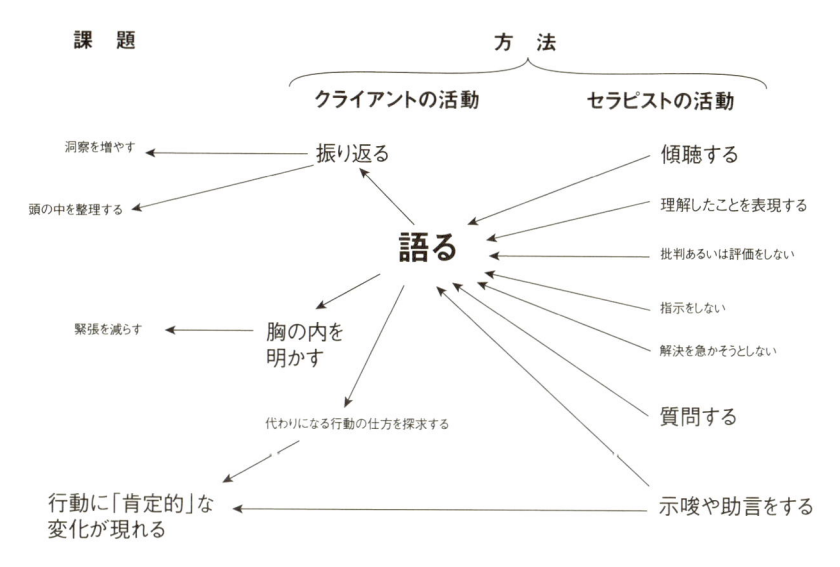

図7.1：生徒の学校でのカウンセリング体験のプロセスマップ
(**注**：文字のフォントの大きさは生徒が回答した反応の数を反映している)

関連づけられるクライアントとセラピストの活動（例えば，そこにはさまざまな質問の方略が活用されている）について包括的に記述することや，「緊張を低減させる」といった課題の達成に貢献できる方法の範囲を拡大することなどが目指されるだろう。

目標-課題-方法のナラティブを集めたオープンアクセスのライブラリーをつくること

これらのさまざまな変化の道筋についての理解を深めるための特に有益な手段の1つは，目標-課題-方法のナラティブを集めたライブラリーを構築することによって実現されるだろう。「課題-方法のナラティブ」とは，ある特定のタイプの課題を達成するためにある人が行ったことについての個人的な語りとして理解することができる。例えば，セラピーにおいて多くのクライアントが取り上げる共通した課題としては，「つらい気持ちや感情を変えるために何かをすること」というものがある。注意深く書かれたナラティブの報告からは，ある人がある特定の方法（1つかも知れないし，複数かも知れないが）を活用しようと試みたときに，どのような状況があったのか，何をしたのか，何が効いたのか，何が効かなかったのか，「ある方法の有効性や非有効性をもたらしたのは何であったかについて，自分はどのように理解しているか，さらに場合によっては学習したことがどの程度の長さで

持続したか，について記述したストーリーが提供されるだろう。

　クライアントとセラピストの双方によって書かれた「課題‐方法のナラティブ」についてのそのようなライブラリーをオープンアクセスの「ウィキ」サイト上に蓄積していくことができれば，それはとても刺激的なものになるだろう。時が経つと，そのような情報源は，きわめて広範な方法やそれらに関連する**可能性**にかかわる実践的知識についての高度に明確化された体系を生み出すことになるかもしれない。例えば，リラクセーションのスキルは，ある種の肯定的な効果をもたらすのには役に立つ可能性があるが，ある状況下のある人々にとっては限られた効果しかもっていなかった，ということが明らかになるかもしれない。このような情報は，クライアントの人々や，今後クライアントになるかもしれない人々，そして一般の人々およびセラピストにとってとても興味深いものであるはずだ。なぜならその情報は，日常生活の諸問題に対処していくための方策が蓄積された希望の宝庫となるかもしれないのである。

多元的セラピーの結果を評価する

　今日，政策立案者やサービス利用者から，提供されるどんな形態のセラピーについても，その実効性を示す研究エビデンスによって裏づけられることへの期待がこれまでになく高まってきている。多元的セラピーを普及させていくためには，多元的セラピーが十分に統制された効果研究の結果によって支持されることが必要となるだろう。多元的な観点からは，そのような効果研究のエビデンスが無作為臨床試験（randomised clinical trials）といった単一の調査方法からの情報だけに頼るのではなく，多様な研究方法を活用したものであることが重要である。セラピーの効果研究を行うには，いくつかの異なる方法がある。

- 日常の臨床実践におけるセラピーの結果を評価する，臨床実践に基づく（practice-based）研究，あるいは条件を統制していない（naturalistic）研究
- 複数のセラピーの実効性を比較するためにクライアントを無作為にいくつかのセラピーに割り振る無作為試験（randomised trials）
- 「シングルケース」スタディや，解釈学的シングルケース効力デザイン（Hermeneutic Single Case Efficacy Design）による研究といった，セラピーの結果に焦点をあてたケーススタディ
- 複数のケース研究がセットでまとめて分析されるケースシリーズ（case-series）研究
- クライアントへの質的なフォローアップインタビュー
- クライアントの満足度研究

第7章　実証的研究：多元的なカウンセリングとサイコセラピーを発展させる　*181*

- サービス利用者の集団や組織が行う研究

　これらの方法論のそれぞれが，さまざまなクライアント集団に対して行われる多元的セラピーの，強みと限界の両方を含んだ鳥瞰図を作成するために際立った貢献をなし得る。多元的な観点からは，これらの方法論のどれも，効果のエビデンスの「最適基準 (gold standard)」を表してはいない。むしろこれらの研究方法のどれもが，政策や臨床実践に影響を与え得る情報を生み出す可能性をもっているのである。

　さまざまな人が納得できるような効果研究を行うためには，提供されているセラピーを明確に特定できることが必要である。例えば無作為試験では，セラピストがなすべきことを規定している臨床実践のマニュアルあるいはプロトコルに従ってセラピーが実施され，また，そのマニュアルにどの程度準拠しているのかは，セラピーセッションの録音を聞き返して，セラピストがマニュアルに書かれた原則に従って行為しているかどうかを評定する外部評価者によって評定される。将来の多元的セラピー研究に関して，筆者らは，本書を基本的なマニュアルの1つとして活用することを提案したい。現時点において，本来行おうとしているセラピーがどのくらい実施されているかの程度を評定する手続きは開発されていない。このような実施の程度を評定する尺度を作成する際に，多元的セラピーの，観察可能でかつ鍵となる特徴として尺度で査定され示される必要のあるものには，以下が含まれるだろう。

- 「積極的なクライアント」という役割をとるようにセラピー前の準備の機会が与えられていた。
- 合意された目標に照らしてセラピーが実施されていた。
- メタコミュニケーションをセラピストの側から行う場面が継続的に観察され，そのメタコミュニケーションは目標，課題そして方法に関する会話として行われていた。
- クライアントが，セラピーの手続きについての自身の選好を語った。
- フィードバックが行われるというセラピーの文化が育まれており，そこではクライアントの意見が尊重され，取り入れられていた。
- クライアントの選好と，セラピーの課題や方法とがどのように結びつくのかが探求されていた。

　本来のセラピーがどのくらい実施されているかを確かめる綿密なチェックが必要とされない効果研究（例えば，現場の臨床実践を対象とする研究，ケーススタディなど）では，セラピストに，自身の臨床実践が上記の原則に裏付けられたものであったかどうかを，自記式の質問紙を用いて回答するように求めることができるだろ

う。

　本書に記述されているセラピーの多元的なやり方においては，セラピーの中でプロセス，効果，およびクライアントの選好について尺度を定期的に活用することが推奨される。そうすることによりクライアントにはセラピストにフィードバックを行い，セラピストのやり方に影響を与えるコミュニケーションの回路が提供される。この種のアプローチが採用されると，結果に関する膨大なデータが短期間のうちに蓄積される。それゆえこうした日々の定期的なデータを収集し分析するシステムを考案するだけでも，多元的なセラピーの効果研究を遂行する豊富な機会がもたらされるはずである。

解説ボックス7.3：多元的セラピーの発展におけるケーススタディの役割

　多元的セラピーにおいて鍵となる要素の1つは**柔軟性**（flexibility）である。それは，クライアントとセラピストが，それぞれの利用できる強みと資源を最大限に活用するために，お互いに順応し合うことである。多元的な臨床実践のこうした特性が意味するのは，セラピーのプロセスや活動について数多くのさまざまなパターンが生み出される可能性がある，ということである。このような複雑な現象は，多数のクライアントのサンプルを用いて，あらかじめ定義された諸要因を観察しようする研究アプローチにとっては問題となるものである。しかしながら，ケーススタディの方法は，多元的な基本原則に沿ったカウンセリングやサイコセラピーにおけるプロセスと効果を探究するためにきわめて適したものである。近年，単一ケースのケーススタディから厳密で一般化可能な知識を生み出すことを確実にするために，種々の方法論的な方略が考案されている（McLeod, 2010参照）。本章で論じた方法のほかに，システマティック・ケーススタディ（systematic case studies）も，カウンセリングやサイコセラピーにおける多元的な臨床実践の結果やプロセスを記録し，分析し，評価する際に貴重な役割を果たすものである。

「フィードバックの文化」をサポートするためのツールや手順を開発する

　セラピーが援助的であるかどうかについてクライアントがセラピストと対話することができるようなフィードバックの文化（第3章の解説ボックス3.5参照）を確立することは，多元的なアプローチにおける中心的な要素の1つである。フィードバックの文化を確立し維持することを可能にする仕方はたくさんある。本書において筆者らは，クライアントが，セラピーの効果，セラピストとクライアントとの協働

関係の質，そしていろいろなセラピー実践のやり方についてのクライアントの選好，といったことについて自分の観点をセラピストに容易に伝えられるように作成された簡潔な質問紙を日常的に活用することを特に推奨してきた。近年，セラピストにこういった情報を提供することがセラピーの効果に有意な肯定的影響をもたらし得る，ということを例証する数多くの実証的研究が実施されてきており，それらは主に，状況がよくない方向へ進みつつあるときのシグナルとして機能する，ということがわかってきている（第3章参照）。加えて，クライアントとセラピストがこの種の情報をどのように活用するのか――それが双方にとってどのような意味をもつのか――に関する知見の集積が発展し続けている。Sundet (2009b) は，質問紙のこのような活用が両者の「対話的ツール（conversational tools）」として機能することを記している。

　カウンセリングやサイコセラピーに「フィードバックの文化」を育むやり方を探求する実証的研究は，臨床実践のこの側面がもつ潜在的な価値を例示することにきわめて大きな役割を果たしてきた。筆者らが現在必要であると考えているのは，どうすればフィードバックのツールと手順をさらに発展させることができるのかをクライアントとセラピストの両者が探求していくことにより，これまでなされてきた実証的研究を基礎としながら，さらにそれを発展させていくことである。例えば，スコットランドにおける筆者らの共同研究者の1人，ブライアン・ロジャーズ（Brian Rodgers）(2006, 2010) は，「ライフスペース・マップ（life space maps）」（非言語的な手段を用いてセラピー体験を表現するもの）を描くように求められたクライアントは，この表現活動が，セラピーの進行を通じて自身がどのように変化したかについての自己理解を助けるものとして，またその理解が，クライアントが記入した筆記形式の質問紙ではとらえられなかったような仕方で与えられたことで，きわめて価値のあるものだったと報告している。この研究は，セラピーの中に導入することができる数多くのフィードバックの可能性について，私たちはまだその探求の入り口にいるに過ぎないということを示唆している。多元的な立場からは，それぞれのクライアントは自分に最も有益なフィードバックのタイプについて個人的な選好をもっている，ということが示唆される。フィードバックを引き出すセラピストのスキルや感受性，そしてクライアントからのフィードバックが示されたときのそれに対する応答性（responsiveness）といったことに関してもまた探究されるべき重要な問いが多々あるのである。

効果的なセラピストとクライアントの協働を最大化するための方略を探究する

　カウンセリングやサイコセラピーの現代の実証的研究における「共通認識」の1つは，セラピーにおける関係あるいは「治療同盟」の質が効果的なセラピーにお

いて中心的な役割を果たしている，ということである。（これに関する文献のレビューとしては，Cooper, 2008を参照）。このことに関する実証的研究のほとんどは，Bordin（1979）によって最初に特定された3つの治療同盟要因の点からセラピー関係を定義し，研究を実施してきている。その3つの要因とは，セラピストとクライアントの間の情意的な**絆**の存在，**目標**に関するセラピストとクライアントの合意，そして**課題**についての両者の合意である。実証的研究は，クライアントが自分とセラピストの間に絆があると**知覚**しており，かつ目標と課題について合意しているときによい結果が出ることを示してきた。これまでこうした実証的研究で見過ごされているのは，この3つの関係的特性を達成するために，臨床実践の中でセラピストが実際にできることは何なのか，についての探究である。このような探求がなされていない結果として，セラピーにおける関係的な能力を改善するために何をするとよいのかを，臨床家が実証的研究に基づいて知るということが困難なのである。Bedi, DavisとWilliams（2005）によるいくつかの実証的研究は，少なくともクライアントの観点からは，セラピストが協働の質を高めるためにできるたくさんのことがあることが示唆されている。例えば，Bediのインタビューを受けたクライアントたちは，セラピストがクライアントを気遣う気持ちを表現していたことが重要だったと報告していた。

　目標，課題，方法について話し合い合意に至ることが効果的にできるセラピストや，それがあまり効果的にやれないセラピストの行為について，それらを直接に観察した実証的研究が欠如している。ThomaとCicero（2009: p.406）が述べているように，「クライアントのニーズに合わせてサイコセラピーを仕立てていくという柔軟なプロセスについてより多くを理解することは，いつ，誰に，何が役立つのかを理解するという目的に向かう貴重な貢献になるだろう」。

　サイコセラピーの研究者によって研究されるべき協働的な活動には，その他多くの側面がある。例えば，セラピストとクライアントの協働的な「確認作業（checking-out）」の頻度はどの程度が最適なのか（毎回のセラピーセッションにおいて数度か，あるいは数週間に1度か）？　セラピーセッションの構造（たとえばセッション開始時と終了時）に協働的な「確認作業」を取り入れることはどのような影響をもつだろうか？　こういった実証的研究を行う意図とは，協働のもとにある望ましい臨床実践に対して画一的なルールを作り上げることではなく，むしろ特定の状況に応じて選択され，調整され得るように可能性を描き出すところにあるのである。

人々が「よりよい（better）」クライアントになれるようにする

　カウンセリングやサイコセラピーに関する本格的な実証的研究の取り組みは，

第7章　実証的研究：多元的なカウンセリングとサイコセラピーを発展させる　*185*

1940年代にカール・ロジャーズとその共同研究者たちによって始まった。今や，セラピーの臨床実践のあらゆる側面において，70年におよぶ実証的研究の知見の蓄積がある。しかし，これらの実証的研究のほとんどすべてが，いかにしてよりよいセラピストになれるのか，という問いに焦点をあてている。これまで，いかにしてよりよいクライアントが生まれるのかという問いについて検討した実証的研究はほとんどなかった。協働的で多元的な観点では，何が役立つのかをともに見出すためにクライアントとセラピストが協働することの核心的な重要性が強調されている。この観点からすると，クライアントがセラピーについて熟知するほど，よりよいクライアントになる，と言える。クライアントにセラピーを受ける準備をしてもらう方略（例えば，クライアントにリーフレットを読んでもらったり，ビデオを見てもらったりすること）についての実証的研究は，全体としてはほんの少ししか見出せないが，それらは，セラピーの結果において肯定的な効果を示している（Cooper, 2008; Orlinsky, Grawe & Parks, 1994）。しかしながら，これらの研究のほとんどは，クライアントのセラピー前の準備のための方略として，セラピーが始まったらどのようなことが期待されるのかについてクライアントに情報提供することにばかり注力する傾向があった，との理由で批判され得るものである。多元的な立場からすると，クライアントの準備には情報の受動的な吸収以上のことが含まれる必要がある。多元的な用語における「よりよい」クライアントとは，セラピーに積極的に関与し，自らの望むものを求め，自分のセラピストに対してフィードバックすることを恐れないクライアントである。このよりすぐれたクライアントというトピックに関するさらなる実証的研究としては，付録Aに掲載されている多元的な指向によるクライアントのための情報提供シート（the pluralistically-oriented pre-therapy info leaflet）（251ページ参照）を読むことやリーフレットの改訂版を評価して行くことによって，クライアントのセラピーへの積極的な関与にどのような影響があるかを検証することが挙げられるかも知れない。また，セラピーを探している段階にあるクライアントへの情報提供を超えて，広範な文化的側面で，人々がよりよいクライアントになるためにはどのようなことが可能であるかを探究することも，とても興味深いものである。例えば，筆者の1人であるジョンは，イギリスにワインを飲む人があまりいなかった，あるいはさまざまな種類のワインについて何がしか知る人がほとんどいなかった時代のことを覚えている年齢である。ここ40年にわたって，イギリスの多くの人が「よりよい」ワイン愛好者になり，さらに自分のチョイスや味覚に対する鑑識眼を養ってきている。このような変化は，新聞や雑誌の記事，テレビ番組，地域のワインクラブの集まりなどの幅広い情報源を通した知識やスキルの伝播によって生じてきたものである。これらの情報源のいくつかについては，情報に基づいた選択を行い，最小のコストで最善を達成しそして最大限の満足が得ら

れるようにできるという趣旨のもとで，より多くの人がよりよいクライアントになれるようにするという目的のために調整し活用していくことが，ひょっとしたら可能かも知れない。

クライアントのもつさまざまな問題を多元的に探究する

　多元的な考え方の方向性からすると，人は多様な文脈や多様な関係，多様な意味のシステムを包摂している世界の中に生きている。人がカウンセラーやサイコセラピストに支援を求めるような問題を抱えるとき，多様な現実が関わってくるのは間違いのないことである。逆に言うと，狭いスタンスを取って，その問題を心理学あるいは精神医学の用語だけで定義することは，潜在的な価値のある洞察や情報源を失ってしまうことになりかねない。このような論点が特に重要となる領域の1つは，クライアントの問題の本質についてのセラピストの理解が関係している。時によっては，自身の人生経験による個人的な知識や，あるいは同じような問題を抱える何人かのクライアントにこれまで関わってきた経験があるかも知れず，そのような経験にもとづいて，ある特定の人生の困難や苦悩に対してとても詳しく細やかな理解を得ることが出来たかも知れない。しかしほとんどの場合，セラピストは，問題がどのように人生に影響したかについてクライアント自らが語ってくれることを必要としている。なぜなら，このような状況では，セラピストはしばしば，あまり「わかっている」とはいえない感じをもつからである——セラピストは，クライアントにとっての大事な事柄や体験の領域を見失っていることに気がついているのである。このようなときには，多数のサンプルに基づいた統計的情報の形式による実証的研究を参考にしようとしても，概してそれらはあまり役立たない。なぜならそのような情報からは，セラピストがクライアントの生きた体験に十分に近づくことができないからである。それよりもはるかに役立つのは，特定の問題を抱えている人にとって人生がどのようなものであるかについての，複雑で多面的な現実をとらえようとする質的な研究を参考にすることである。その1つの例は，認知症もしくはアルツハイマー病を抱えて生活している体験の中に見出すことができる。認知症を抱えているクライアントとのセラピーに携わっている人であれば誰もが，スティーブン・サバト（Steven Sabat）（2001）によって行われた研究に大きな意味を見出すはずである。その研究は，認知症が，その病を抱えている人のコミュニケーションの世界をどのように再構築するのかについての注意深い観察記録に基づくものである。この研究（および，認知症についてのその他の質的研究）から導かれるセラピーの臨床実践への示唆については，Weaks, McLeodとWilkinson（2006）にまとめられている。

　認知症に焦点を合わせることは，セラピーにもち込まれる多くの問題の1つに過

ぎないものである。これらの問題のほとんどにおいて，セラピストにとって潜在的にきわめて有益である質的研究が存在している。これらの研究が，セラピーに携わる臨床家にとって活用できるものになるためには，さらに多くの研究が遂行される必要がある。この種の研究は，カウンセリングやサイコセラピーへの多元的なアプローチの発展にとって，欠くことができないほど重要なものである。なぜなら，それは臨床実践に直接に役立つエビデンスの基礎になるからであり，またそれは自分の経験をどのように語ったらよいかということに関心をもっているクライアントにとっても，特に重要なエビデンスの基礎となるものだからである。

効果的なトレーニングとスーパービジョン：セラピストの柔軟性の限界を検証する

これからの数年にわたる多元的セラピーの発展は，臨床家が多元的なアプローチの習得に関する能力や自信を獲得できるような，効果的なトレーニングプログラムが開発されるかどうか，ということにかかっているだろう。多元的なトレーニングの構造については，本書の第8章にいくつかの示唆を提示している。実証的研究は，信頼に足る多元的な臨床家となるにはどのような種類や程度のトレーニングが求められるのかを明確化することを通して，トレーニングコースの構築において重要な役割を担っているのである。

本書に論じているような多元的セラピーのモデルの基礎をなすのは，セラピストの能力の性質に関する次の2つの基本的な前提である。第1の前提とは，セラピストの能力というのは，根源的には，個人的な資質や一般的なスキルに基礎づけられているものである。第2の前提は，こうした基本的な資質や態度をもっている臨床家や研修生であれば，最小限の付加的なトレーニングによって特定の方法を十分なレベルで提供できるようになる，というものである。これらの前提を支持するエビデンスは数多くの実証的研究の中に見出すことができる。例えば，Lappalainenと共同研究者（2007）は，面接スキルの基礎的なトレーニングを受けた心理学専攻の大学院生グループに，第3世代認知行動療法の1つであるアクセプタンス＆コミットメントセラピー（ACT）（Hayes, Strosahl & Wilson, 2003）の特定の技法を学ぶ6時間の付加的なトレーニングを実施した。その後，これらの大学院生のACTを用いたセラピーの効果を，学内に設置されている地域に開かれたサイコセラピークリニックで担当した最初の2名のクライアントに関して評定した。また大学院生たちは，定期的に臨床実践のスーパービジョンを受けた。クライアントは不安，鬱，対人関係の困難などのさまざまな問題を抱える人たちで，カウンセリングの効果は，セラピー開始前と最終セッションの終了時に実施された標準的な症状測定尺度によって査定された。これらの大学院生が達成したセラピーの結果の得点は，熟練のセラピストについて報告されたものと同等であった。別の研究では，Cottrauxと共

同研究者（2008）は，CBTのトレーニングを受けたセラピスト数人に対して，心的外傷後ストレス障害（PTSD）で長期間苦しんでいるクライアントにクライアントセンタードセラピーを実施するように依頼した。その際に，そのセラピストたちには計10時間の定期的なスーパービジョンを伴うトレーニングが提供された。そこでもまた，高い評点が報告された。これらの実証的研究が示すのは，少なくとも原則としては，すでにすぐれた一般的スキルをもっている人々には，限られた時間と環境の中で特定の介入方法を教えることが可能だということである。セラピストがそれまでに学習してきたものを統合的に強化することに関するこのようなプロセスにおいては，スーパービジョンが重要な役割を担っているように思われる。

　ここで示唆されているのは，適切な条件のもとで臨床実践のための適切なサポートや実習の機会が与えられるなら，有能なカウンセラーやサイコセラピストたちは，10時間前後のフォーマルなトレーニングを基礎に据えることで，ある方法や介入の能力を発展させることができる，ということである。このような主張は，**セラピストの柔軟性についての一仮説**（a hypothesis of therapist flexibility）としてとらえることができるものであり，この仮説はさらなる実証的研究を通して厳密に検証される必要があるものである。

要　約

　カウンセラーやサイコセラピストの多くは，エビデンスベーストという文化への移行については懐疑的である。多元的な枠組みは，いわゆる「被験者（subjects）」である人たちを尊重し，その独自性を大切にするという観点を失わないままに，臨床実践の中へと実証的研究の成果を読み解いていくための手段を提供するものである。多元的なアプローチを実証的研究に適用する際の基本は，実証的研究が主導するというよりもむしろ，実証的研究の情報に基づくという視点を取り入れることであり，さまざまな方法を包含し，普遍的な法則よりも可能性のある変化の道筋を確立しようすることに力点を置くことであり，また原因-結果のグローバルな関係よりもミクロなプロセスに焦点をあてることである。セラピーへの多元的アプローチを発展させるためには，目標，課題そして方法の間の潜在的な関係を明確に描き出すような実証的研究が求められる。多元的な実証的研究のアジェンダとしては，そのほかに次のような提案が含まれる。それらは，多元的セラピーの実効性を評価すること，常にフィードバックの文化そしてクライアントとセラピストの協働を強化するさまざまな仕方に注目すること，クライアントがより効果的なサービス利用者となるのを援助すること，多元的な立場からクライアントのさまざまな問題を吟味すること，セラピストの柔軟性の範囲を見極めること，である。

振り返りとディスカッションのための質問

1. あなたは，具体的な臨床実践を規定したり，それに影響を与えることにおいて，実証的な研究知見はどのような役割を担うべきだと考えますか？　「実証的研究の情報に基づく（research-informed）」という観点に賛成しますか，それとも反対ですか？
2. 多元的な枠組みで何らかの研究プロジェクトを遂行するとしたら，あなたはどんなことを研究しますか？
3. セラピーの「基本原則」を明確にしようとすることが，実証的研究や臨床実践に対してもつ意味はどのようなものですか？　あなたがクライアントとともにセラピーを進めていく際に用いている鍵となる基本原則はどのようなものですか？　その基本原則を拡張することをあなたに納得させられる実証的研究のエビデンスとはどのようなものですか？
4. 多元的セラピーは，クライアントとセラピストの双方が有意義で効果的な**協働**にコミットすることを基礎にしています。だとすると，多元的なセラピーに対する実証的研究においても，協働的な対話という中核的な価値が反映されていることは，どのくらい重要だと思いますか？　それが重要なものだとすると，実証的研究を立案し実施する際には，協働というものをどのように組み込むことができるでしょうか？

第8章　スーパービジョン, トレーニング, 継続的専門職能力開発（CPD）, サービスの提供：多元的な観点

> この章で取り上げること：
> - セラピーのスーパービジョンにとっての多元的アプローチ
> - セラピーにおけるトレーニングにとっての多元的アプローチ
> - 初期に多元的なトレーニングを受けてこなかったセラピストにとっての継続的専門職能力開発（CPD）のための多元的観点
> - セラピーのサービスを提供するための多元的観点

　本書のこれまでの章では，クライアントとセラピストが協働して行う作業を通じて，多元論がセラピーに適用され得るあり方を探求してきた。明らかになった基本原則は，次のように要約できる。

- 何かをするのに唯一の正しいやり方があるわけではない。それぞれの人はそれぞれのときに，それぞれ違ったことを必要としている。
- 人々にとって何が最も援助的であるようであるかを私たちが知りたければ，ほとんどの場合，その人たちにそれについて聞いてみるのが1つのよい方法である。
- 人々が望むことを手に入れるのを援助する際には，多くの場合，その人たちの目標から始め，そしてその次にそれを達成するのに役立つであろう特定の方法に戻ってそれを活用することが最善である。

　この章では，直接のセラピープロセスやセラピー関係からは少し離れて，こうした多元的な基本原則が，質の高いセラピーを確実にクライアントに提供することを保証するためにつくられる「サポートシステム」のさまざまな側面にどのように適用され得るのかを見ていく。カウンセラーやサイコセラピストの諸活動は，臨床的なスーパービジョン，トレーニング，継続的専門職能力開発（continuing professional development: CPD) の構造によって支えられており，さまざまなタイプのサービス提供ネットワークに統合される。本章の以下の各節では，多元的な見解をこれらの領域に適用する意味について1つの概観を提供する。

スーパービジョン：多元的な観点

サービス提供の質とセラピストのウェルビーイングを保証することに役立つ，定期的かつ継続的な臨床的スーパービジョンの適切性を支持する多数の文献がある（例えば，Lambert & Ogles, 1997; Wheeler & Richards, 2007）。多元的観点では，カウンセラーやサイコセラピストがクライアントとの取り組みによい影響を与える多様な観点をもたらすための方法として，スーパービジョンの重要な役割が強調される。効果的なスーパービジョンの特徴は，数多くの出版物の中で詳細に議論されており（例えば，Nurfeldt, Beutler & Banchero, 1997; Weaks, 2002），多元的アプローチは実質的に，これらのすでに確立された基本原則と異なるものを求めているわけではない。実際，流派に偏らない統合的なスーパービジョンの分野における著名な論者たちは，すでに，スーパーバイザーの活動においてスーパーバイジーに合わせた柔軟性や仕立て（tailoring）を大切にする多元的なスーパービジョン実践の重要性を強調している（Norcross & Halgin, 2005; Wosket, 2000）。それでもなお，スーパービジョンにおける多元的観点は，何らかの新しいチャレンジや可能性，強調をもたらすものである。多元的な観点がスーパービジョンに与える意味は，次の2つの点にある。第1に，多元的なあり方におけるスーパービジョン，すなわち緊密な相互連携という点，第2に，多元的スーパービジョンの鍵となる課題，すなわち尊重という点である。

多元的なあり方におけるスーパービジョン

スーパービジョンが多元的な立場からどのように行われるとよいかを考える際に，本書では，クライアント・セラピスト関係として述べてきたことを，ほぼすべての点でスーパーバイザー・スーパーバイジーの領域にも置き換えることができると考える。具体的には以下のように言える。

- スーパーバイザーは，スーパービジョンを提供する唯一の正しい方法というものはないという前提からスタートするべきである。つまり，それぞれのスーパーバイジーは，それぞれのときに，それぞれ違ったことを必要としているようだ，ということである。
- スーパービジョンは，協働的な努力としてとらえられる。スーパーバイザーは，

自分自身の観点を尊重し表現する一方で，スーパーバイジーの観点を尊重し，信頼し，その価値を認めようとする。
- スーパーバイジーが自分の強みを明確化し育むように援助するという点が強調される。その強みとは，例えば，スーパーバイジーが最も熟達していると感じている臨床実践の領域である。
- スーパーバイザーは，スーパービジョンの関係において，「フィードバックの文化」を促進するように努める。その中で，スーパーバイジーとスーパーバイザーは，自分が何をしたいと思い，何をしたくないと思うのか，といったことについて相手に対して正直であると感じることができる。
- スーパーバイジーは，特にスーパービジョン関係の開始時に，このスーパービジョンにとって，2人の最終的な目標は何かを見定め，そしてそのことをその後の活動の方向を示す定点として活用するように促進される。セラピーの関係とは対照的に，スーパービジョン関係ではさまざまな可能性の範囲は相対的に限られてはいるが（なぜならスーパービジョン関係には，よい臨床実践を確たるものにするという明確な外的要請があるからである），それでもなおスーパーバイジーは，特定の個別的な目標をめぐってスーパーバイザーに提案を行い，スーパーバイザーと議論し話し合うことができるのである。
- スーパーバイザーは，自分のスーパービジョン実践の限界について留意しているべきであり，ある特定のスーパーバイジーを支援できないと感じた場合には，他のスーパーバイザーにためらうことなくリファーすべきである。
- スーパーバイジーがその目標に到達するのを援助するためには，セラピーの活動にとっての特定の課題や焦点（Wosket, 2000）について，スーパーバイザーとスーパーバイジーがよく話し合って合意することが役立つであろう。こうしたことが行われるのは，スーパービジョン関係が進行していく開始時や，各セッションの開始時であろう。Wosketは，スーパーバイジーが焦点をあてようとする内容には数多くの事柄があることを示している。例えばセラピーの限界設定の問題，終結の困難，クライアントのセラピーに対する動機づけの欠如，クライアントの取り組みに影響を及ぼすスーパーバイジーの個人的な問題，あるいはスーパーバイジーの達成感や満足感などである。
- スーパーバイザーとスーパーバイジーは，スーパーバイジーが最も役立つだろうと思う具体的な方法について話し合い，合意することが有益であることに留意すべきである。例えば，クライアントとのやり取りをロールプレイすることが役立つと感じるスーパーバイジーもいれば，セラピーセッションの録音を聞き返すことが特に役立つと感じるスーパーバイジーもいる。
- 以上から導かれることとして，広範囲のスーパービジョンの方法および技法に熟

達しているときに多元的なスーパーバイザーは最も援助的であるようだ，と言える。

Wosket（2000）は，上記のことに加えて，スーパーバイザーとスーパーバイジーの間で世界観や文化的な枠組みといった要因において大きな違いがないことが，効果的な協働的スーパービジョンのために重要であると述べている。

エクササイズ8.1：スーパービジョンであなたにとって役に立ったこと・役に立たなかったこと

あなたがセラピストであれば，次の問いに20分程度時間を取って，自分で振り返って考えるか，隣の人と話し合いましょう。

- あなたが受けたスーパービジョンで役に立ったのは，どういったことでしたか（どんなことでも）？
- あなたが受けたスーパービジョンで役に立たなかったのは，どういったことでしたか（どんなことでも）？

今受けているスーパービジョンで，あなたが求めているものが得られているかどうかについて考えるか，話し合ってもよいでしょう。求めているものが得られていないようだったら，そのことをどのように変えようとしますか？

クライアントが目標や課題，方法を明確にすることを援助するのと同じように，スーパーバイジーがスーパービジョンから何を得たいか，どうやってそれを達成するのかを明確にするのを援助するために，活用できる一連のプロンプト（prompts）がある。

目標（スーパービジョン関係の開始時に問いかけられることが最も多い）
- 「ここでの取り組みによってはっきりさせたいことは何ですか？」
- 「あなたが発展させたいと思う特定の臨床実践の領域がありますか？」
- 「このスーパービジョン関係が終結するときには，あなたはどのくらいまで進んでいたいですか？」

課題（スーパービジョンの各セッションの開始時に問いかけられるもの）
- 「今日はどんなことに取り組みたいと思いますか？」
- 「クライアントとの間のディレンマは何ですか？」（Wosket, 2000: p.283）
- 「あなたが取り組みたいことを1文で述べてもらえますか？」（Wosket, 2000: p.283）
- 「もっと効果的にクライアントにかかわるために，ここで必要とする援助はどんなものですか？」（Wosket, 2000: p.283）

方法（開始時，および進行に応じて検討される）
- 「ここでのスーパービジョンのセッションでは，どのような取り組み方があなたにとって最も役に立ちますか？」（例：ロールプレイ，助言，録音を聞き返すこと，ケースフォーミュレーション，個人的な行き詰まりや困難の検討，仮説を話し合うこと，セラピーとスーパービジョンに「並行して起こるプロセス」に関心を向けること，より広範な専門的事柄を探求することなど）
- 「これまでのスーパービジョンで最も役に立ったのはどういったことですか？」
- 「これまでのスーパービジョンで役に立たなかったのはどういったことですか？」
- 「どのような**スタイル**のスーパービジョンがあなたにとって最も生産的でしたか？」（例：形式的な，非形式的な，構造的な，非構造的な，支持的な，促進的な，権威的なスタイルなど）
- 「あなたはこのスーパービジョンをどのようにとらえていますか？　あなたにもっと役立つかもしれないやり方がありますか？」

スーパービジョンの課題：多元的な観点

　これまで述べてきたように，多元的なスーパービジョンはきわめて多様性があると考えられる。それは，広範でいろいろな可能性のある方法と判断力から導かれるものである。同時に，すべてのスーパービジョンの根底にある目的はセラピストが自らの臨床実践においてより効果的であるように援助することである，という点を考慮しつつ，しかも，多元的アプローチがどのようにしてこうした援助を達成することができるか（例えば，協働的であることや柔軟であること，応答的であることを強化することによって）についての明確な視点をもっているということを考慮に入れると，多元的な観点はスーパービジョンの課題として役立つ可能性のある宝庫の中に，比較的ユニークな何かをもたらしているのである。もっと具体的に言うと，多元的視点から見れば，セラピー実践のある特定の箇所で困難や関係悪化が生じているときには，クライアントとの同盟の質を検討するようスーパーバイジーに促すことがとても有益であるかもしれない。また，目標や課題，方法をめぐる合意を確

第8章　スーパービジョン，トレーニング，CPD，サービスの提供：多元的な観点　195

かなものにするあり方を吟味するように促すことも有益であろう。例えば，スーパーバイザーはスーパーバイジーに以下のように問いかけることができる。

- 「クライアントは，あなたとのセラピーで何を求めているように見えますか？」，「クライアントが求めているものは，あなたがクライアントに求めていることと合致していますか？」，「クライアントが目標に到達できるように，どうすればあなたはもっと効果的に援助できるでしょうか？」（目標）
- 「クライアントが焦点をあてようとしているのは，生活のどんな側面ですか？」「クライアントが焦点をあてようとしていることは，あなたがクライアントに焦点をあててもらいたいと思うものと同じですか？」，「セラピーで共有された焦点について，どのようにクライアントとの合意に至ることができますか？」（課題）
- 「あなたのクライアントは，どんなセラピーの進め方を好みますか？」，「クライアントが好む進め方は，あなたが最も納得のいく進め方ですか？」，「どうすればクライアントに最も役に立つと感じられるやり方で，あなたはクライアントにかかわることができるでしょうか？」（方法）

　多くの場合，上記のような質問をすることで，クライアントがセラピーに何を求めており，求めていることを達成するために好む手段は何かについて，スーパーバイジーが実際には明確にとらえていないということが明らかになるかもしれない。あるいは，クライアントが何を求め，何を好むかということについての自分の仮説が，ほぼ完全に憶測だということにスーパーバイジーが気づくようになるかもしれない。このような検討がもたらす1つのよい結果は，スーパーバイジーが再びクライアントに会って，スーパービジョンから得たことをクライアントと話し合い，そして以前よりもすぐれた明確さや合意にたどり着き得るかどうかを確かめよう，と決心することだろう。例えば，パーソンセンタードセラピーのディプロマコースの大学院生だったラミの例をあげる。彼は，薬物およびアルコール依存のカウンセリングサービスでピートというクライアントのセラピーを担当していた。ピートは7回のセラピーセッションを経験した後で，怒りを爆発させ，セラピーに絶望を感じた。ピートは40歳代後半の男性クライアントで，10代の頃から大量に飲酒をしてきており，主治医からカウンセリングを勧められて来談した。主治医は，ピートがカウンセリングを受けることによって酒を断ち，疎遠になっている妻や息子たちとの関係を改善できるのではないか，と考えたのだった。当初，ラミはピートとのセラピーはうまくいっていると思っていたし，彼が家族や自らの問題，そして酒を断つべきだとどれほど真剣に考えているかについて話すことに耳を傾けていた。しかし，4回目のセッションが過ぎた頃から，ピートはセッションを休むようになっ

た。5回目のセッションでわかったことだが、ピートは再び酒に手を出してしまったようだった。そして、彼は6回目と7回目のセッションには20分ほど遅刻し、謝りはするものの、セラピーの作業にとりたてて関心をもち続けてはいないようだった。ラミがこのことをスーパービジョンで検討したとき、ピートが心からセラピーに求めているものは何だろうか、という問いが浮かんできた。「うーん……ピートは禁酒したいんだと思います」とラミは言った。「でもどうなんでしょう。ぼくが彼に直接確かめたことはないんです」。グループスーパービジョンでは、このことがさらに話し合われ、ラミはこの問題をピートとのセラピーにもち帰る必要がある、という結論に至った。

ピートはその次の2回の予約も無断でキャンセルしたが、その翌週には来談した。「今日来てくれて、本当によかった」とラミは言った。「と言うのは、あなたが最近何回もセッションに来なかったことがぼくはとても気になっていたんです。よかったら少し時間を取って、ここでやっていることや、ここでの時間をどのように使いたいのかを確かめてみてもいいですか？」

このような質問を受けたときに、ピートはそれほど確信をもって答えることができないということを認めた。と言うのも、ここに来るように勧めたのは主治医だったし、来ることが役に立つかもしれないと思ったから来談したのだ、ということだった。「どんなふうに役に立つと？」ラミは尋ねた。

「よくわからないな」とピートは言った。「たぶん、酒をやめて、連れ合いとうまくやっていけるようになることかな」。

「あなたが変えたいのはそうしたことですか？」ラミは問いかけた。

ピートはしばらく沈黙していた。「よくわからない」と言った。「私はもちろん息子たちと仲よくやりたい……でも、息子たちにまた会いたいのかどうか自分でもよくわからないんだ」。

ラミはピートに、息子たちとの関係についてもっと話をするよう促した。ラミとピートは初めてこの課題にしっかりと焦点をあてた。セッションの終わりには、次の数セッションで、ピートがどのように息子たちとよい関係を再構築しようとしているのかについて話し合うことを合意した。ピートは次のセッションをキャンセルしたものの、その次のセッションには来談し、この間に息子たちと連絡を取り、状況がほんの少し好転したと語った。ラミとピートは、他に何かピートにできそうなことはないかを検討した。

この例では、セラピーの目標へと向かうさまざまな方法について対話をする、というスーパービジョンの促進的な働きかけが、セラピーの効果にドラマティックな変化をもたらしたとまでは言えない。しかし、このスーパービジョンを通して、ピートは自分にもっと役立つやり方でセラピーの時間を活用するようになり、同時に

ラミはピートとのセラピーで以前よりもずっとフラストレーションを感じずにいられるようになった。こうしてラミは,ピートとまったくズレた方向にい続けているという思いを抱かずに済むようになったのである。そのズレた方向とは,ピートが酒をやめることや前妻との関係を解決することに特に悩んでいるようには見えないのに,ラミがそれらに取り組ませようとしていたことである。むしろラミは今,ピートが求めていたことが何だったのかを知り,そして自分が役に立っているという感覚をもったのである。

推薦文献

Wosket, V. (2005). Integration and eclecticism in supervision. In S. Palmer & R. Woolfe (Eds.), *Integrative and Eclectic Counselling and Psychotherapy* (pp.271–290). London: Sage. 多元的なスーパービジョンの内容と実践について考えるために役に立つ出発点。

Norcross, J. C., & Halgin, R. P. (2005). Training in psychotherapy integration. In J. C. Norcross & M. R. Goldfried (Eds.), *Handbook of Psychotherapy Integration* (pp.439–458). New York: Oxford University Press. 多元的な臨床実践とともに関連する統合的なスーパービジョンにとっての簡潔だが役に立つ一連の原則が記述されている。

カウンセリングとサイコセラピーにおけるトレーニング:多元的アプローチ

本書において筆者らは,多様な臨床家(ここには単一の流派の専門家や統合的な立場の専門家も含まれる)が活用することができる基本的なセンスとしての多元論と,セラピー実践のある特定の形態としての多元論とを区別してきた。それゆえ,専門の流派に特化したプログラムと,多元的な方向に特化したトレーニング課程の両方にとって多元的見地が意味するものを考えることが可能である。

専門の流派に特化したトレーニングプログラムにもたらす意味

最も基本的なこととして,多元的な見地は,単一の流派でそれに特化したプログラムに携わっている指導者たちに次のことを求める。すなわち,トレーニングを受ける研修生が「他の介入法を批判的に見下すこと(critically disparaging alternative interventions)」(Orlinsky & Ronnesrad, 2005d: p.186)を避け,その他の介入を尊重し正当に評価するように指導されることを保証するのである。研修生は他の流派

の（限界だけでなく）強みについても指導されるべきであり，それらが自分たちが採用するアプローチよりもクライアントにとってはさらに援助的であるような場合や文脈があることについて教えられるべきである。同時に，研修生は指導されるセラピーの流派を批判的に熟考するように促されるべきであり，そしてその強みとともにその限界を理解することも勧められるべきである。これからかかわるであろうクライアントに，その流派のこうした特徴を伝えることができるスキル——つまり研修生がクライアントに提供することができる，あるいは提供することができないと感じていることを伝えるスキル——を身につけることも，とても援助的であるだろう。特定の唯一の心理学理論が存在するというエビデンスはない（第2章参照）のだから，自分たちの流派による特定のモデルや仮説もまさにそうである——それが人間の状態についての確証された真実であるというエビデンスはない——ということを研修生が理解するように促すこともまた重要であろう。ただし，研修生自身が自分のセラピーの流派について懐疑的になったり自信をなくしたりするように指導されるべきではない，という点にも留意すべきである。明らかに，ある程度の自信は研修生が効果的にセラピーを行うための支えとなる基礎である。しかし多元的な観点からすると，研修生はまた，自分の流派以外の臨床実践がもつ価値も理解しながら，自分が実践する活動について自信と誇りを感じるように後押しされ得るのである。

　臨床実践的な意味において，上記から導かれる1つのとても重要な能力として，研修生が多元的な観点から情報に基づいたリファーの判断を——理想的にはクライアントとの協働によって（解説ボックス4.3，109ページ参照）——行える力量を養うべきであるということになる。言い換えると，専門的な臨床家は「他のアプローチの方が適切であると判断された患者をリファーする」ための倫理や知識，スキルを身につける必要があるのである（Norcross & Halgin, 2005: p.440）。

　専門の流派に特化した臨床実践における研修生は，より大きな多元的な枠組みの中に自分を位置づけて自らの活動を見つめるように，さらに明確に促されることが可能である。こうしたことは，トレーニングコースのハンドブックの中で解説されるか，プログラムの開始時に説明される必要がある。例えば，グラスゴー・カレドニアン大学とストラスクライド大学によって共同開設されているカウンセリング心理学の博士課程においては，大学院生たちは最初の1年間をパーソンセンタードに基づくトレーニングに費やすが，それに先立って多元的アプローチに関する入門的な講義が実施される。ここで考えられているのは，多元的アプローチの入門講義でのインプットによって，偏った世界観に陥らないための「予防接種を実施（inoculating）」することになり，大学院生たちが広い視野による全般的な多元的スタンスの中に自分のパーソンセンタードの臨床実践を位置づけるようになるだろう，

ということである。

　さらにセラピーでの特化された多元的なやり方に向けて進むために，パーソンセンタードの専門的なトレーニングプログラムを受けている研修生は，クライアントの目標の明確化をどのように援助し得るのかについて考えるように積極的に促される——特にセラピーの開始時において（第4章参照）。単一の流派の研修生に役立つと思われるそのほかの多元的な方法は，最も援助的なやり方をめぐってクライアントとメタレベルでコミュニケートし話し合うスキルを発展させることである（第5章及び第6章参照）。もちろんそれは，そのセラピストの特定の流派が設けている制限（parameters）の範囲内で行われるものである。

多元的トレーニング

　近年，セラピストトレーニングのあり方に関する広範なコンセンサスが認められるようになってきている。トレーニングプログラムは，理論，実証的研究，専門的な要件，自己への取り組み，セラピーのスキルの熟達，およびスーパーバイズを受けながらの臨床実践などが含まれている必要があるということが広く同意されている。多元的トレーニングでは，どんな流派の基本的なトレーニングにもあるような特定のひな型（template）とは異なるやり方をしなければならない，と考える必要はない。しかし，多元的に特化したトレーニングプログラムは，相対的にユニークな特徴と強調点を数多く備えているようであるので，それらを以下に示す。

臨床家や研修生のセレクション

　明確に規定された単一のセラピーのモデルに自分自身を同一視することを好み，このような基礎の上に職業的なキャリアを発展させることができるセラピストたちもいる。こうした人々は，多元的な臨床実践のあり方を指向するセラピーのトレーニングにはフラストレーションを感じるようである。したがって，多元的な世界観に意味を見出す人々を，多元的なトレーニングのためにセレクトすることが大事である。

セラピー理論に対する「肯定的／批判的」な視野を促進すること

　多元的に特化したトレーニングの中では，さまざまな理論と概念が次のような仕方で教えられる必要がある。それは，さまざまな理論と概念を，セラピーを理解するための固定的な真実としてではなく，そうするための資源あるいはツールとしてとらえることである。プラグマティックにとらえると，ある概念や理論とはそれらが価値ある結果の達成のために用いられ得るときに，ある特定の状況において価値をもつということである。こうした多元的なプログラムの中で理論を教授し学習す

るためには，以下の2つの相反する要請の間でバランスを取る必要がある。

- **理論の価値の肯定**：理論や概念がもつ実践的な有用性と説明力を肯定的に認めるために，その理論や概念についての十分な知的かつ経験的な深い理解を達成すること。
- **批判の範囲を広げること**：ある理論は，ある事柄を見る1つの仕方であり，視野や説明力には限界があるということ，そしてその他の観点は常に入手可能であるということを受け入れること。

　セラピー理論に対するこの肯定と批判のバランスを十分に達成することは，多元的なプログラムで確立される学習文化の核心である。これは，知っていることと知らないこと，あるいは信じていることと疑っていることの共存を許容できるように研修生を援助するというある種のチャレンジである，ととらえることができる。セラピストはどんなクライアントとも協働的な探求に取り組む。そこでは，クライアントを悩ませてきた問題をめぐって，クライアント自身がそれを十分に理解できているという感覚や，それについて矛盾のない一貫したナラティブをもてるようになる，そのような知のあり方の構築を目指すのである。同時にこのような協働的な作業を効果的に行うためには，すぐれたセラピストはクライアントの問題をどのように理解するのか，クライアント自身が表現する個人的な「真実」をどのように受け入れるか，そしてセラピストが規定する，あるいは社会が規定する「誤った真実」の押しつけをどのように回避するか，といったことに関してセラピストの前提や先入観を保留し得ることが求められる。こうしたディレンマは，トレーニングにとって大事なものである。なぜならほとんどの研修生は，クライアントを援助する自分の能力に不安を感じ，そして「知らないこと」を無能力と同一視しがちだからである。研修生たちが，知らないでいるときの不安に留まっていられるためには，トレーニングコースの文化の中に十分な水準の支持的な関係がある必要がある。

　セラピーの研修生の側からすると，理論への肯定的／批判的アプローチの発展に寄与することができるいくつかの方略がある。それらは，以下のようなものである。

- どのように理論が構造化されているのか，そして理論の社会的な役割はどのようなものか，といった理論の本質についての熟考——こうした事柄はMcLeod（2009bの第3章）が論じている。
- セラピーにおける鍵となる理論家たちや理論的アプローチの考えに影響を及ぼした社会的，歴史的，個人的な要因についての議論。
- 西洋文化以外の集団の中に生きている人々が用いているセラピーの諸概念に触れ

ること。
- あらゆるセラピー理論にわたる情報を提供する根本的な哲学的観点——例えば人間的な働き（human agency），説明の特質（the nature of explanation），ポストモダニズムなど——の探求。
- 研修生が単一の流派の熟練したセラピストと出会い，やり取りするのを可能にすること。そのセラピストはテキストの解説を超えて，特定の理論の力と柔軟性の感覚を研修生に提供できる必要がある。
- 体験的な活動への参加（例えばワークショップ，学術誌に掲載されている課題の学習など）。そこでは，研修生は自分の人生における事柄を振り返る中で，さまざまな理論的な観点を活用するように促される。
- 新しい代替的な理論的枠組みをケースの素材に適用するようなケース検討。

　理論についての学習に関連する究極的な目標は，研修生がアイデアの鋭い目利き（connoisseur）になることである。つまり，自分の選好に気づいてはいるが，同時に広く多様な理解と可能性に開かれていることである。

セラピーの利用者への深い尊重を育むこと

　この本で支持されている多元的なカウンセリングやサイコセラピーのモデルは，セラピーにクライアントが積極的に関与することを特に強調しており，変化に向けてクライアントの個人的な強みと資源が最大化されることを重視する。セラピストが多元的なあり方で効果的に働きかけることができるためには，サービス利用者に心から純粋に関心をもつことが求められる。そのサービス利用者は，自分の人生における困難を解決しようと積極的に模索している人たちであり，そして自分の状態について熟知している人たちである。セラピーの研修生が，「果敢なクライアント（heroic client）」のイメージを大切に取り入れるように支援され得る数多くのやり方がある（Duncan, et al., 2004）。その1つは，個々のクライアント，あるいはサービスの利用者グループを，トレーニングプログラムにとってのコンサルタント，もしくはチューターとして位置づけることである。研修生は，クライアントのセラピー体験に関する文献を読み，それをレビューすることが求められ（例えばLevitt, Butler & Hill, 2006; Rennie, 2002 参照），そしてそこに書かれている内容が，既存のセラピー理論におけるさまざまな前提とは全く異なるセラピープロセスについての理解をどのように特徴的に示しているのか，熟考することが求められるのである。メンタルヘルスの分野における「回復の動き（recovery movement）」に関する文献は同様に，「公的な」セラピーと人々がもっているさまざまな資源とのコンビネーションを活用しながら，人々がきわめて困難な人生経験を乗り越えることができ

る多様なあり方を描き出している（Davidson, Harding & Spaniol, 2005, 2006 参照）。研修生は最終的には，自分が「クライアントの立場（client's chair）」にいるかのような深く，相手の身になるという身体的な感覚を発達させるといった，研修生がセラピーそのものに関与することが奨励される——あるいは求められる——のである。

セラピーの協働的な働きかけのあり方におけるスキルの豊かさ

現在行われているトレーニングプログラムや教材は，基本的（generic）なカウンセリングスキル（例えば，傾聴，質問，対決など）と特定（specific）のセラピー的介入の両方を研修生が身につけることを援助する広範な方略を提供している。**協働**における中核的な多元的スキルは，おそらくそれがいずれにしても生じると考えられているので，特に注目されてはいない。協働的にセラピーができるようになるためには，効果的な協働を妨害するものについての正しい理解を必要としている。それらは，専門的な流派のセラピスト‐クライアント関係に固有のパワーバランスの偏りや，クライアントが活用できるセラピーの代替的介入に関してクライアントのほとんどが入手可能な情報が欠如していることなどである。協働的な働きかけとしては，以下のようなスキルと経験が求められる。それらは，目標と課題の合意，協働するためのレディネスをクライアントがどの程度もっているかを見積もること，適切な情報を提供すること，セラピーで起こっていることについてクライアントが想定し意図し反応していることと，セラピストが想定し意図し反応していることの両方を確認し，探究するためにメタコミュニケーションを活用すること，そして個々のクライアントに具体的なフィードバックの手段を活用するために構築された「フィードバックの文化」を確立すること，である。トレーニングプログラムの中には，次のような機会が必要である。それは，獲得されるべき上記のような領域の協働的な能力のどれもが提供されていること，そして臨床実践への適用やケース報告におけるディスカッションを通して協働的な能力が査定されることである。

課題をベースにした能力を開発すること

セラピーの特定の学派に基づくセラピストトレーニングのアプローチは，おそらく，1つないし2つの課題のスペシャリストであるような研修生を生み出す傾向にあるだろう。例えば，CBTのセラピストは，行動変容のための課題や情動調整（emotion-regulation）のための課題については十分に満たされている。同様に，精神力動的なセラピストは，意味を見出す（meaning-making）課題やライフステージの移行（life-stage transition）課題に十分に満たされている。多元的な観点からすると，これらの領域の能力は，価値ある出発点であると同時に，それらは必ずしも広範なクライアントの選好や期待や要求にとって十分であるとは言えない。重要な

のは，研修生が以下のような活動に開かれるように多元的なトレーニングを構成することが有益であるようだ，という点である。

- クライアントの語りの中に，焦点をあてることが求められるある種の課題が示唆されている表現や兆候をとらえる学習。
- さまざまなタイプの課題の意味や重要性を考えるための時間，例えば上記の領域について個人的な熟考や個人的な進展に取り組むこと。
- 多様な課題の範囲に対して自信があるという基本的な感覚の習得（そのトレーニングや臨床家の個人的な傾向によって，他の課題よりもある課題に高い水準で興味関心が向いてしまう場合であっても）。
- 課題に合意するプロセスにおいてクライアントと会話を続けるレディネスとスキル。
- クライアントの特定の困難の領域に関連した可能なセラピーの課題に対して感受性豊かになるための手段として，実証的な研究の文献を読んで分析する能力。

これらの活動は，カウンセラーやサイコセラピストの導入的で基本的なトレーニングの一部として推奨されるものである。セラピストが臨床実践のスペシャリストの専門領域への関心を発展させるときには，そこで生じるであろうさらなるトレーニングの諸活動がある。例えば，不妊治療機関，エイズ専門機関，遺伝カウンセリング機関といった保健医療機関で臨床実践に携わっているカウンセラーは，**情報を発見し，分析し，情報に基づいて行為する**課題に関する，焦点化された，さらに高度なトレーニングを受けることが有益であると気づくであろう。大学の学生相談室のカウンセラーは，**ライフステージの移行または発達上の危機を話し合う**という課題を探究するトレーニングの経験から得るものがあるだろう。

多元的トレーニングのレベル

多元的セラピーの中核には，次のような仮説がある。それは，人は自分自身を見出す特定の状況の中で，何が最も有益であるかについての選好や人生経験や全体的な感覚に適合した変化のプロセスを通じて，最もよい形で援助されるというものである。人々の選好に柔軟にかつ応答的に関わるためには，多元的なやり方で取り組んでいるセラピストは，広範囲のセラピーの諸方法を効果的に活用できることが求められる。このような要請は，基本的なトレーニングプログラムの中に，ある重要な挑戦を提供する。基本的なトレーニングプログラムの時間には制約があるので，個々の方法について集中的なトレーニングを提供することはほとんど不可能である。その結果，研修生は自分には能力や自信が欠けていると感じるかもしれないし，そ

れゆえ自分にとってセラピーの「心地よい領域（comfort zone）」を構成するいくつかの方法に固執することになるかもしれないのである。この問題に対処するためのひとつの方略は，以下の3つのレベルからなるものとしてトレーニングの方法を見なすことである。

　レベル1：基本的なカウンセリングスキルを発展させること，そして変化を促進させるために本来的に備わっている能力を特定すること。カウンセラーやサイコセラピストになるためにトレーニングを受ける大多数の人々は，生きていく上で問題を抱えている他者を援助する能力をすでに持っている，ということは紛れもない事実である。カウンセラーやサイコセラピストになるための研修を受ける人たちは概して，少なくとも部分的には次のような明らかな能力によって選ばれている。例えば，よい聞き手であることや，自分の内的な情緒的世界に気づいていること，自他の境界についての安定した感覚をもっていることなどである。多元的トレーニングにおける初期の段階の鍵となる焦点は，研修生が促進的関係を構築するための自分の能力について個人的な強みを見出すことができるかどうかである。このような学習は，カウンセリングスキルの実習トレーニングを受けることによって強化され獲得される。そこでは研修生は，感情の反射，沈黙の活用，非言語的なサインへの感受性，さまざまなタイプの質問の活用といったミクロなスキルに関する気づきと能力を開発していくために互いに協力して取り組む。流派を超えた／共通要因を指向する理論や実証的研究（第2章参照）に研修生を導くことは，この段階では有益なものになり得る。そうすることによって研修生は，以下のことを理解するようになる。すなわち，セラピーによる変化は，洗練された介入技法を習得することによるのではなく，研修生がその時点ですでにもっている一連の全般的な学習経験を提供する能力に基づいている，ということである。この段階で，研修生がこれまでの自分の人生における「セラピー的瞬間」についての経験を省みるように促すことも有益である（エクササイズ8.2）。また，研修生のセラピー的経験のエピソードが，他者によって積極的に傾聴され，非審判的なやり方で応答され，大切にされ，そして純粋に対応されることによって可能なものになることもある，ということを理解するのもまた有益である。この段階のトレーニングの成果としてもたらされるべきものは，研修生が自分自身がもっている能力が援助的であるという基本的な自信を発展させることであり，その過程で研修生は，たくさんのさらに学習すべきことがあると気づくのである（エクササイズ8.2）。

> **エクササイズ8.2：あなたの人生におけるセラピー的な瞬間**
>
> あなたの人生の中で，他者があなたをセラピー的に援助した瞬間（専門のカウンセラーやサイコセラピストによるものでも，そうでないものでもかまいません）について，15分程度の時間を取って，1人で考えるか，隣の人と話し合いましょう。その人がしたことで助けになったのはどういったことだったでしょうか？　それは，あなたが他者に提供できるようなものですか？

　レベル2：特定の諸方法の明細化。トレーニング方法の次の段階は，現在行われているセラピー実践の中にある，学習や変化を促進するための別の方略に取り組み始めることである。研修生は，トレーニングのこの段階，あるいはその後も繰り返される形で，次のことを思い起こす必要があるだろう。それは，目標とはすべてを支配するものになるのではなく，セラピーの課題が取り組まれるやり方に関してクライアントに選択肢を提供することを可能にするものに過ぎない，ということである。主流のセラピー実践に対応する3つの大きな方法のカテゴリーを明確にしておくことは理にかなうものであろう。それらは，（a）探究的な／意味を見出す方法（exploratory/meaning-making method），（b）問題解決や行動変容への構造的アプローチ，（c）クライアントの強みと資源を活性化する方法，である。これらの方法カテゴリーについては第6章で詳細に解説した。これらの中のどのカテゴリーにおいても，潜在的に価値のある豊かなセラピーのモデルや技法が存在している。例えば，問題の意味を探求するための広範な諸方法は，次の中に見出すことができる。パーソンセンタードセラピー，精神力動的セラピー，実存的セラピー，構成主義的セラピー（constructivist therapy），表現アートセラピー，CBTにおけるソクラテス問答法，などである。現代のCBTの臨床実践は，行動の機能不全のパターンを特定する仕方や，構造的な仕方で変化を提供する方法についての多くの示唆を含んでいる。個人の強みに基づいた（strengths-based）方法や資源に基づいた（resouce-based）方法は，ナラティブセラピーやソリューションフォーカストセラピーの分野で，そしてセルフヘルプアプローチの文献の中で入手可能である。研修生がこれらの各カテゴリーで実践されていることについて確かで正しい理解を発展させることができている限りは，探究的であろうと，構造的であろうと，強みに基づく方法であろうとそのことはおよそ問題ではない。これらの各カテゴリーの中で指導される特定の方法がいれてあるのかは，通常，そこに所属している指導者に依存している――研修生は，その方法の有効性に確信をもつために，それが効果的に用いられている場面を観察できる必要がある。

レベル3：特定の方法における上級のトレーニング法。レベル1とレベル2のトレーニング方法は，カウンセラーあるいはサイコセラピストの基礎的なトレーニングの中でカバーできる。その次には，有資格者である臨床家が参加することが期待される継続的な専門的成長の一部として，資格取得後に受けるトレーニング方法のより上級のレベルがある。例えば，意味を探求するすべてのアプローチは，感情や情動の内容に対する感受性を必要とし，クライアントが自分の感情がどのようなものであり，その感情をどのように名づけたらよいかに気づけるように援助することが求められる，などである。しかし一方では，クライアントが自分の感情に関わることを援助するためのきわめて高度に洗練されたセラピーの方法がある。感情焦点化セラピー（emotion-focused therapy: EFT）は，感情の意味（emotional meaning）を探求し，感情的な困難を解決するための広範な効果的で，実証的に確証された方法を組み合わせたセラピーのアプローチである（Greenberg, Rice & Elliott, 1993）。初期の多元的トレーニングを終了したセラピストが，その後のトレーニング段階で，EFTトレーニングプログラムの一部あるいは全部を受けたいと思うかもしれない。EFTトレーニングプログラムを受けるかどうかの決定は，セラピストがクライアントの感情に働きかけるスキルに欠けていることを認識することによって，あるいはセラピストが情動的な問題（例えば，鬱）に特に対応している状況で臨床実践しているという理由によって動機づけられるかもしれない。ほかにも，例えばさまざまな症状や障害にCBTを活用する場合などに，初期のトレーニングを終了したセラピストが受けることができる数多くのすぐれた上級のトレーニングワークショップやトレーニングプログラムがある。多元的なプログラムで初期にトレーニングを受けた臨床家は自分にとってどの上級コースが最も相応しいかを決定するにはよい位置にいる。そして多元的なプログラムでトレーニングを受けた臨床家は，自分がその時点でもっている考えや方法のレパートリーの中に，ここでの新しい学習を容易に統合することができるのである。

解説ボックス8.1：多元的なあり方におけるトレーニング

　スーパービジョンと同様に，トレーニングへの多元的なアプローチはその内容以上のものをもたらす。つまり，それはまた，ものごとを行う際の特定の仕方を導くのである。特に，多元的なトレーニングコースには，フィードバックの文化に発展が生じるようである。そこでは研修生たちは，指導者と対話することや外的な制限にかかわることで，そのプログラムのさまざまな側面に反応することができ，それ

らを変えていくことができると感じる。この点においては，公式および非公式の評価が，どんな多元的な情報に基づくトレーニングにおいても重要な役割を果たすようである。そうすることによって，研修生は自分たちのフィードバックに照らしながらそのトレーニングコースに参加し，積極的にそのコースを調整しようとするのである。このことに密接に関連しているが，多元的なトレーニングプログラムに参加している研修生は，豊かな力と資源をもっていて，それをそのトレーニングプログラムに提供することができる，十分情報をもった有能な個人として関与する傾向にある。個別化（personalisation）は，多元的なトレーニングプログラムのもう1つの鍵となる特徴であるようであり，そこでは研修生が自分の個人的な学習の目標と自分が好む学習の方法を明確にするための援助に焦点があてられる。そして，そのことに沿ってプログラムを仕立てることに研修生はコミットするのである。ここでの個別化の範囲は，1対1のセラピーやスーパービジョンの関係におけるものよりも制限されているかもしれない――多様な研修生による多様な目標と選好が存在し，数多くの外的な要請があるからである。しかし，ある程度の柔軟性や順応性，応答性は常に可能であると言える。

結論：多元的トレーニングカリキュラムの概観

この章の目的は，多元的なカウンセラーやサイコセラピストとしての能力に貢献するスキルや知識を特定することであり，そしてこうした能力の進展に貢献できるいくつかのトレーニングの実際と構造を特定することであった。おそらく，カウンセリングやサイコセラピーのトレーニングカリキュラムを明確化しようとし過ぎることは非援助的である。有能な多元的セラピストになるための数多くの道筋があり，そしてさまざまのトレーニング機関で実施されうる数多くの多様な学習の構造がある，ということはほとんど確かなことである。例えば，従来の統合的な観点のトレーニングに関する議論の中心は，統合的なトレーニングは，「研修生が純粋な型のセラピーで確実な基盤を習得した後でなされるべきであるか，それともトレーニングの当初から全員が統合的にトレーニングされるべきであるか」（Eubanks-Carter, Burckell & Goldfreied, 2005: p.514）であり，そして同じ問いが多元的トレーニングプログラムに対してもなされ得るのである。つまり，本章に概説されたモデルでは，研修生はトレーニングプログラムの最初から広範な流派に基づく諸方法に誘われるべきであるということを示唆している一方で，同時にもう1つのアプローチとしては，流派に特化した方法や考え方でトレーニングを始めて，その後でその他の代替的な方法に取り組む，ということも考えられる。

このようなバリエーションがあるにもかかわらず，どういった種類の多元的トレ

ーニングにも関連しているような4つの鍵となる原則を明示することができる。第1に,研修生は,歴史的,文化的,そして哲学的な観点に基づきながら,セラピーの分野の批判的な**概要**を提供される必要がある。第2に,研修生が何のためにトレーニングを受けるのかは,好奇心や包容力のある立場を維持する**生涯にわたる学習**のプロセスのためである,ということが研修生に説明される必要がある。第3に,多元的トレーニングはセラピストとクライアントの両者の個人的かつ文化的な**強みと資源**を見極め尊重することに強調点を置いている。第4に,多元的な臨床実践は,**協働**の質を実践において正当に評価できるかどうかにかかっており,それは,人と人が関係していることや人間のコミュニティを価値あるものとみなす倫理的で信念に基づいた関与として理解される。

推薦文献

折衷的で統合的なトレーニングについての次の文献は,具体的な多元的トレーニングプログラムの開発を考えるための価値ある出発点を提供してくれる。

Hollanders, H. (1999). Eclecticism and integration in counselling: Implications for training. *British Journal of Guidance & Counselling, 27* (4), 483–500.

Norcross, J. C., & Halgin, R. P. (2005). Training in psychotherapy integration. In J. C. Norcross & M. R. Goldfried (Eds.), *Handbook of Psychotherapy Integration* (pp.439–458). New York: Oxford University Press.

解説ボックス8.2:多元的なトレーニングにとっての難問

統合的で折衷的なトレーニングについての貴重な論文であるHollanders(1999)(推薦文献を参照)は,そのようなトレーニングにとって鍵となるいくつかの難問を特定しており,これらの多くは多元的なトレーニングにも同様に当てはまるものである。その難問を以下に示すが,どのように解決できるかについての示唆も併せて記した。

「折衷的/統合的なトレーニングは,複数のパラダイムの通約不可能性(the incommensurability of paradigms)の問題を引き出さざるを得ない」(1999: p.487)
　　——多元的なトレーニングプログラムは研修生が次のことを理解するのを援助す

る必要がある。すなわち，パラダイムや目標や方法の多様性の根底には，ある一貫した根本的な原理——多様であることやさまざまであることや違っていることを歓迎するというコミットメント——がある，ということである。

「折衷的／統合的なトレーニングは，研修生がアイデンティティと関与の感覚を獲得することができるような焦点を提供する必要がある」（1999: p.488）
——多元的な臨床実践におけるセラピーの焦点はクライアントの目標であり，それに深く関与することが，クライアントの目標達成のために協働的で，受容的かつエンパワー的なあり方で援助することに結びつく。そしてそのことが，多元的なトレーニングを受けている研修生に可能性のあるアイデンティティを提供するのである。このようなアイデンティティは，一連の技法にコミットすることに基づいているのではなくて，一連の価値観や倫理に基づいているという事実があらゆることをとても意味あるものにできるのである。

「折衷的／統合的なトレーニングには，すぐれた臨床実践のための基準を提供できる明確な取り組みをすることが求められる」（1999: p.490）
——すぐれた多元的な臨床実践の鍵となる基準は，1．クライアントにとって適切な目標や課題や方法をクライアントと議論し，合意することができる能力，2．セラピーの全体を通して，クライアントと協働的にやりとりをすることができる能力，3．広範囲のセラピーの方法を効果的に実践することができる能力，4．クライアントの目標達成のためにその力や資源をクライアントが引き出すのを援助する能力，である。

「折衷的／統合的なトレーニングは時間を要する」（1999: p.491）
——Norcross（2005: p.441）も，研修生が多様な方法を使いこなす力を獲得するためのトレーニングには時間が——その才能と同様に——必要であると指摘している。したがって，多元的なセラピストとしての成長には，たゆまぬ継続と前進が必要であり，初期のトレーニングプログラムで身につけたこれまでのやり方を乗り越えていかなくてはならない，ということを強調することが重要である。

「折衷的／統合的なトレーニングの指導者には，自ら統合のプロセスに関与することが求められる」（1999: p.493）
——多元的な指導者は，多元的なトレーニングを尊重しながら，自分が多元的な世界観の中にしっかりと腰を据えているという明確な感覚をもっている必要がある，ということもまた強調しておかねばならない。必ずしも指導者が多元的なやり方で自分の臨床実践を行う必要はない（実際，専門的な流派の臨床家が多元的なプログラムにとってきわめて価値をもつこともある）が，しかし多元的な感受力への広範なコミットメントをもっていなければならないのである。

「統合的なトレーニングには，折衷的／統合的なスーパービジョンの形式を提示することが求められる」（1999: p.494）
　——このことから導かれる原則は，多元的なトレーニングは多元的なスーパービジョンを必要としているということである，これについての本質は以上で議論してきた。

　多元的なトレーニングプログラムを受ける研修生にとってのもう1つの難問は，その臨床実践の土台となる適切な文献や資料がほとんどない，ということである。しかしながら，関連する入手可能な文献は，セラピーの統合のトピックに関する研究の体系の中に見出すことができる。セラピーの諸概念と諸方法を統合できるように開発された方略についての概観は，McLeod（2009bの第13章）の仕事を参照することができるし，臨床家が統合的あるいは多元的なセラピーのビジョンをどのように包含しようとしてきたのかについての詳細な解説は，*Handbook of Psychotherapy Integration*（edited by Norcros and Goldfried, 2005），*Casebook of Psychotherapy Integration*（Stricker & Gold, 2006），*Journal of Psychotherapy Integration*，そしてPolkinghorne（1992）などに見出すことができる。この種の文献を読むことで促進される核心的な学習は，心理的セラピーの進化の現在の段階では多元論についての難問には容易に解答できないことも確かにあるが，しかし少なくとも，サイコセラピーの統合の動向を牽引してきた先駆者たちによって切り拓かれた領域が先へと続く道筋を形作っている，という点を認識できることである。

　多元的なトレーニングコースにとっての最後の難問は，研修生が多元的なアプローチに対する情熱や，そのアプローチに関するアイデンティティを発展させることが望まれると同時に，「献身的かつ熱狂的な"折衷的"あるいは"統合的"なサイコセラピスト」になるべきではない，という点である（Norcross & Halgin, 2005: p.454）。言い換えると，もしも多元論が，サイコセラピーの教義の万神殿に祭られたドグマ的な信条になってしまうと，それが発展させてきたまさにその目的そのものを失いかねない。OrlinskyとRønnestad（2005d: p.186）が論じているように，広く開かれた学習が重要な鍵である。つまり，研修生は多元的な立場それ自体へと向かう批判的な態度を発展させる必要があり，同時に，さらに専門的なセラピー実践の価値も認めることができるようにならなくてはならないのである。

特定の流派のトレーニングを受けたセラピストのための継続的専門職能力開発

　この章のこれまでの節では，多元的なカウンセリングやサイコセラピーにおける

基本的なトレーニングに関するいくつかの要素が記述された。同時に，多元的な臨床実践がいかに継続的な学習に取り組む意欲をもたらすのかについてのいくつかの示唆も記述された。その継続的な学習によってクライアントに対して活用できる方法と理解のレパートリーが拡張されるだろう。しかしながら，本書の読者の大多数は，おそらく精神力動的セラピー，パーソンセンタードセラピー，実存的セラピー，CBT，ソリューションフォーカストセラピー，交流分析，ゲシュタルトセラピー，あるいはナラティブセラピーといった特定のセラピーの流派の中で初期のトレーニングを修了した臨床家であると考えられる。このような立場にいて，より多元的な臨床実践のあり方を身につけることに関心があるセラピストたちであっても，あえて多元的セラピーによる再トレーニングを受けたいとは思わないかもしれない。多元論の方向に関心を向けている現場のセラピストたちにとってより密接なトレーニングになるものは，自分の依って立つ流派以外の方法や理論によるスーパービジョンや継続的専門職能力開発（continuing professional development: CPD）を受ける機会を探すことである。例えば，もともとパーソンセンタードのトレーニングを受けたカウンセラーがCBTの短期コースを受講することができるし，あるいは，精神力動のカウンセラーがシステミックな理論と臨床実践の付加的なトレーニングを受けることもできる。

エクササイズ8.3：あなたの継続的専門職能力開発（CPD）

あなたが単一の，あるいは専門的な流派の中でトレーニングを受けた臨床家であるなら，自分のセラピストとしての成長の次なる段階をどのように考えていますか？ あなたが獲得したいと思う方法はどのようなものであり，どうしてそれを獲得したいのでしょうか？ 10分程度時間を取って，自分で考えるか，隣の人と話し合ってください。

このようなCPDトレーニングによって，セラピストたちは自分のもつアプローチの中により多元的な立場を身につけるすぐれた機会を提供される。しかしながら，特定の流派でトレーニングを受けてきたセラピストにとって，しかも自分の臨床実践がその特定のアプローチの理解の仕方や方法で構成されているようなセラピストにとっては，新しい考えや方法を効果的に活用することは困難であるに違いない。例えば，CBTでトレーニングを受けた臨床家が，夢を扱う精神力動的な方法に積極的に関心をもち，そして夢分析をセラピーで活用するための精神力動的な立

場によるワークショップに参加するかもしれない。そのセラピストはワークショップから個人的なレベルでは大きなものを得るかもしれない。しかし，そのワークショップが夢分析の実践をCBTの実践に結びつける方略を何も提供しなければ，そのセラピストは自分が担当するクライアントにこの夢分析の知識を用いることができない状態に置かれているのである。したがって，単一のアプローチでトレーニングを受けたセラピストにとって，それ以外のアプローチのワークショップに参加することはストレスになることもある。この種のCPDに欠けているのは，セラピストがすでにもっている考えに沿った形で新しい考えが取り入れられることを可能にする統合的な「架け橋」になり得るものである。

　感性が多元的であることの価値の1つは，そういった架け橋をもたらし得ることであろう。セラピー実践が向かう地点は，どのような特定の理論的仮説あるいは方法というよりもクライアントの目標であるから，そのことは，セラピストが多様な資源とトレーニングから広範囲の諸方法を並行して習得することを可能にする。さらに，クライアント-セラピストの協働という多元的な観点から強調されることは，特に価値ある統合的な構成概念を提供するだろう。どのように協働するかということのさまざまなあり得る可能性についてクライアントと会話を始めることを通して，セラピーの諸方法のどんなコンビネーションも採用され得るのである。例えば，否定的もしくは非合理的な思考を明確にし修正するためのCBTの技法を，夢の意味を探求するための精神力動的な手続きに結びつけることは，必ずしも認知的-行動的-精神力動的セラピーの「メタ理論」を発明することをセラピストに要求はしない。それよりも大事なことは，アイデアや方法をこのように具体的にミックスすることがクライアントにとって意味があるかどうかであり，また実際的にそれがクライアントの課題と目標の達成に貢献するかどうかである。

　それゆえ，多元的な考えに向かっている単一の流派のセラピストにとって決定的に重要なステップは，クライアントと協働するあり方，および何が機能するかについてのクライアントの選好と考えに対して自分が**応答的**であり得る程度に関して，システマティックに熟考することであろう（Stiles, Honos-Webb & Sturko, 1998）。応答性とは，第3章で論じたように，クライアントの選好に関して傾聴し質問すること，そしてそのような会話から生まれるさまざまな可能性を探究し実行すること，さらにこのプロセスのあらゆる側面に存在している有益性をモニターすること／レビューすることを含むものである。多元的セラピストになるということは，ある種の個人的かつ専門的な能力開発の「プロジェクト」としてとらえることができる。そのプロジェクトは，この種の協働的な活動にどのように関与しているかを熟考するための時間を取り，そして自分の「協働的なレパートリー」を拡張するあり方に取り組むことである。どんなセラピーのアプローチにおいても，このことは常に活

用されているものである。熟練した臨床家がこの種の自己探求を行うときによく生じるのは次の点に気づくことである。(a) セッション中に協働的会話のために取る時間がいかに少ないか、そして (b) クライアントの選好に柔軟に応答するためには、自分がもっているアプローチの中にどのくらい多くの可能性があるのか。この種の個人的なプロジェクトは、多元的な協働に関するワークショップに参加することや、ピアによる学習、グループスーパービジョン、多元的なアプローチを活用したスーパーバイザーとのやりとりに参画することによって支援され得る。

多元的な観点からのサービスの提供

サービス提供 (service delivery) のコンセプトは、セラピーが組織的な構造と手続きの点からアレンジされるあり方を意味している。多元的なスタンスは、カウンセリングやサイコセラピーの世界で現在採用されている種類のサービス提供のモデルに対して数多くの挑戦を提示するものである。全体的に見ると、このことは部分的に次のような理由による。それは、セラピー実践を支配している自明の伝統が固定的で柔軟性を欠いた臨床的実践のあり方を規定する傾向にある（例えば、同一のセラピストとの週1時間のセッションなど）ということである。この融通性の欠如は、ある特定のセラピーモデルが支持されるべきであることが示されていると考えられる、エビデンスに基づく臨床実践のガイドラインによって、そして保健サービスにおけるセラピーの官僚主義の蔓延によって強化されてきた。多元的な観点は、セラピーのサービスにおいて現在普及しているどこか柔軟性を欠いた提供の仕方とは対照的に、さまざまに異なる人はそれぞれ異なるニーズや期待や学習スタイルをもっていることを示唆しており、個々の要請に合わせて仕立てられる柔軟なサービスを構築することが重要である、という意味を有している。

セラピーを提供する組織に求められる要因である柔軟性の次元のいくつかを以下に示した。そこでは、それぞれについてどのような選択をするのかが事前に話し合われる。

- セッションの頻度（毎日、毎週、不定期の間隔）
- セッションの時間（20分、1時間、丸1日……）
- 対面的な面接以外のセラピストへのアクセス（例えば、電話でのコンサルテーション、電子メール、手紙など）
  セラピストの選択（性別、年齢、民族性、性的傾向、宗教、パーソナリティスタイル）
- セラピストを交代できる、あるいは同時に1人以上のセラピストと会う仕組み

- カップルセラピー，家族セラピー，グループセラピーが受けられること
- セルフヘルプのための資源が活用できること
- 医療専門家の治療へのアクセス
- セラピーの場所（セラピー専用オフィス，自宅，戸外）

　上記のすべての次元で最大限の柔軟性や応答性を積極的に提供することは，経営上のコストを押し上げる可能性があり，そのシステムに無理な要求をするクライアントが出てくる状況をつくり出すことは明らかである。しかしながら，次のこともまた明らかである。それは援助を求めている一部の人々にとっては，以上のような選択が自分に開かれているということを知っていることが，セラピーによる援助を活用できることと，セラピストとコンタクトを取らなかったりセラピーから途中でドロップアウトしたりすることの間の違いを生むかもしれない，ということである。

解説ボックス8.3：クライアント自身がどれくらいの期間，どれくらいの頻度で，何回くらいの支援が必要であるかを決定するのを援助する

　臨床心理学者ティム・ケアリー（Tim Carey）が公刊した2つの研究（Carey, 2005; Carey & Mullan, 2007）では，クライアントにセラピーの予約についてスケジュールを立ててもらうことの有効性が探求されている。NHSのプライマリーケアにおいてサイコセラピーを受けることになった一部のクライアントたちが，時間に空きがあればいつでも受付担当者にコンタクトを取ってセラピーの予約を入れることができると伝えられた。クライアントたちはまた，空いているセラピストであれば誰にでも予約することができ，セッションの時間もクライアントが決めることができるとされた。セラピーの終結時に，このような予約の仕方についてどのように感じたか尋ねられたクライアントは，その大多数がこうしたサービスの柔軟性を肯定的に評価すると回答していた。クライアントたちは，1週間に複数回，毎週，隔週といった広範囲の来談パターンを示したが，大多数のクライアントは自分のスケジュールによって予約の頻度を変えていた。セッションの時間も15分から80分までさまざまで，予約がキャンセルされる割合は統計的に有意に減少した。Carey（2005）は，クライアントに予約のスケジュール管理を勧めることは，セラピーのプロセスにとって有益であると結論づけている。「セラピストが予約のスケジュールを決めることは，患者がどのような意図で世界を経験しているのかを混乱させる。……おそらく，サイコセラピーのプロセスの中で生起する"諸問題"［例えば，予約のキャンセル，治療同盟の悪化］は，患者が自分で決めていない事柄による不如意な影響を取り除こうとする努力なのである。」(p.332)

第8章　スーパービジョン，トレーニング，CPD，サービスの提供：多元的な観点　　*215*

　本書に記述されているセラピーへの多元的なアプローチは，主に，幅広い問題や選好をもち，自分にとって何が最も有益であるのかを考えているクライアントと臨床実践を行っている，「前線の（front-line）」臨床家たちのためのものである。そのイメージは，「プライマリーケアの総合医（primary care general practitioner）」に対応するセラピストである。このようなサービスの提供の形態は，特定の問題に対して特定のセラピーの形式を提供しているセカンダリーケアの専門医が存在していることと矛盾しない。例えば，多元的なあり方で実践している前線のカウンセラーもしくはサイコセラピストは，強迫的な行動パターンを示していたり，自分を守るための儀式的行為を反復する必要によって生活が制限されているような大多数のクライアントに対して，効果的なセラピーを提供することができるだろう。しかし，こうしたクライアントの中には重症のあるいは慢性の長期間続く強迫症／強迫性障害（OCD）に苦しんでいる人たちもいて，その特定の問題にずっと豊かな経験をもっているセラピストやクリニックに相談するように助言される方がよいかもしれない。その人たちは，この種のクライアントを専門に臨床を行っているからである。経済的あるいは専門的な障壁がないところで，多元的なセラピーのサービスが，多元的な前線のセラピストと，重症で複雑な問題を扱う専門のセンターとの連携によって組み立てられることが理想である。同時に，この理想的なシナリオでは，リファーとコンサルテーションがどんな方向に向けても行われるはずである。例えば，専門のセンターに適切にリファーされるために，援助を探している人びとが前線の臨床家によって必ずしも「スクリーニング」されたり，アセスメントされたりする必要はない。現に，OCD，アルコール問題や摂食障害，家族の問題などを抱えて生きることに苦しみながら，必要なのは集中的な専門的援助であることがよくわかっている多くの人たちもいる。

　「段階的ケア（stepped care）」の概念は，次のようなサービス提供のモデルを指す。すなわち，援助を求めている人びとはまず，例えば，セルフヘルプのマニュアルやオンラインプログラムを試みるように促されたり勧められたりするような「集中度が低い」サービスを提供され，そうした最初の「段階」が効果をもたないことが明らかになった場合にのみ，「集中度が高い」サービス（例えば，個人セラピーや入院治療）へとリファーされる，というものである。通常，治療の集中度の「段階を上げる」決定は，クライアントが示す症状のケアワーカーによるモニタリングに基づいて行われる。このようなサービス提供のモデルは，それぞれ異なる人々はそれぞれ異なるタイプの援助を必要としているという認識をするという点では，多元的な立場を反映するものである。しかしながら，リファーをするかどうかの決定が基

本的にメンタルヘルスの専門家に委ねられており，クライアントの選好や選択に対する視野を欠いている場合には，段階的ケアは，サービス提供の柔軟で個人的なアプローチを実践する手段というよりも，希少な（すなわち，集中度が高い）サービスをどのように配給するかについての枠組みとしてのみ見なされかねない。

　サービス提供の中に多元的なエトスをもたらすために活用できる別の方略が，複数のセラピストのチームやネットワークとしてセラピーの提供を組織化することである。例えば，サイコセラピストたちのあるグループがチームとして一緒に活動している場合には，ある問題を探求し，その意味を見出そうと1人のセラピストのもとへ来談しているクライアントが，そのセラピストチームのCBTのトレーニングを受けた別のセラピストに相談する方が有益であると考えるようになるかもしれない。そのときそのクライアントは，自分の問題に沿った行動の変容を実現したいと望んでいるのである。この種のチームによる臨床実践は，異なる専門的な背景をもつセラピストたちによって行われ得る。例えば，摂食障害の問題でセラピーを受けていたクライアントが，スポーツ・エクササイズセラピストや栄養士とのセッションからよい支援を受けるかもしれない。臨床実践の組み合わせには多くのパターンが考えられる。例えば，カップル・グループセラピー，クリエイティブ・アートセラピー，心理教育的プログラム，スピリチュアルな実践，その他数多くの臨床資源である。

　したがって，人生の問題を乗り越えるように人々を援助する多元的で多様な観点のアプローチの利点を最大化するためには，カウンセリングやサイコセラピーの提供を組織化する広範な可能性が存在していることが理解できる。このようなセラピーの活動のさまざまなパターンは，「エビデンスに基づく」臨床実践に関する現行の政策——そこでは，（英国国立医療技術評価機構（NICE）のガイドラインやその他のプロトコルを通して）どの「症状／障害（disorder）」にも1つか2つの効果が実証された妥当な介入が特定されている——への挑戦となるものである。多元的な観点からすると，サービスの提供のシステムは，人々が自分にとって最も意味あるセラピー体験のタイプを見つけるためにサービスを十分に選ぶことができるようにデザインされていなければならないのである。

要　約

　本書で展開しているセラピーへの多元的アプローチは，効果的なカウンセリングやサイコセラピーの提供をサポートするシステムの全体へと拡張することができる。多元的なスーパービジョンは，スーパーバイザーとスーパーバイジーの協働的で柔軟な関係によって行われ，セラピーの目標，課題，方法をめぐるクライアントとセ

第8章　スーパービジョン，トレーニング，CPD，サービスの提供：多元的な観点　217

ラピストの協働の水準を高めることに特に焦点をあてる。単一の流派のトレーニングプログラムに多元的な諸原則が組み込まれるとき，研修生たちは他の諸流派を尊重し価値づけ，自分自身の限界に批判的に気づき，リファーを行うスキルと知識を身につけるように促される。具体的にセラピストを多元的な仕方でトレーニングするためのプログラムは，新しいスキルやセラピーの方法に開かれた態度を促進するように焦点づけられたものである必要があろう。研修生は「アイデアの鋭い目利き」にならなければならない。つまり，一定の範囲の概念に関するスキルと知識をもちつつ，その概念に対して批判的な距離を取ることができるようにならなくてはならないのである。研修生には，サービスの利用者へ深い尊敬の念をもち，サービス利用者と積極的に協働していけるようになることが求められる。多元的なトレーニングは，次の3つのレベルで概念化することができる。すなわち，基本的なカウンセリングスキルの発展，特定の諸方法の明細化，そして上級のトレーニングである。特定のセラピーの流派の中で初期のトレーニングを受けたセラピストにとっては，多元的な継続的専門職能力開発（CPD）ではかなり多様な付加的な諸方法を身につけることになるが，協働的な臨床実践におけるスキルや応答性，目標指向性を発展させることは，こうした継続的専門職能力開発にとっての統合的な架け橋としての役割を果たし得るものである。サービス提供の点からすると，ほとんど必要かつ十分な構造は現場の前線の多元的な臨床家によって提供され，単一の流派のセラピストはより専門的なサイコセラピー的介入を提供する，というモデルが提案される。

振り返りとディスカッションのための質問

1. スーパービジョンへの多元的なアプローチの利点と弱点について，あなたはどのように考えますか？
2. 研修生が多元的な臨床家として育っていくときに，最初に1つの実践形態を深く学ぶ方がよいと思いますか，それとも広範囲の諸方法を並行して学習する方がよいと思いますか？
3. 心理的なセラピーを提供する組織は，理想的にはどのように構成されるべきであるとあなたは考えますか？　本章で示されたような，多元的なあり方で実践する現場の前線の臨床家がいて，それを単一の流派の専門家がバックアップするという考え方に，あなたは賛成ですか，反対ですか？

第9章 ディスカッション：
新しいパラダイムに向けて

> この章で取り上げること：
> - 本書の中心的テーマ
> - 多元的アプローチと多元的な臨床実践によく寄せられる疑問や批判
> - 未来への挑戦と展望

本書のまとめ

　セラピーへの多元的アプローチでは，それぞれのクライアントは，その時々でさまざまに異なる事柄から利益を得るようだと考える。セラピストは，クライアントがセラピーから何を得たいのか，またどのようにそれを達成するのかを決めていくのを援助するために，クライアントと協働的にかかわらなければならない。このような全体を見渡す多元的な見地は，多元的な臨床実践の中に組み込まれ得る。そこでは，セラピストは，クライアントが自らの目標に向かって取り組むことを援助するために必要な広範な方法を提供するのである。多元的アプローチは，カウンセリングやサイコセラピーの世界における学派主義や二元的思考（binary thinking）を乗り越えたいという願いから生じたものであり，さまざまな流派が提供する多様な方法や概念を肯定的に評価する姿勢を大事にしている。このアプローチは，多元的な哲学的見地に支えられており，他者を，そのすべての他者性において深く尊重するヒューマニスティックなコミットメントにその基盤を置いている。さらに，このアプローチを支持するものに，人の機能は多面的（multifaceted）で多因的（multidetermined）で多層的（multilayered）であることを示す心理学的な実証的研究がある。つまりサイコセラピーの研究からは，最も効果的なセラピーというものはないこと，またクライアントは，自身の特性や選好に合うセラピーを受けるときによりよい結果に至る傾向にあることが示されているのである。このアプローチはまた，現代のヘルスケアやソーシャルケアの政策方針にも沿うものである。この多

元的アプローチの核心は，セラピストとクライアントの協働的な関係へのコミットメントにある。セラピストがこのコミットメントを実現するのを助ける数多くのやり方があるが，多元的アプローチではセラピーの目標，課題，方法に関する話し合い（negotiation）とメタコミュニケーション（metacommunication）の活用を特に強調している。

実際の臨床実践において，多元的セラピーもしくは多元的な観点を取り入れたセラピーは，クライアントがセラピーの目標をはっきりと定めるのをクライアントとともに進めていくことから始まる。クライアントがはっきりと目標を表現できるかどうか，あるいは目標を漠然とあいまいにもっているに過ぎないかどうかは，継続していくセラピーの進め方にとって方向づけの目安としての役割を果たすであろう。またセラピーの初期には，セラピストは，クライアントがそのセラピーで特に焦点をあてたいことや，最も役立ちそうなセラピーの方法や進め方を探求するようにクライアントを促すことが多い。セラピーの活動が進み始めると，セラピストは，自分が受けたトレーニングやクライアントの固有の望みや選好に応じた広範な方法やスキルを適用していくが，しかし常に，クライアントがフィードバックを行い，両者が話し合い，クライアントがセラピーの最善の進め方を決定できるような機会を提供しようとし続けるのである。

セラピーへのこのような多元的アプローチは，大規模なデータによる因果関係よりも，具体的なミクロの変化のプロセスにどのように焦点をあてるかということについて考えたり，取り組んだり，研究する，そのあり方を変える可能性を秘めている。また，そのアプローチは，協働的なクライアントとセラピストの活動や方法の多様性に開かれていることを強調することによって，セラピストのスーパービジョンやトレーニングに対しても重要な意味をもたらす。

よく寄せられる疑問

多元的アプローチの発展に伴って，数多くの似たような疑問や批判が筆者らに寄せられるようになってきている。このような疑問は，筆者らがこのアプローチについてあらためて考え，またその限界を検討するのにとても役立っている。その回答の多くはすでに前章までに示してきてはいるが，大事な点のいくつかをあらためて取り上げておくことは有益であると思われる。

多元的アプローチは，現在あるすべてのセラピーの方法に精通していなければならないのだろうか？

いいえ。第1章でも論じたように，セラピーについて多元的な観点を取り入れな

がら，単一の流派の中で臨床実践を行うことは十分に可能である。セラピストが多元的な観点を取り入れるということは，それぞれ異なるクライアントにとって有益（あるいは無益）であるかもしれないさまざまな方法の価値を認めていることであり，自らの限界を意識化していることであり，自分のもつ資源だけではクライアントが求めるものに応えられないときには，積極的にリファーできるということである。特に多元的なやり方で実践しているセラピストであっても，何でもできるはずだといった期待はかけられない。種類にして450を超えるセラピー実践の方法をすべて学習できる者はいない。繰り返すが，重要なのはクライアントに何が提供できるのか，できないかの自覚であり，できることとできないことについてセラピストがかかわる人々とやりとりし，話し合えることである。

私のクライアントのほとんどは，セラピーに何を求めているのか答えられない。クライアントにそれを尋ねることにどんな意味があるのか？

　セラピーの目標をめぐっての話し合いややりとりは，単に最初のセッションでクライアントが何を求めているのかと尋ねたり，あるいは，すぐに明確な答えが返ってくるのを期待するということではない。一般的に言って，人々がセラピーの（そして人生の）目標を明確にするには時間がかかるものであり，クライアントが望むことについて考えていることや，話したいことに取りかかるきっかけとして，さらにフィードバックの文化を醸成するものとして考える方がおそらくはるかに意味があるだろう。とは言っても，クライアントが自分の望んでいることをただ語ることによって，またそのことを伝えるのに十分安全であると感じることによって，クライアントは自分の目標についてずっとはっきりととらえることができるようになるだろう。

クライアントが多元的アプローチを求めない場合——セラピストに何をすべきか決めてほしいと望む場合——はどうなるのか？

　場合によっては，セラピーの多元的な観点とは，非多元的なやり方でセラピーを提供することを意味している，というのは多元的アプローチのパラドックスの1つである！　セラピーの目標，課題，方法についてのメタコミュニケーションや話し合いとは，一部のクライアントにとっては間違いなく最も不要なものである。ミックの同僚であるパーソンセンタードセラピスト，エリザベス・フレア（Elizabeth Freire）の言葉を借りれば，次のように言えるだろう。「あなたが穴の底に落ちたときに最も役に立ちそうにないのは，こんなふうに言う人でしょう。"さて……どうしましょうか。ハシゴがほしいですか……それともロープ……あるいは，穴から出るのに何が役立つのか，もっと話し合いましょうか？"そうではなくて，あなたは

穴から出してくれる人がほしいだけなんです」。つまり，多元的に実践するということは，多元的なセラピストの活動そのものの適切性や有益性に感受性豊かであり，適切に調整が行えることなのである。

　また一部のクライアントは，選択肢や代替案，セラピーのプロセスに関するメタコミュニケーションが提供されることに対して，セラピスト自身が「何をやっているのかわからない」ということのサインであると解釈する可能性がある，ということに留意しておくのも重要である。これは，セラピーの肯定的成果に重要であるのがセラピストに対する希望や期待，信頼であること（Cooper, 2008）を考慮すれば，かなり有害な影響を及ぼす可能性をもつ。したがって，セラピストがクライアントとかかわっていくにあたって，（セラピストが有害な影響の可能性を感じている場合には）柔軟性と自分の援助能力についての自信を伝えることの間にバランスを見出すことが重要である。これは例えば，「何があなたの役に立つのか私にはまったくわからないなぁ……あなたが決めてくれませんか？」と言うよりも，「私にはあなたの役に立つかもしれないいくつかのよい考えがあるのだけれど，それよりもあなたがどう思っているのか確かめましょう……」といった言い方のほうが，ずっと援助的である可能性が高いということである。

多元的に実践するとは，クライアントが求めることを何でもやらなければならないのか？

　いいえ。私たちが皆そうであるように，クライアントも時には間違ったり，結果的には役に立たないことを求めたりする。そしてセラピストは，人間の心理的な働きについて詳しい理解をもつ者として，クライアントにとって長期的に何が有益かを見定めるサポートを提供することにおいて，できることがたくさんあるかもしれない。したがって，多元的アプローチでは，セラピストが自らの理解や感じたことや専門的な知識を脇に置いて利用しない，ということを求めるものではない――これらはセラピーにおける協働的な対話のとても価値あることの一部であるかもしれないのだ。しかしながら，セラピストに必要なのは，クライアントが求めることに敬意と理解をもって対応し，そして，クライアントの求めることをセラピーの中心に据える，ということである。

多元的な枠組みは目標や成果に焦点をあてる，とても課題指向なものだと感じる――ただクライアントと「ともにいる」ことそれ自体は一体どうなるのか？

　多元的な立場からして，特定の目標が達成されることを期待するのではなく，ただ「クライアントに寄り添って」いることを望むセラピストを求めるクライアントがいる，ということは疑いようのない事実である。したがって「目標」，「課題」，「方法」といった多元的な枠組みの用語を，すべて文字通りに解したり，クライア

ントは特定の成果に至るようにプレッシャーをかけられるべきであるといった意味でとらえたりすべきではない。むしろ，これらの用語は，クライアントが何を求めているか，どのようにしてそれを達成するか，そしてそれを実現するために何を行うかを指し示すための最も広義の意味で用いられる。この意味で，「ただクライアントとともにいる」ことはセラピーの課題の1つと見ることができ，「自分自身でいることがもっと心地よく感じられる」ことといった，一連のセラピーの目標を達成するために取り組まれるものと言える。このことから，「方法」，「課題」，「目標」といった用語は，意識的かつ意図的に選択されたものを指すことが多いが，必ずしもそうである必要はない。これらの用語はむしろ，もっと複雑で，無意識的で，有機的なプロセスを包摂することを意図するものである。

多元的アプローチを採用することで，私の臨床実践には実際にどのような違いが出てくるのか?

　単一の流派の範囲内で実践するセラピストにとって多元的に考えるとは，少なくとも初めは臨床実践に大きな違いを生むわけではないかもしれない。しかし，セラピーに何を求めるかや，どのようにしてそれを達成できるかについてのクライアントとの話し合いやメタコミュニケーションの量は増えるはずである。この道をたどることとなった筆者らは，1つの帰結として「自分がこのクライアントと何をやっているのかよくわからないし，あまり変化がない気がする」といったあいまいな感じに時折襲われるよりも，自信や「自分が今どんな役割を果たしているかわかっている」といった感覚をより大きくもてるようになった。また，セラピー実践において，参加している感じや楽しさ——クライアントに寄り添っている感じや，セラピーに関する他の知識やスキルをもっと自由に活用し始めることができる感じ——が大きくなったことも経験している。十分に多元的な臨床実践を進展させていく道をたどっているセラピストは，その臨床実践によって明確な変化が感じられるだろう。特に，活用するセラピーの方法の幅が広がる。

多元的アプローチが意味するのは，どのセラピーの方法でも役に立つということなのか?

　いいえ。多元的アプローチが意味するのは，あらゆるセラピーの方法がもちうる**潜在的**な価値を認めることである。だが，ある方法が，あるクライアント（もしかしたらほとんどのクライアント）にとって，あるときに（もしかしたらほとんどのときにおいて）有害である可能性があることや，どのようなときにそうなるのかを見出すことがとても重要である，ということに対しても多元的アプローチは開かれているのである。残念なことに，現段階では，個々のセラピーに共通するものとして取り上げられるマクロレベルの疑問を超えて，どの「セラピーの」方法が援助

的ではない，ということについて私たちが知っていることはとても少ない（例えば，心理的なトラウマに対する単一セッションのデブリーフィング——Bisson, Jenkins, Alexander, & Bannister, 1997）。だからこそ，第7章で概説された実証的研究のアジェンダが，特定の方法が明らかに有害となるような個々の文脈の検証に役立つ点でとても重要であるといえる。

多元的セラピーはたくさんのさまざまな技法を，基底に何の一貫性もなく寄せ集めたあまりに表層的なものではないのか?

　多元的セラピーは，さまざまの知識や方法を広範に活用するが，それは1つのとてもはっきりとした焦点に向かうものである。その焦点とは，クライアントの目標である。したがって多元的セラピーは，一方で大きな多様性を含んでいるが，それはある焦点づけられた，一貫した明確な目的のための多様性なのである。さらに，第2章で示したと筆者らは考えているが，セラピーへの多元的アプローチとは，一貫した——複雑ではあるが——哲学的で倫理的な原理に根ざしたものである。

さまざまなセラピーの流派のすべてが，異なる哲学的・心理学的仮定に基礎づけられているのは間違いない。それなのに，どうやってそれらを一緒くたにできるのか?

　異なる世界観を組み合わせるのが問題になるのは，クライアントがそれらを活用するかもしれない，あるいは活用しないかもしれない提案としてでなく，動かし得ない相互に排他的な真実とするときである。言い換えると，例えば，人は自己実現しつつある存在だというパーソンセンタードの信念を，人はうまく機能しないやり方で思考するという認知行動療法の信念と統合することは難しい。しかし，これらの観点を「軽やかに（lightly）とらえる」——言い換えると，人は成長に向かって進んでいくものだととらえることは時には有益かもしれないし，また，人は思考において間違いを犯すものだとも時には見なせるかもしれない——ならば，それらを同時にもっていることに全く問題はない。さらに，このような基本的な仮定のうちのある組み合わせが，他の組み合わせよりも「真実」であることを示す本当に十分なエビデンスが出てくるまでは，それらをこのように軽やかにとらえておくことが最も倫理的なスタンスを取ることになる，と筆者らは考える（第2章参照）。

私たちの多くは結局のところ多元的なセラピストではないのか?　それなら何を大げさに議論する必要があるのか?

　実証的研究が示すように（第1章および第6章の解説ボックス6.1参照），セラピストの多くはすでに，本書で描かれた多元的アプローチと一致したやり方で思考したり臨床実践を行っている，というのは疑いのない事実である。しかし本書が，こ

の観点や臨床実践について明瞭に表現しようと本格的に試みた最初の著作だと筆者らは考える。また，確立された統合的あるいは折衷的アプローチの一部，特にマルチモードセラピー（Lazarus, 2005）は，ほとんど多元的な臨床実践であるというのも正しいが，筆者らは，この多元的アプローチをユニークな形で包括的かつ協働的なものにしている，一定の特徴が存在すると考える（第1章参照）。筆者らが真に望むのは，クライアントとのこのような臨床実践のあり方——柔軟で，応答的で，協働的な——のより一層深い理解と発展が促されるような枠組みや実証的研究のアジェンダが本書を通じて生み出されることである。

さまざまなセラピー流派のすべてを尊重するべきだというのは，1つの重要なことである。しかし，そのようにオープンでいることは本当に簡単なことなのか？

　筆者らの経験から判断させてもらうなら，ほぼ確実に，いいえである。例えばミックは，実存的，パーソンセンタード，そして関係的といったさまざまなアプローチにかかわっているが，他の考え方の学派に対して否定的だ，あるいは過度に批判的だ，との非難を一度ならず受けてきた。しかしながら，学派主義や仲間内での内輪揉め（favouritism）へと私たちを引き寄せる心理的な圧迫（解説ボックス1.1参照）を考えれば，そのようなバイアスは意外なものではない。それは例外的なものというよりも常にあること，と考えるのが最善かもしれない。その点から，他のカウンセリングやサイコセラピーの領域から生まれた方法に対する「内と外（us and them）」という態度は，私たちが常に警戒しておくべきものだと言える。しかし，私たちの多くにとって，専門家となるトレーニングが，自らのバイアスや偏見を脇に置いておくことを学ぶ作業を含むものであったように，他の方法や臨床実践に対するバイアスや偏見を認識し，カッコにくくることも，私たちは学習することができるはずである。コノリー（Connolly）（2005: p.81）が言うように，自由を拡大するという関心のために，「多様性のもたらす痛み（agony of diversity）」に耐え忍ぶためには，多大な精神力を必要とするかもしれない。

　興味深いことに，コノリー（2005）はまた，集団間の多様性へと自らをオープンにしていく最前の方略の1つとして，集団内部の多様性を認めていくことを提案している。つまり，自分の流派が不均一かつ流動的で，内部境界の定義もあいまいであることに気づくことができるほど，自らが引く「外」の世界との境界線もより厳格さを失って感じられる，ということである。これは，例えばパーソンセンタードセラピーの世界などで，確かにその通りだと議論できそうである。パーソンセンタードセラピーでは，異なる「部族（tribes）」（Sanders, 2004）に対する認識の成長が，パーソンセンタード内のより統合的な諸見解の発展（Keys, 2003; Worsley, 2004）と同時に起こってきた。またコノリーは，集団内-外の障壁を乗り越えることに関し

て，これが，知的なレベルで物事を考え抜くことのみでなく，内側に堆積した直感に取り組むことでもあることを強調している。それは，第1章で論じたように，別の考え方に反応して，肩を上下させ，唇を堅く結び，皮膚が引きしまるといったときに気づくことであり，そうしたときに私たちは冷静になり，オープンな心を保つあり方を見出すのである。

ある一定の中核的な価値観のセット（例えば，多様性の受容はよいことだ，など）を抱えていたり，セラピーにはもっと優れたやり方（つまり，多元的な臨床実践）がある，という点で，結局は多元論それ自体が一元論ではないのか？

　イエスとも言えるしノーとも言える。というのは，多くの点で多元論はさまざまな真理を提示しているが，そのさまざまな真理は常に1つかそれ以上の固定的で教条主義的な〜主義に硬直化される可能性をもっている，ということはあらゆる多元論的で相対論的な思考のパラドックスである。筆者らが非常に努力したのは，本書に概説した多元的な観点の中に，非多元的で単一の流派による臨床実践も包摂する形でそれを展開してきた点である。また筆者らは，多元的な臨床実践のあり方が，単一の流派の専門性よりも必ずしも効果的であるとは主張してこなかった。それは，多元論の理論を軽やかにとらえ，そしてそれを所与の，あるいは疑う余地のない真理であると仮定しないことが筆者らにとって本質的なものである，ということを意味している。カウンセリングやサイコセラピーの分野を前進させていくために多元論が最善のやり方ではない，ということが明らかになるかもしれないし，そのような可能性に対して筆者らはオープンであり続けたいのである。

　そうは言ったものの，第2章で筆者らは，多元的アプローチにとって基礎となる中核的な価値観のセット——他者および違いに対するヒューマニスティックな価値の認識——をためらいなく一元論的なものとして提示した。これは矛盾なのだろうか？　この問いへの1つの回答は，多元論はさまざまな水準で存在することができる，というものである。『スタンフォード哲学百科事典（Stanford Encyclopaedia of Philosophy）』（2006）では，最もラディカルな「原理主義的多元論（foundational pluralism）」——所与の自明の価値観というものはまったく存在しないと考える——と，より穏健な「標準的多元論（normative pluralism）」——それは，ある一元論的な前提や価値観のセットの中にある多元的な観点に根ざすものである——は区別されている。この点では，本書で概説した多元的アプローチは後者の一例であると見ることができる。つまり，それは明確なヒューマニスティックな価値観や前提のセットから生まれてくる多様性と差異を是認するものである。その価値観や前提はある一定の限度までは，それらが折り合うことができないと考えられている。

　このことに深く関係して，多元論がすべての範囲の観点を受け入れ，二元的思

考を乗り越えるものであれば，どうしてそれは学派主義に対してこうも強く対抗する姿勢をとることができるのだろうか？　学派主義も1つの妥当な観点ではないのか？　他者を受容しないその他者をどのように受け入れるのか？　こうした問いは，あらゆる領域の多元論者を苦しめてきた。コノリー（2005: p.67）^{訳注12)}はこれに関してとりわけはっきりとしている。彼は，謙虚さや話し合い，調整はすべて，多元論（多元主義）のきわめて重要な美徳であるが，「これらの徳が限界に達するのは，…（中略）…多元主義の終結を要求する強力な一元論の威力に多元主義それ自体が脅かされるときである」と論じる。ここで彼は，一元論による抑圧や，画一性に向かう衝動の猛攻撃に抵抗することができる「多元主義者の好戦的な集合体（militant assemblage of pluralists）」の必要性を主張する。言い換えると，多元的な立場としては，政治的な領域であれ心理学的セラピーの領域であれ，他者性や違いを抹殺することを目指す人々――そのことで，その人々が理解や共感や価値づけをされないというわけではないのだが――に抵抗するというのは全く妥当なことなのである。

オーケー――多元論がよい考えだということはわかった。しかし，私は今どうしたらいいのか？

　本書には，文献購読や研究をさらに進めていくための提案を数多く示した。これらの情報源に加えて，Bohart（2006），Duncan, Sparks, & Miller（2006），Gold（2006）といった文献に掲載されているケーススタディを読むことで，臨床実践における多元的セラピーがどのようなものかのセンスを育てていくことも役立つかもしれない。いずれかの時点で多元的に臨床実践をしようと目指している誰もが，さまざまな考えや方法に開かれていること，クライアントの選好に関する情報を引き出し，それをもとに行動していく能力，そしてフィードバックの文化を確立する力が，どの程度反映されているかという点から，自分の臨床実践について腰を据えて振り返る必要がある。この種の個人的な点検は，通常，今後のトレーニング，個人的な学習，個人セラピーおよびスーパービジョンに必要とされる行動計画を生み出すだろう。

未来への挑戦

　筆者らの願いは当初から，セラピーへの多元的アプローチが，他の人々が修正し発展させ，自分のものにするような，カウンセリングやサイコセラピーの思考と実践の1つのあり方になることであった。第2章で論じたように，それは，特定の個人によってというよりも，関心をもった人々のコミュニティから現れてくるオープ

訳注12）杉田敦ほか訳（2008）『プルーラリズム』岩波書店 109頁の訳を参考にした。

ンソースのソフトウェアのプログラムやウィキペディアといったインターネットの情報源の延長線上にあるものだと筆者らは考えている。

　その発展に関して，おそらく最重要の課題とは，この観点をすでに備えたセラピストや関心のあるセラピストが，多元的に思考し実践するとはどのようなことなのかについてもっと話し合いを始めることである。多元的な臨床実践の体験について，またそこで感じた強みと限界について記述することは，多元的アプローチについて，また多元的アプローチがカウンセリングやサイコセラピーの分野に対してできるかもしれない貢献についての対話を発展させていく，重要なやり方であろう。

　第7章で議論したように，この領域にはもっとたくさんの実証的研究が必要である。第7章で提示した多元的な実証的研究のアジェンダは，学生・大学院生や研究者だけではなく，臨床家も携わることができるものである。最も基本的には，私たちが見出す必要があるのは，特定の目標を達成する際に有益である具体的なクライアント活動，セラピスト活動そして課題についてである。ケーススタディや質的研究のプロジェクトは，そのような探究にとっての理想的なあり方である。あるいはセラピストは，自身の臨床ノートに，以下に関する記録をそのまま残すこともできる。例えば，クライアントがしたどんなことが有益だったのだろうか？　セラピストとしての自分はそのことを促進するために何をしたか？　その結果はどのようなものだったか？　セラピーの課題のリストを作成すること，そしておそらくその分類基準（第5章参照）もとても価値があるだろう。より学術的なレベルでは，多元的な臨床実践と方法の有効性を査定できる統制群を用いた実証的研究も必要である。

　多元的アプローチの発展に関して，「目標」，「課題」，「方法」の各領域からなる全体的な枠組みを発展させ，再構成し，あるいはその名称を変更するやり方があるかどうかを見直すことも有益であろう。例えば，「文化的資源」といった他の領域は考えられるだろうか，あるいは，異なる領域を組み合わせることによって，枠組みをもっとシンプルなものにできるだろうか？

　未来に向けてのもう1つの挑戦としては，多元的な臨床実践の発展に役立つツール，技法，方略を開発することである。例えば第3章では，セラピーパーソナライゼーションフォーム（Therapy Personalisation Form，付録Bを参照）の開発について議論したが，クライアントが自分の具体的な強みや資源を明確にするのに役立ち得る尺度についてはどうだろうか？　また，セラピー実践の中心にある活動として，メタコミュニケーションはさらに十分に吟味され発展させられるものである。どのような種類のメタコミュニケーションがクライアントにとって最も援助的であるか？　メタコミュニケーションの能力を向上させるにはどうすればよいか？　メタコミュニケーションをすることが適切な場合，そして不適切な場合はどうすればわかるのか？　さらに，クライアントとセラピストの協働を促進する，まだ見つかっ

ていない他の方略があるかもしれないし，加えてクライアントが，自らの資源やセラピーの活動に参加する前向きな気持ちを育むのをさらに十分に援助できる方略があるかもしれない。

　こうしたアプローチが前進していくためには，多元的な臨床実践を行う人々をトレーニングしたりスーパーバイズしたりする能力を発展させることも重要である。第8章で議論したように，この側面に関しては多くの疑問や論点が存在する。例えば，研修生がトレーニングを受けるべき基本的な課題や方法はどのようなものか？　単一の流派の方法のトレーニングをまず行ってから，その後でその他の臨床実践のやり方を統合するように援助したほうがよいか，それとも最初から多元論を教えるほうがよいか？　また，研修生がさまざまな方法に圧倒されずに，それらに対して開かれた姿勢を保つことができるように援助するにはどうしたらいいのか？

　最後の，そしておそらくはすべてに関連する挑戦は政治の領域にあるだろう。そこでは，多元論はとても優位な位置にあると議論されているようである。マクレナン（McLennan）（1995: p.99）は次のように書いている。

> われわれは今やみな多元論者である。一元論と多元論の出会いは，人間の対話の永遠の布置を得るということに近いが，一元論から離れて多元論へと向かうゆっくりとしたシフトは長い時間をかけて生じた。かつて多元論には，壮大な一元論の建造物にぶつかり，それを解体しようとする重荷が課されていたが，今日では，どんな信頼に足る「巨大な像」であっても，それが知覚される多元性を打ち消したり価値を減じたりしないように，細心の注意を払わなくてはならないだろう。

　一方セラピーの分野にも，「そのいずれも（both/and）」の思考の時代が来たと考える人々がいる。例えば，ケネス・ガーゲン（Kenneth Gergen）（2000: p.368）は書いている。「セラピストはユニークな合流，つまり伝統的には別々だった要素を組み合わせ統合する臨床実践を創造するという自由をますます感じるだろう。伝統的に対立してきた学派や臨床実践の間の争いは，ユニークでしっかりとした結合への関心の中で消えていくだろう」と。

　しかしながら，ここしばらくは，エビデンスに基づく一元論的な治療，無作為統制試験，構成的でマニュアル化されたセラピーへと向かう動向が続く可能性が高いように思われる。

　上記で論じたように，多元的セラピストがそのような単一主義的な力に対する抵抗の最前線にあるべきであると提案する根拠はある。しかしどうすれば，分野を二分せずにそうすることができるだろうか？　あるいは，クライアントにとって有益な介入を提供し，最善のケアをつくり出すことをおよそ第一に考えている人々に対して，その人たちを悪の化身にするような結果に陥らないやり方で，そうすること

ができるだろうか？　多元的セラピストが，メンタルヘルス財団（Mental Health Foundation）（www.mentalhealth.org.uk/），鬱同盟（Depression Alliance）（www.depressionalliance.org/），MIND（www.mind.org.uk/）といった利用者団体や組織と緊密な関係を保ちながら活動することは，おそらく1つの前進するあり方となるだろう。と言うのも，カウンセリングやサイコセラピーの政策に関するこれらの組織の立場は，特定のドグマや信条（多元論も含めて）になるべく依存せずにサービス利用者の具体的なニーズにより多く基づくという傾向にある。ここには，認知行動療法といったエビデンスに基づく臨床実践が有する大きな価値と同時に，それぞれのクライアントがもつさまざまなニーズを認めることによる，とても豊かで，しかも極端に偏らない基盤を見出そうとする傾向が見られるのである。

解説ボックス9.1：多元論：1つのあり方？

　いくつかのセラピー，特にパーソンセンタードアプローチに関しては，単なるセラピーの方法というだけでなく1つのあり方（a way of being）である，と言われる。価値の観点から言うと，多元的アプローチもある程度同じような潜在的な可能性をもっている。もちろん以下は，1つのタイプの「多元的なパーソナリティ」があるということを示唆するものではないが，多元的指向をもつ個人は，そのあり方において次のような特徴を有していると言える。

- 他者からのフィードバックにオープンであり，関心をもっていられるよう努力している。
- 受け取ったフィードバックに対して応答的で，柔軟で，順応的であり，そこから学べることを見出す。
- 他者にとって何が最善であると仮定するよりも，他者が何を求め，何を必要としているかを見出そうとする。
- 他者が求めていることをその人とともに明確にしようとし，対話的で協働的な仕方でそのことを表現しようと努める。
- 差異と多様性に価値を置き，それによって社会正義にコミットする。
- 人生の最も根源的な問いに対する唯一の正しい解答は存在しないと考え，したがって，代替的なさまざまの意見を尊重し，対話に従事したいと考える。

結　論

　多元論とは,「自らの信念が不確実性と多義性によって飽和状態にあるため，断固たる行動をとれない」(Connolly, 2005: p.3)[訳注13]人たちの「いくじなしのための哲学 (philosophy for wimps)」なのだろうか？　コノリーはそうではないと結論づけており，多元論にコミットする人々の中には「強い意志 (a strong will)」をもちながら同時に「感性のある魂 (a sensitive soul)」をもつ人がいる，と言う。カウンセリングやサイコセラピーに多元的アプローチを採用する人々についても，同じことが言えるかもしれない。上で議論したように，自身のバイアスや仮定から距離を置き，それらに開かれた姿勢を保ちつつ，かといって，何でもありといった相対主義にも陥らずにいられるのは決してたやすいことではない。しかし，多元論というプロジェクトは，カウンセリングやサイコセラピーの分野にある私たちの多くが，ウェルビーイングにとって必須であると感じる重要なものをとらえている，と筆者らは信じている。それは，多様性や差異や課題へのオープンさ，白か黒かという考えに陥ることへの慎重さ，そして自らの偏見や仮定を認識し受け入れ，カッコにくくることができる力である。

　筆者らの願いは，本書に概説した多元的アプローチが，心理的セラピーについて考え，実践する際の新しいパラダイムの出発点を提供できていることである。おそらく最終的には，学派主義と流派間対立の時代から，建設的で複数のアプローチ間の相互に認め合う関係へと，そして，臨床家とサービス利用者とのより協働的な関係へと私たちは動いていくことができるだろう。セラピーを効果的にするのは何かについて，私たちのすべてが合意することはないかもしれない――まさに，合意が欠如しているということこそ多元的哲学の核心に位置づくものである。しかし，私たちは自分たちのもつ違いを尊重し，そこから学び，その違いがセラピストである自分たちのためのものというよりも，クライアントのためにあるものとして合意することができる。本書が意図するものは，カウンセリングやサイコセラピーの理論や研究，臨床実践，トレーニング，そしてスーパービジョンに対する多元的見地の意義について，さらなる対話と議論へと導いていく招待状となることである。筆者らは，本書に示した考え方や臨床実践のあり方に意味を見出す他の人たちの体験について学ぶことを楽しみにしている。

訳注13) 同上『プルーラリズム』岩波書店 4 頁の訳を参考にした。

要　約

　本章では，多元的アプローチを要約し，さまざまなよく寄せられる疑問や異議に対して回答した。多元的アプローチが意味するのは，既存のすべてのセラピーにまさるものでなければならない，クライアントが求めることは何でもやる，機械的な課題指向になる，根本的に異なる方法で臨床実践を行う，セラピーの方法のどれもこれもが有益なのだ，といったことではない。むしろ，多元的アプローチが援助的である可能性が最も高いのは，それが感受性豊かに，個々のクライアントにとってオーダーメイドで適用されたときである。今後における最大の課題は，多元的に実践する人々の体験をもちよることで，セラピーにおいて何が有益か，そしてセラピストがいかに自身の臨床実践を向上させることができるか，について見出していくことである。多元的アプローチを取り入れ発展させていくことは当然，セラピストにとって簡単な選択ではない。オープンな心，柔軟性，そしてオール・オア・ナッシングの考え方に積極的に抵抗することへのコミットメントが要求される。つまるところ，できる限り最高のセラピーを提供するためには，クライアントとセラピストが互いに敬意を払い，また進んでお互いに活動し，しかもクライアントに私たちができうる最善のセラピーを提供する，そのような特徴をもつカウンセリングとサイコセラピーの分野における新しいパラダイムがもたらされる可能性に開かれていることを，筆者らは期待している。

振り返りのための質問

1. 本書を読み終えて，多元的アプローチに対する今のあなたの直感的な反応はどのようなものですか？
2. 本書で答えが出ていないと思われる，多元的アプローチや多元的な臨床実践に関するその他の疑問もしくは批判にはどのようなものがあるでしょうか？（Sage社を通してぜひ筆者らに送ってください）
3. 「多元論を課題として追究することは，逆向きの強い圧力にさらされるとしても，最も人間的で有望なアジェンダを提供してくれる」（Connolly, 2005: p.10）[訳注14]のでしょうか？　議論しましょう。

訳注14）同上『プルーラリズム』岩波書店 16 頁の訳を参考にした。

文　献

Addis, M. E., & Jacobson, N. S. (1996). Reasons for depression and the process and outcome of cognitive-behavioral psychotherapies. *Journal of Consulting and Clinical Psychology, 64*(6), 1417-1424.

Ann, H. N., & Wampold, B. E. (2001). Where oh where are the specific ingredients? A meta-analysis of component studies in counseling and psychotherapy. *Journal of Counseling Psychology, 48*(3), 251-257.

Alexander, F., & French, T. M. (1946). *Psychoanalytic Therapy: Principles and Applications*. New York: Ronald Press.

Andersen, T. (1987). The reflecting team: Dialogue and meta-dialogue in clinical work. *Family Process, 26*, 415-428.

Anderson, R., & Cissna, K. N. (1997). *The Martin-Buber-Carl Rogers Dialogue: A New Transcript with Commentary*. Albany, NY: State University of New York Press.

APA (American Psychological Association). (2006). Evidence-based practice in psychology. *American Psychologist, 61*(4), 271-285.

Appleby, L. (2009). Key themes. In Department of Health (Ed.), *New Horizons: Towards a Shared Vision for Mental Health (Consultation Document)*. London: Department of Health.

Ashworth, M., Shepherd, M., Christey, J. et al. (2004) A client-generated psychometric instrument: The development of 'PSYCHLOPS'. *Counselling and Psychotherapy Research, 4*: 27-31.

Bachelor, A. (1995). Clients' perception of the therapeutic alliance: A qualitative analysis. *Journal of Counseling Psychology, 42*(3), 323-337.

Baker, D., & Fortune, S. (2008) Understanding self-harm and suicide websites: A qualitative interview study of young adult website users. *Crisis, 29*(3), 118-122.

Bakhtin, M. (1973). *Problems of Doestoevsky's Poetics* (R. W. Rostel, Trans., 2nd edn). Ann Arbor, MI: Ardis.

Bakhtin, M. (1975). *Speech Genres and other Late Essays*. Austin, TX: University of Texas Press.

Baumeister, R. F. (1991). *Meanings of Life*. New York: Guilford Press.

Berne, E. (1961). *Transactional Analysis in Psychotherapy*. New York: Grove Press.

Beck, A. T., John, R. A., Shaw, B. E., & Emery, G. (1979). *Cognitive Therapy of Depression*. New York. Guilford Press.

Bedi, R. P., Davis, M. D., & Williams, M. (2005). Critical incidents in the formation of the therapeutic alliance from the client's perspective. *Psychotherapy: Theory, Research, Practice, Training, 42*(3), 311-323.

Beitman, B. D., Soth, A. M., & Bomby, N. A. (2005). The future as an integrating force through the schools of psychotherapy. In J. C. Norcross & M. R. Goldfried (Eds.), *Handbook of Psychotherapy Integration*. New York: Oxford University.

Berg, A. L., Sandahl, C, & Clinton, D. (2008). The relationship of treatment preferences and experiences to outcome in generalized anxiety disorder (GAD). *Psychology and Psychotherapy: Theory, Research and Practice, 81*, 247-259.

Berking, M., Holtforth, M. G., Jacobi, C, & Kroner-Herwig, B. (2005). Empirically based guidelines for goal-finding procedures in psychotherapy: Are some goals easier to attain than others? *Psychotherapy Research, 15*(3), 3 16-324.

Berlin, I. (1958). Two concepts of liberty. In H. Hardy (Ed.), Liberty. Oxford: Oxford University.

Berlin, I. (2003). The pursuit of the ideal. In H. Hardy (Ed.), *The Crooked Timber of Humanity: Chapters in the History of Ideas.* London: Random House.

Beutler, L. E., Blatt, S. J., Alimohamed, S., Levy, K. N., & Angtuaco, L. (2006). Participant factors in treating dysphoric disorders. In L. G. Castonguay & L. E. Beutler (Eds.), *Principles of Therapeutic Change that Work.* Oxford: Oxford University Press.

Beutler, L. E., Engle, D., Mohr, D., et al. (1991). Predictors of differential response to cognitive, experiential, and self-directed psychotherapeutic procedures. *Journal of Consulting and Clinical Psychology, 59*(2), 333-340.

Beutler, L. E., Machado, P. P. P., Engle, D., & Mohr, D. (1993). Differential patient x treatment maintenance among cognitive, experiential, and self-directed psychotherapies. *Journal of Psychotherapy Integration, 3*(1), 15-31.

Beutler, L. E., Mohr, D. C, Grawe, K., Engle, D., & MacDonald, R. (1991). Looking for differential treatment effects: Cross-cultural predictors of differential psychotherapy efficacy. *Journal of Psychotherapy Integration, 1*(2), 121-141.

Binder, P.-E., Holgersen, H., & Nielsen, G. H. S. (2009). Why did I change when I went to therapy? A qualitative analysis of former patients' conceptions of successful psychotherapy. *Counselling and Psychotherapy Research: Linking Research with Practice, 9*(4), 250-256.

Bird, A. (2009). Thomas Kuhn. In E. N. Zalta (Eds.), *The Stanford Encyclopedia of Philosophy* (Fall 2009 Edition). Available from: plato.stanford.edu/archives/fall2009/entries/thomas-kuhn/ (retrieved 1 December 2009).

Bisson, J. I, Jenkins, P. L., Alexander, J., & Bannister, C. (1997). Randomised controlled trial of psychological debriefing for victims of acute burn trauma. *British Journal of Psychiatry, 171*(1), 78-81.

Bohart, A. C. (2001). Emphasising the future in empathy responses. In S. Haugh & T. Merry (Eds.), *Empathy.* Ross-on-Wye: PCCS Books.

Bohart, A. C, & Tallman, K. (1999). *How Clients Make Therapy Work: The Process of Active Self-Healing.* Washington, DC: American Psychological Association.

Bohart, A. C, Elliott, R., Greenberg, L. S., & Watson, J. C. (2002). Empathy. In J. C. Norcross (Ed.), *Psychotherapy Relationships that Work: Therapist Contributions and Responsiveness to Patients.* New York: Oxford University Press.

Bohart, A. C. (2006). The client as active self-healer. In G. Strieker & J. Gold (Eds.), *A Casebook of Psychotherapy Integration.* Washington, DC: American Psychological Association.

Boisvert, C. M., & Faust, D. (2006). Practicing psychologists' knowledge of general psychotherapy research findings: Implications for science-practice relations. *Professional Psychology: Research and Practice, 37*(6), 708-716.

Bordin, E. S. (1979). The generalizability of the psychoanalytic concept of the working alliance. *Psychotherapy Theory, Research Practice, Training, 16*(3), 252-260.

Borrell-Carrio, F, Suchman, A. L., & Epstein, R. M. (2004). The biopsychosocial model 25 years later: Principles, practice, and scientific inquiry. *Annals of Family Medicine, 2*(6), 576-582.

Braaten, L. F. (1989). The self-development project list-90: A new instrument to measure positive

life attainment. *Small Group Behavior, 20*, 3-23.
Bragesjo, M., Clinton, D., & Sandell, R. (2004). The credibility of psychodynamic, cognitive and cognitive-behavioural psychotherapy in a randomly selected sample of the general public. *Psychology and Psychotherapy: Theory Research and Practice, 77*, 297-307.
Buber, M. (1947a). *Between Man and Man* (R. G. Smith, Trans.). London: Fontana.
Buber, M. (1947b). Dialogue. In *Between Man and Man* (R. G. Smith, Trans.). London: Fontana.
Buber, M. (1958). *I and Thou* (R. G. Smith, Trans., 2nd edn). Edinburgh: T. & T. Clark Ltd.
Cain, D. J., & Seeman, J. (Eds.). (2002). *Humanistic Psychotherapies: Handbook of Research and Practice*. Washington, DC: American Psychological Association.
Care Service Improvement Partnership. (2009). *Our Choices in Mental Health*. Available from: www.mentalhealthnurse.co.uk/images/Other%20Guidance/Choices%20Doc.pdf (retrieved 26 June 2009).
Carey, T. A. (2005). Can patients specify treatment parameters? A preliminary investigation. *Clinical Psychology and Psychotherapy, 12*, 326-335.
Carey, T. A., & Mullan, R. J. (2007). Patients taking the lead: A naturalistic investigation of a patient-led approach to treatment in primary care. *Counselling Psychology Quarterly, 20*(1): 27-40.
Carr, S. (2008). *Personalisation: A Rough Guide* (Adults' Services Report No. 20). London: Social Care Institute for Excellence.
Carrell, S. E. (2001). *The Therapist's Toolbox*. Thousand Oaks, CA: Sage.
Carver, C. S., & Scheier, M. F. (1990). Principles of self-regulation: Action and emotion. In E. T. Higgins & R. M. Sorrentino (Eds.), *Handbook of Motivation and Cognition: Foundations of Social Behaviour*. New York: Guilford Press.
Castonguay, L. G., & Beutler, L. E. (2006a). Common and unique principles of therapeutic change: What do we know and what do we need to know? In L. G. Castonguay & L. E. Beutler (Eds.), *Principles of Therapeutic Change that Work*. Oxford: Oxford University Press.
Castonguay, L. G., & Beutler, L. E. (2006b). Preface. In L. G. Castonguay & L. E. Beutler (Eds.), *Principles of Therapeutic Change that Work*. Oxford: Oxford University Press.
Castonguay, L. G., & Beutler, L. E. (Eds.). (2006c). *Principles of Therapeutic Change that Work*. New York: Oxford University Press.
Castonguay, L. G., Goldfried, M. R., Wiser, S., Raue, P. J., & Hayes, A. M. (1996). Predicting the effect of cognitive therapy for depression: A study of unique and common factors. *Journal of Consulting and Clinical Psychology, 64*(3), 497-504.
Chambless, D. L., Sanderson, W. C, Shoham, V., Bennett Johnson, S., & Pope, K. S. (1996). An update on empirically validated therapies. *The Clinical Psychologist, 49*(4), 5-18.
Chu, B. C, & Kendall, P. C. (2009). Therapist responsiveness to child engagement: Flexibility within manual-based CBT for anxious youth. *Journal of Clinical Psychology, 65*(1), 736-754.
Clark, D. M., Layard, R., Smithies, R., Richards, D. A., Suckling, R., & Wright, B. (2009). Improving access to psychological therapy: Initial evaluation of two UK demonstration sites. *Behaviour Research and Therapy, 47*(11), 910-920.
Clark, D. M., Salkovskis, P. M., Hackmann, A., Wells, A., Ludgate, J., & Gelder, M. (1999). Brief cognitive therapy for panic disorder: A randomized controlled trial. *Journal of Consulting and Clinical Psychology, 67*(4), 583-589.
Clarke, H., Rees, A., & Hardy, G. E. (2004). The big idea: Clients' perspectives of change processes in cognitive therapy. *Psychology and Psychotherapy: Theory Research and Practice, 77*(1), 67-89.

Clarkson, P. (1990). A multiplicity of psychotherapeutic relationships. *British Journal of Psychotherapy, 7*(2), 148-163.

Clarkson, P. (1995). *The Therapeutic Relationship*. London: Whurr.

Cochrane-Brink, K. A., Lofchy, J. S., & Sakinofsky, I. (2000). Clinical rating scales in suicide risk assessment. *General Hospital Psychiatry, 22*(6), 445-451.

Comer, R. J. (1998). *Abnormal Psychology* (3rd edn). New York: W. H. Freeman.

Comtois, K. A., & Linehan, M. M. (2006). Psychosocial treatments of suicidal behaviors: A practice-friendly review. *Journal of Clinical Psychology, 62*, 161-170.

Connolly, W. E. (2005). *Pluralism*. Durham, NC: Duke University Press.

Constantino, M. J., Marnell, M. E., Haile, A. J., et al. (2008). Integrative cognitive therapy for depression: A randomized pilot comparison. *Psychotherapy Theory, Research, Practice, Training, 45*(2), 122-134.

Cooper, C. (1996). Psychodynamic therapy: The Kleinian approach. In W. Dryden (Ed.), *Handbook of Individual Therapy* (4th edn). London: Sage.

Cooper, M. (2003). *Existential Therapies*. London: Sage.

Cooper, M. (2004). *Counselling in Schools Project: Evaluation Report*. Glasgow: Counselling Unit, University of Strathclyde. Available from: www.strath.ac.uk/ Departments/counsunit/research/cis.html (retrieved 1 December 2009).

Cooper, M. (2005). Working at relational depth. *Therapy Today, 76*(8), 16-20.

Cooper, M. (2006a). Analysis of the evaluation data *East Renfrewshire Youth Counselling Service (ERYCS): Development and evaluation of a full-time secondary school and community based youth counselling service in Scotland 2005*. East Renfrewshire: East Renfrewshire Council.

Cooper, M. (2006b). Socialist humanism: A progressive politics for the twenty-first century. In G. Proctor, M. Cooper, P. Sanders, & B. Malcolm (Eds.), *Politicising the Person Centred Approach: An Agendafor Social Change*. Ross-on-Wye: PCCS Books.

Cooper, M. (2007). Humanizing psychotherapy. *Journal of Contemporary Psychotherapy, 37*(1), 11-16.

Cooper, M. (2008). *Essential Research Findings in Counselling and Psychotherapy: The Facts are Friendly*. London: Sage.

Cooper, M. (2009). Welcoming the Other: Actualising the humanistic ethic at the core of counselling psychology practice. *Counselling Psychology Review, 24*(3&4), 119-129.

Cooper, M. (2010). The challenge of counselling and psychotherapy research. *Counselling and Psychotherapy Research, 10*(3).

Cooper, M., & McLeod, J. (2007). A pluralistic framework for counselling and psychotherapy: Implications for research. *Counselling and Psychotherapy Research, 7*(3), 135-143.

Cooper, M., & Spinelli, E. (2011). A dialogue on dialogue. In L. Barnett & G. Madison (Eds.), *Existential Psychotherapy: Legacy, Vibrancy and Dialogue*. London: Routledge.

Cottraux, J., Note, L, Yao, S. N., de Mey-Guillard, C, Bonasse, E, Djamoussian, D., Mollard, E., Note, B., & Chen, Y. (2008). Randomized controlled comparison of Cognitive Behavior Therapy with Rogerian supportive therapy in chronic post-traumatic stress disorder: A 2-year follow-up. *Psychotherapy and Psychosomatics, 77*, 101-110.

Cox, W. M., & Klinger, E. (2002). Motivational structure: Relationships with substance use and processes of change. *Addictive Behaviors, 27*(6), 925-940.

Crepaz-Keay, D. (2007). *What will patient-led services look like?* Available from: ipnosis.postle.net/

pages/SavoyCrepaz-LeahTranscript.htm (retrieved 1 December 2009).
Crits-Christoph, P., & Gibbons, M. B. C. (2002). Relational interpretations. In J. C. Norcross (Ed.), *Psychotherapy Relationships that Work: Therapist Contributions and Responsiveness to Patients*. New York: Oxford University Press.
Cytrynbaum, S., Ginath, Y., Birdwell, J., & Brandt, L. (1979). Goal attainment scaling: A critical review. *Evaluation Quarterly, 5*(1), 5-40.
Davidson, L, Harding, C, & Spaniol, L. (Eds.). (2005). *Recovery from Severe Mental Illnesses: Research Evidence and Implications for Practice, Volume 1*. Boston: Boston University Center for Psychiatric Rehabilitation.
Davidson, L., Harding, C, & Spaniol, L. (Eds.). (2006). *Recovery from Severe Mental Illnesses: Research Evidence and Implications for Practice, Volume 2*. Boston: Boston University Center for Psychiatric Rehabilitation.
Davis, F. A. (2010). Can we sustain the 'magic'? *The Psychologist, 25*(1), 32-33.
Deane, F. P., Spicer, J., & Todd, D. M. (1997). Validity of a simplified target complaints measure. *Psychological Assessment, 4*, 119-130.
den Boer, P., Wiersma, D., & van den Bosch, R. J. (2004). Why is self-help neglected in the treatment of emotional disorders? A meta-analysis. *Psychological Medicine, 34*(6), 959-971.
Department of Health. (2001). *Treatment Choices in Psychological Therapies and Counselling*. London: Department of Health.
Department of Health. (2009). *New Horizons: Towards a Shared Vision for Mental Health (Consultation Document)*. London: Department of Health.
Derrida, J. (1974). *Of Grammatology* (G. C. Spivak, Trans.). Baltimore, MD: Johns Hopkins University Press.
Devine, D. A., & Fernald, P. S. (1973). Outcome effects of receiving a preferred, randomly assigned, or nonpreferred therapy. *Journal of Consulting and Clinical Psychology, 41*(1), 104-107.
Dimsdale, J. E., Klerman, G. L., & Shershow, J. C. (1979). Conflict in treatment goals between patient and staff. *Social Psychiatry, 14*(1), 1-4.
Doidge, N. (2007). *The Brain that Changes Itself: Stories of Personal Triumph from the Frontiers of Brain Science*. London: Penguin.
Doss, B. D. (2004). Changing the way we study change in psychotherapy. *Clinical Psychology: Science and Practice, 11*(4), 368-386.
Downing, J. N. (2004). Psychotherapy practice in a pluralistic world: Philosophical and moral dilemmas. *Journal of Psychotherapy Integration, 14*(2), 123-148.
Dreier, O. (2008). *Psychotherapy in Everyday Life*. New York: Cambridge University.
Duncan, B. L., & Miller, S. D. (2008). 'When I'm good, I'm very good, but when I'm bad I'm better' : A new mantra for psychotherapists. Available from: www.psychotherapy.net/article/Scott_Miller_When_Im_Good (retrieved 27 January 2010).
Duncan, B. L., Miller, S. D., & Sparks, J. A. (2004). *The Heroic Client: A Revolutionary Way to Improve Effectiveness through Client-directed, Outcome-informed Therapy*. San Fransisco: Jossey-Bass.
Duncan, B. D., Sparks, J. A., & Miller, S. D. (2006). Client, not theory, directed: Integrating approaches one client at a time. In G. Strieker & J. Gold (Eds.), *A Casebook of Psychotherapy Integration*. Washington, DC: American Psychological Association.
Eells, T. (Ed.). (2007). *Handbook of Psychotherapy Case Formulation* (2nd edn). New York: Guilford

Press.
Egan, G. (1994). *The Skilled Helper: A Problem-Management Approach to Helping*. Belmont, CA: Brooks/Cole.
Elkin, I., Yamaguchi, J. L., Arnkoff, D. B., Glass, C. R., Sotsky, S. M., & Krupnick, J. L. (1999). 'Patient-treatment fit' and early engagement in therapy. *Psychotherapy Research, 9*(4), 437-451.
Elliot, A. J., & Church, M. A. (2002). Client-articulated avoidance goals in the therapy context. *Journal of Counseling Psychology, 49*, 243-254.
Elliott, R., Shapiro, D. A., & Mack, C. (1999). *Simplified personal questionnaire procedure. Network for Research on Experiential Therapies*. Available from: www.experiential-researchers.org/instruments/elUott/pqprocedure.html (retrieved 2 1 December 2008).
Emmelkemp, P. M. G. (2004). Behavior therapy with adults. In M. J. Lambert (Ed.), *Bergin and Garfield's Handbook of Psychotherapy and Behavior Change* (5th edn). Chicago: John Wiley & Sons.
Engel, G. L. (1977). The need for a new medical model: A challenge for biomedicine. *Science, 196*(4286), 129-136.
Eubanks-Carter, C, Burckell, L. A., & Goldfried, M. R. (2005). Future directions in psychotherapy integration. In J. C. Norcross & M. R. Goldfried (Eds.), *Handbook of Psychotherapy Integration*. New York: Oxford University Press.
Feltham, C. (Ed.). (1999). *Understanding the Counselling Relationship*. London: Sage.
Festinger, L. (1957). *A Theory of Cognitive Dissonance*. Evanston, IL: Row, Peterson.
Firestone, R. W. (1986). The 'inner voice' and suicide. *Psychotherapy, 23*, 439-447.
Firestone, R. W. (1997). *Suicide and the Inner Voice: Risk Assessment, Treatment, and Case Management*. Thousand Oaks, CA: Sage.
Flückiger, C, & Holtforth, M. G. (2008). Focusing the therapist's attention on the patient's strengths: A preliminary study to foster a mechanism of change in outpatient psychotherapy. *Journal of Clinical Psychology, 64*, 876-890.
Flückiger, C, Wiisten, G., Zinbarg, R. E., & Wampold, B. E. (2010). *Resource Activation: Using Clients' Own Strengths in Psychotherapy and Counseling*. Cambridge, MA: Hogrefe & Huber.
Ford, S., Schofield, T., & Hope, T. (2003). What are the ingredients for a successful evidence-based patient choice consultation? A qualitative study. *Social Science & Medicine, 56*(3), 589-602.
Foresight Mental Capital and Wellbeing Project. (2008). *Final Project report – Executive summary*. London: The Government Office for Science.
Frankl, V. E. (1986). The Doctor and the Soul: From Psychotherapy to Logotherapy (R. Winston & C. Winston, Trans., 3rd edn). New York: Vintage Books.
Friedman, M. (1985). *The Healing Dialogue in Psychotherapy*. New York: Jason Aronson.
Frovenholt, J., Bragesjo, M., Clinton, D., & Sandell, R. (2007). How do experiences of psychiatric care affect the perceived credibility of different forms of psychotherapy? *Psychology and Psychotherapy: Theory Research and Practice, 80*, 205-215.
Gergen, K. J. (2000). The coming of creative confluence in therapeutic practice. *Psychotherapy, 37*(4), 364-369.
Ghaderi, A. (2006). Does individualization matter? A randomized trial of standardized (focused) versus individualized (broad) cognitive behavior therapy for bulimia nervosa. *Behaviour Research and Therapy, 44*(2), 273-288.
Gielen, U. P., Fish, G. M., & Draguns, J. G. (Eds.). (2004). *Handbook of Psychotherapy, Culture and*

Healing. New York: Routledge.

Gold, J. (2006). Patient-initiated integration. In G. Strieker & J. Gold (Eds.), *A Casebook of Psychotherapy Integration.* Washington, DC: American Psychological Association.

Goldfried, M. R., Pachanakis, J. E., & Bell, A. C. (2005). A history of psychotherapy integration. In J. C. Norcross & M. R. Goldfried (Eds.), *Handbook of Psychotherapy Integration.* New York: Oxford University Press.

Goss, S., & Mearns, D. (1997). A call for a pluralist epistemological understanding in the assessment and evaluation of counselling. *British Journal of Guidance and Counselling, 25*(2), 189-198.

Greenberg, L. (2002). *Emotion-Focused Therapy: Coaching Clients to Work Through Feelings.* Washington, DC: American Psychological Association.

Greenberg, L. S., Rice, L. N., & Elliott, R. (1993). *Facilitating Emotional Change: The Moment-by-Moment Process.* New York: Guilford Press.

Greenfield, S., Kaplan, S., & Ware, J. E. (1985). Expanding patient involvement in care. *Annals of Internal Medicine, 102*(4), 520-528.

Guajardo, J. M. R., & Anderson, T. (2007). An investigation of psychoeducational interventions about therapy. *Psychotherapy Research, 17*(1), 120-127.

Hammond, D. C, Hammond, D. H., & Smith, V. G. (1997). *Improving Therapeutic Communication: A Guide for Developing Effective Techniques.* San Francisco: Jossey Bass.

Handelzalts, J. E., & Keinan, G. (2010). The effect of choice between test anxiety treatment options on treatment outcomes. *Psychotherapy Research, 20*(1), 100-112.

Hatcher, R. L., & Gillaspy, J. A. (2006). Development and validation of a revised short form of the Working Alliance Inventory. *Psychotherapy Research, 16*, 12-25.

Hayes, S. C, Luoma, J. B., Bond, F. W, Masuda, A., & Lillis, J. (2006). Acceptance and commitment therapy: Model, processes and outcomes. *Behaviour Research and Therapy, 44*(1), 1-25.

Hayes, S., Strosahl, K., & Wilson, K. (2003). *Acceptance and Commitment Therapy: An Experiential Approach to Behavior Change.* New York: Guilford Press.

Heidegger, M. (1962). *Being and Time* (J. Macquarrie & E. Robinson, Trans.). Oxford: Blackwell.

Henry, W. P., Strupp, H. H., Butler, S. R, Schacht, T. E., & Binder, J. L. (1993). Effects of training in time limited dynamic psychotherapy: Changes in therapist behavior. *Journal of Consulting and Clinical Psychology, 61*(3), 434-440.

Higginson, S., & Mansell, W. (2008). What is the mechanism of psychological change? A qualitative analysis of six individuals who experienced personal change and recovery. *Psychology and Psychotherapy: Theory, Research and Practice, 81*, 309-328.

Hill, C. E. (1999). *Helping Skills: Facilitating Exploration, Insight and Action* (2nd edn). Washington, DC: American Psychological Association.

Hill, C. E., Sim, W. E., Spangler, P., Stahl, J., Sullivan, T., & Teyber, E. (2008). Therapist immediacy in brief psychotherapy: Case Study 2. *Psychotherapy: Theory, Research, Practice and Training, 45*(3), 298-315.

Hill, C. E., Thompson, B. J., Cogar, M. C, & Denman, D. W. (1993). Beneath the surface of long-term therapy: Therapist and client report of their own and each other's covert processes. *Journal of Counseling Psychology, 40*(3), 278-287.

HM Government. (2007). *Putting People first: A Shared Vision and Commitment to the Transformation of Adult Social Care.* London: HM Government.

Hoehn-Saric, R., Frank, J. D., Imber, S. D., Nash, E. H., Stone, A. R., & Battle, C. C. (1964). Systematic preparation of patients for psychotherapy – I. Effects on therapy behavior and outcome. *Journal of Psychiatric Research, 2*, 267-281.

Hollanders, H. (1999). Eclecticism and integration in counselling: Implications for training. *British Journal of Guidance & Counselling, 27*(4), 483-500.

Hollanders, H. (2003). The eclectic and integrative approach. In R. Woolfe, W. Dryden, & S. Strawbridge (Eds.), *Handbook of Counselling Psychology*. London: Sage.

Holtforth, M. G., & Grawe, K. (2002). Bern inventory of treatment goals: Part 1. Development and first application of a taxonomy of treatment goal themes. *Psychotherapy Research, 12*(1), 79-99.

Holtforth, M. G., Reubi, I., Ruckstuhl, L., Berking, M., & Grawe, K. (2004). The value of treatment-goal themes for treatment planning and outcome evaluation of psychiatric inpatients. *International Journal of Social Psychiatry, 50*(1), 80-91.

Horvath, A. O., & Bedi, R. P. (2002). The alliance. In J. C. Norcross (Ed.), *Psychotherapy Relationships that Work: Therapist Contributions and Responsiveness to Patients*. New York: Oxford University Press.

Hougaard, E., Madsen, S. S., Hansen, L. M., Jensen, M., Katborg, G. S., Morsaa, L., Pedersen, M., Pedersen, S. M., & Piet, J. (2008). A novel group therapeutic format in cognitive behavioral treatment for clients with social phobia in a training setting: A case study of one treatment group with nine clients. *Pragmatic Case Studies in Psychotherapy, 4*(4), 1-52.

House, R., & Totton, N. (Eds.). (1997). *Implausible Professions: Arguments for Pluralism and Autonomy in Counselling and Psychotherapy*. Ross-on-Wye: PCCS Books.

Howard, G. S., Nance, D. W., & Myers, P. (1987). *Adaptive Counseling and Therapy: A Systematic Approach to Selecting Effective Treatments*. San Francisco: Jossey-Bass.

Hubble, M., Duncan, B. L., & Miller, S. D. (1999). *The Heart and Soul of Change: What Works in Therapy*. Washington, DC: American Psychological Association.

Hunsley, J., & Di Giulio, G. (2002). Dodo bird, phoenix, or urban legend? *The Scientific Review of Mental Health Practices, 1*(1), 11-22.

Hycner, R. (1991). *Between Person and Person: Towards a Dialogical Psychotherapy*. Highland, NY: Gestalt Journal Press.

Hycner, R., & Jacobs, L. (1995). *The Healing Relationship in Gestalt Therapy*. Highland, NY: Gestalt Journal Publications.

Ivey, A. E., & Ivey, M. B. (1999). *Intentional Interviewing and Counseling: Facilitating Client Development in a Multicultural Society* (4th edn). Pacific Grove, CA: Brooks/Cole.

Jacobson, N. S., Schmaling, K. B., Holtzworth-Munroe, A., Katt, J. L., Wood, L. F., & Follette, V. M. (1989). Research-structured vs clinically flexible versions of social learning-based marital therapy. *Behaviour Research and Therapy, 27*(2), 173-180.

James, W. (1996). *A Pluralistic Universe*. Lincoln, NB: University of Nebraska Press.

Jamison, K. R. (1999). *Night Falls Fast: Understanding Suicide*. New York: Vintage.

Johnstone, L., & Dallos, R. (Eds.). (2006). *Formulation in Psychology and Psychotherapy: Making Sense of People's Problems*. London: Routledge.

Jorm, A. R, Medway, J., Christensen, H., Korten, A. E., Jacomb, P. A., & Rodgers, B. (2000). Public beliefs about the helpfulness of interventions for depression: Effects on actions taken when experiencing anxiety and depression symptoms. *Australian and New Zealand Journal of Psychiatry, 34*, 619-626.

Joseph, D. I. (2000). The practical art of suicide assessment: A guide for mental health professionals

and substance abuse counselors. *Journal of Clinical Psychiatry, 61*(9), 683-684.
Josselson, R. (1996). *The Space between Us: Exploring the Dimensions of Human Relationships.* Thousand Oaks, CA: Sage.
Kahn, M. (1997). *Between Therapist and Client: The New Relationship* (2nd edn). New York: W. H. Freeman.
Kaplan, S. H, Sheldon, G., & Ware, J. E., Jr. (1989). Assessing the effects of physician patient interactions on the outcomes of chronic disease. *Medical Care, 27*(3), S110-S127.
Karon, B. P. (2008). An 'incurable' schizophrenic: The case of Mr. X. *Pragmatic Case Studies in Psychotherapy, 4*(1), 1-24.
Kasper, L. B., Hill, C. E., & Kivlighan, D. E. (2008). Therapist immediacy in brief psy chotherapy: Case Study 1. *Psychotherapy: Theory, Research, Practice and Training, 45*(3), 281-297.
Kazantzis, N., Deane, F. P., Ronan, K. R., & L' Abate, L. (Eds.). (2005). *Using Homework Assignments in Cognitive Behaviour Therapy.* London: Routledge.
Keys, S. (Ed.). (2003). *Idiosyncratic Person-Centred Therapy.* Ross-on-Wye: PCCS Books.
Kiesler, D. (1988). *Therapeutic Metacommunication: Therapist Impact Disclosure as Feedback in Psychotherapy.* Palo Alto, CA: Consulting Psychologists Press.
Kiesler, D. B. (1966). Some myths of psychotherapy research and the search for a paradigm. *Psychological Bulletin, 65*(2), 110-136.
Kiesler, D. J. (2004). Intrepid pursuit of the essential ingredients of psychotherapy. *Clinical Psychology: Science and Practice, 11*(4), 391-395.
King, M., Sibbald, B., Ward, E., et al. (2000). Randomised controlled trial of non directive counselling, cognitive-behaviour therapy and usual general practitioner care in the management of depression as well as mixed anxiety and depression in primary care. *Health Technology Assessment, 4*(19), 1-83.
Kiresuk, T. J., & Sherman, R. E. (1968). Goal attainment scaling: A general method for evaluating comprehensive community mental health programs. *Community Mental Health Journal, 4*(6), 443-453.
Kiresuk, T. J., Smith, A., & Cardillo, J. E. (1994) *Goal Attainment Scaling: Applications Theory, and Measurement.* Hillsdale, NJ: Lawrence Erlbaum.
Knox, R. (2008). Clients' experiences of relational depth in person-centred counselling. *Counselling and Psychotherapy Research, 8*(3), 118-124.
Koestner, R., Lekes, N., Powers, T. A., & Chicoine, E. (2002). Attaining personal goals: Self-concordance plus implementation intentions equals success. *Journal of Personality and Social Psychology, 83*(1), 231-244.
Kramer, U. (2009). Individualizing exposure therapy for PTSD: The case of Caroline. *Pragmatic Case Studies in Psychotherapy, 5*(2), 1-24.
Kuhn, T. (1970). *The Structure of Scientific Revolutions* (2nd edn). Chicago: University of Chicago.
Kvale, S. (1996). *Interviews.* London: Sage.
Lambert, M. J. (1992). Implications of outcome research for psychotherapy integration. In J. C. Norcross & M. R. Goldstein (Eds.), *Handbook of Psychotherapy Integration.* New York: Basic Books.
Lambert, M. J. (2007). Presidential address: What we have learned from a decade of research aimed at improving psychotherapy outcome in routine care. *Psychotherapy Research, 77*(1), 1-14.
Lambert, M. J., & Ogles, B. M. (1997). The effectiveness of psychotherapy supervision. In C. E.

Watkins (Ed.), *Handbook of Psychotherapy Supervision*. Chichester: Wiley.

Lambert, M. J., Bergin, A. E., & Garfield, S. L. (2004). Overview, trends and future issues. In M. J. Lambert (Ed.), *Bergin and Garfield's Handbook of Psychotherapy and Behavior Change* (5th edn). Chicago: John Wiley & Sons.

Lappalainen, R., Lehtonen, T, Skarp, E., Taubert, E., Ojanen, M, & Hayes, S. C. (2007). The impact of CBT and ACT models using psychology trainee therapists: a preliminary controlled effectiveness trial. *Behavior Modification, 31*, 488-511.

Larsen, R. J., & Buss, D. M. (2002). *Personality Psychology: Domains of Knowledge about Human Nature*. Boston: McGraw-Hill.

Layard, R. (2006). *Happiness: Lessons from a New Science*. London: Penguin.

Lazarus, A. A. (1981). *The Practice of Multimodal Therapy*. Baltimore, MD: Johns Hopkins University Press.

Lazarus, A. A. (1993). Tailoring the therapeutic relationship: On being an authentic chameleon. *Psychotherapy, 30*(3), 404-407.

Lazarus, A. A. (2005). Multimodal therapy. In J. C. Norcross & M. R. Goldfried (Eds.), *Handbook of Psychotherapy Integration*. New York: Oxford University Press.

Lazarus, A. A., & Lazarus, C. N. (1991). *Multimodal Life History Inventory*. Champaign, IL: Research Press.

Lee, A. (2009). *Person-Centred Therapy & Cognitive-Behavioural Therapy: A study of Preferences & Moderating Factors*. Unpublished dissertation University of Strathclyde/Glasgow Caledonian University, Glasgow.

Leigh, A. (1998). *Referral and Termination Issues for Counsellors*. London: Sage.

Levinas, E. (1969). *Totality and Infinity: An Essay on Exteriority* (A. Lingis, Trans.). Pittsburgh, PA: Duquesne University Press.

Levinas, E. (2003). *Humanism of the Other* (N. Poller, Trans.). Chicago: University of Illinois Press.

Levitt, H., Butler, M., & Hill, T. (2006). What clients find helpful in psychotherapy: Developing principles for facilitating moment-to-moment change. *Journal of Counseling Psychology, 53*, 314-324.

Levitt, H. M., Neimeyer, R. A., & Williams, D. C. (2005). Rules versus principles in psycho therapy: Implications of the quest for universal guidelines in the movement for empirically supported treatments. *Journal of Contemporary Psychotherapy, 35*(1), 117-130.

Lindner, R., Fiedler, G., Altenhofer, A., Goetze, P., & Happach, C. (2006). Psychodynamic ideal types of elderly suicidal persons based on counter-transference. *Journal of Social Work Practice, 20*(3), 347-365.

Linehan, M. M., Goodstyen, J. L., Nielsen, S. L., & Chiles, J. A. (1983). Reasons for staying alive when you are thinking of killing yourself: The Reasons for Living ques tionnaire. *Journal of Consulting and Clinical Psychology, 51*, 276-286.

Locke, E. A., & Latham, G. P. (2002). Building a practically useful theory of goal setting and task motivation: A 35-year odyssey. *American Psychologist, 57*(9), 705-717.

Lopez, S. J., & Kerr, B. A. (2006). An open source approach to creating positive psychological practice: A comment on Wong's strengths-centered therapy. *Psychotherapy, 43*(2), 147-150.

Luborsky, L., Rosenthal, R., Diguer, L., et al. (2002). The Dodo bird verdict is alive and well-mostly. *Clinical Psychology: Science and Practice, 9*(1), 2-12.

Luborsky, L., Singer, B., & Luborsky, L. (1975). Comparative studies of psychothera pies: Is it true that 'Everyone has won and all must have prizes'? *Archive of General Psychiatry, 32*, 995-1008.

Mace, C. (Ed.). (1995). *The Art and Science of Assessment in Psychotherapy*. London: Routledge.

Mackrill, T. (2010). Goal consensus and collaboration in psychotherapy: An existential rationale. *Journal of Humanistic Psychology, 50*(1), 96-107.

Mackrill, T. (2011). Differentiating life goals and therapeutic goals. *British Journal of Guidance & Counselling, 39*(1), 25-39.

Madigan, S. (1999). Inscription, description and deciphering chronic identities. In I. Parker (Ed.), *Deconstructing Psychotherapy*. London: Sage.

Mahoney, M. (2005). *Constructive Psychotherapy*. New York: Guilford Press.

Mahrer, A. R. (2007). If practitioners want new and better methods, shop in the public marketplace. *Journal of Psychotherapy Integration, 17*(1), 10-32.

Makoul, G., & Maria, L. C. (2006). An integrative model of shared decision making in medical encounters. *Patient Education and Counseling, 60*(3), 301-312.

Maluccio, A. N. (1979). *Learning from Clients: Interpersonal Helping as Viewed by Clients and Social Workers*. New York: Macmillan.

Markarian, Y., Larson, M. J., Aldea, M. A., et al. (2010). Multiple pathways to functional impairment in obsessive-compulsive disorder. *Clinical Psychology Review, 30*(1), 78-88.

Markus, H., & Nurius, P. (1986). Possible selves. *American Psychologist, 41*(9), 954-69.

Marley, E. (2009). Self-help strategies for psychological problems. Unpublished MSc Counselling dissertation, Tayside Institute for Health Studies, University of Abertay Dundee.

Martin, D. J., Garske, J. P., & Davis, M. K. (2000). Relation of the therapeutic alliance with outcome and other variables: A meta-analytic review. *Journal of Consulting and Clinical Psychology, 68*(3), 438-450.

McBeath, A. (2007). An investigation into the relationship between different types of goals and symptom change. Unpublished dissertation University of Strathclyde/Glasgow Caledonian University, Glasgow.

McLellan, G. (1995). *Pluralism*. Buckingham: Open University Press.

McLeod, J. (2002). Research policy and practice in person-centered and experiential therapy: Restoring coherence. *Person-Centered and Experiential Psychotherapies, 1*(1&2), 87-101.

McLeod, J. (2009a). Counselling: A radical vision for the future. *Therapy Today, 20*(6), 10-15.

McLeod, J. (2009b). *An Introduction to Counselling* (4th edn). Maidenhead: Open University Press.

McLeod, J. (2010) *Case Study Research in Counselling and Psychotherapy*. London: Sage.

McMillan, M., & McLeod, J. (2006). Letting go: The client's experience of relational depth. *Person-Centered and Experiential Psychotherapies, 5*(4), 277-292.

Mearns, D., & Cooper, M. (2005). *Working at Relational Depth in Counselling and Psychotherapy*. London: Sage.

Mearns, D., & Thorne, B. (2000). *Person-Centred Therapy Today: New Frontiers in Theory and Practice*. London: Sage.

Mearns, D., & Thorne, B. (2007). *Person-Centred Counselling in Action* (3rd edn). London: Sage.

Menchola, M., Arkowitz, H. S., & Burke, B. L. (2007). Efficacy of self-administered treatments for depression and anxiety. *Professional Psychology: Research and Practice, 38*, 421-429.

Messer, S. B. (1992). A critical examination of belief structures in integrative and eclectic psychotherapy. In J. C. Norcross & M. R. Goldfried (Eds.), *Handbook of Psychotherapy Integration*. New York: Basic Books.

Michalak, J., & Holtforth, M.G. (2006). Where do we go from here? The goal perspective in psychotherapy. *Clinical Psychology: Science and Practice, 13,* 346-365.

Miller, S. D., Duncan, B. L., Sorrell, R., & Brown, G. S. (2005). The partners for change outcome management system. *Journal of Clinical Psychology, 61*(2), 199-208.

Moodley, R., & West, W. (Eds.). (2005). *Integrating Indigenous Healing Practices into Counselling and Psychotherapy.* London: Sage.

Moore, J. (2005). *Simple ideas, lightly held.* Available from: www.claritypartnership.co.uk/pdf/ms-5simpler2.pdf (retrieved 1 December 2009).

National Institute for Health and Clinical Excellence. (2009). *Depression: The Treatment and Management of Depression in Adults (Update).* London: National Institute for Health and Clinical Excellence.

National Institute for Mental Health in England. (2005). *NIMHE Guiding Statement on Recovery.* London: Department of Health.

Neufeldt, S. A., Beutler, L. E., & Banchero, R. (1997). Research on supervisor variables in psychotherapy supervision. In C. E. Watkins (Ed.), *Handbook of Psychotherapy Supervision.* Chichester: Wiley.

Nilsson, T., Svensson, M., Sandell, R., & Clinton, D. (2007). Patients' experiences of change on cognitive-behavioral therapy and psychodynamic therapy. A qualitative comparative study. *Psychotherapy Research, 17,* 553-566.

Norcross, J. C. (Ed.). (2002). *Psychotherapy Relationships that Work: Therapist Contributions and Responsiveness to Patients.* New York: Oxford University Press.

Norcross, J. C. (2005). A primer on psychotherapy integration. In J. C. Norcross & M. R. Goldfried (Eds.), *Handbook of Psychotherapy Integration.* New York: Oxford University Press.

Norcross, J. C. (2006). Integrating self-help into psychotherapy: 16 practical suggestions. *Professional Psychology: Research and Practice, 37*(6), 683-693.

Norcross, J. C, & Goldfried, M. R. (Eds.). (2005). *Handbook of Psychology Integration.* New York: Oxford University Press.

Norcross, J. C, & Halgin, R. P. (2005). Training in psychotherapy integration. In J. C. Norcross & M. R. Goldfried (Eds.), *Handbook of Psychotherapy Integration.* New York: Oxford University Press.

Nuttall, J. (2008). The integrative attitude: A personal journey. *European Journal of Psychotherapy and Counselling, 10*(1), 19-38.

O'Neill, P. (1998). *Negotiating Consent in Psychotherapy.* New York: New York Universities Press.

Omer, H. (1997). Narrative empathy. *Psychotherapy, 25,* 171-184.

Orlinsky, D. E., & Rønnestad, M. H. (2005a). Clinical implications: Training, supervi sion and practice. In D. E. Orlinsky & M. H. Rønnestad (Eds.), *How Psychotherapists Develop: A Study of Therapeutic Work and Professional Growth.* Washington, DC: American Psychological Association.

Orlinsky, D. E., & Rønnestad, M. H. (2005b). Current development: Growth and deple tion. In D. E. Orlinsky & M. H. Rønnestad (Eds.), *How Psychotherapists Develop: A Study of Therapeutic Work and Professional Growth.* Washington, DC: American Psychological Association.

Orlinsky, D. E., & Rønnestad, M. H. (2005c). Theoretical integration: Cycles of work and development. In D. E. Orlinsky & M. H. Rønnestad (Eds.), *How Psychotherapists Develop: A Study of Therapeutic Work and Professional Growth.* Washington, DC: American Psychological Association.

Orlinsky, D. E., & Rønnestad, M. H. (Eds.). (2005d). *How Psychotherapists Develop: A Study of Therapeutic Work and Professional Growth*. Washington, DC: American Psychological Association.

Orlinsky, D. E., Grawe, K., & Parks, B. K. (1994). Process and outcome in Psychotherapy Noch einmal. In A. E. Bergin & S. L. Garfield (Eds.), *Handbook of Psychotherapy and Behavior Change* (4th edn). New York: Wiley.

Palmer, S. (2000). Multimodal therapy. In S. Palmer & R. Woolfe (Eds.), *Integrative and Eclectic Counselling and Psychotherapy*. London: Sage.

Paterson, C. (1996). Measuring outcomes in primary care: A patient-generated meas ure, MYMOP, compared with the SF-36 health survey. *British Medical Journal, 312*, 1016-1020.

Paul, G. (1967). Strategy of outcome research in psychotherapy. *Journal of Consulting Psychology, 31*(2), 109-118.

Pedersen, P. B. (1991). Multiculturalism as a generic approach to counseling. *Journal of Counseling and Development, 70*, 6-12.

Pedersen, P. B., Crethar, H. C., & Carlson, J. (2008). *Inclusive Cultural Empathy: Making Relationships Central in Counseling and Psychotherapy*. Washington, DC: American Psychological Association.

Perren, S., Godfrey, M., & Rowland, N. (2009). The long-term effects of counselling: The process and mechanisms that contribute to ongoing change from a user perspective. *Counselling and Psychotherapy Research: Linking Research with Practice, 9*(4), 241-249.

Pinsof, W. M. (2005). Integrative problem-centered therapy. In J. C. Norcross & M. R. Goldfried (Eds.), *Handbook of Psychotherapy Integration*. New York: Oxford University Press.

Piper, W. E., Azim, H. F. A., Joyce, A. S., & McCallum, M. (1991). Transference interpretations, therapeutic alliance, and outcome in short-term individual psychotherapy. *Archives of General Psychiatry, 48*(10), 946-953.

Piper, W. E., Ogrodniczuk, J. S., Joyce, A. S., et al. (1999). Prediction of dropping out in time-limited, interpretive individual psychotherapy. *Psychotherapy: Theory, Research, Practice, Training, 36*(2), 114-122.

Polkinghorne, D. E. (1992). Postmodern epistemology of practice. In S. Kvale (Ed.), *Psychology and Postmodernism*. London: Sage.

Powers, W. T. (1973). *Behaviour: The Control of Perception*. Chicago: Aldine.

Present, J., Crits-Christoph, P., Connolly Gibbons, M. B., Hearon, B., Ring-Kurtz, S., Worley, M., & Gallop, R. (2008). Sudden gains in the treatment of generalized anxiety disorder. *Journal of Clinical Psychology, 64*, 119-126.

Rajkarnikar, K. (2009). Assessment of Social Anxiety clients' symptoms: What do they really represent? Unpublished dissertation University of Strathclyde/Glasgow Caledonian University, Glasgow.

Reeves, A. (2010). *Counselling Suicidal Clients*. London: Sage.

Reid, W. J. (1997). Evaluating the dodo's verdict: Do all interventions have equivalent outcomes? *Social Work Research, 27*(1), 5-16.

Rennie, D. L. (1990). Toward a representation of the client's experience of the psycho therapy hour. In G. Lietaer, J. Rombauts, & R. Van Balen (Eds.), *Client-centered and Experiential Therapy in the Nineties*. Leuven: University of Leuven Press.

Rennie, D. L. (1994). Clients' deference in psychotherapy. *Journal of Counseling Psychology, 41*(4), 421-431.

Rennie, D. L. (1998). *Person-Centred Counselling: An Experiential Approach.* London: Sage.

Rennie, D. L. (2000). Aspects of the client's conscious control of the psychotherapeutic process. *Journal of Psychotherapy Integration, 10,* 151-167.

Rennie, D. L. (2001). Clients as self-aware agents. *Counselling and Psychotherapy Research, 1,* 82-89.

Rennie, D. L. (2002). Experiencing psychotherapy: Grounded theory studies. In D. J. Cain, & J. Seeman (Eds.), *Humanistic Psychotherapies: Handbook of Research and Practice.* Washington, DC: American Psychological Association.

Rescher, N. (1993). *Pluralism: Against the Demand for Consensus.* Oxford: Oxford University Press.

Richards, B. M. (2000). Impact upon therapy and the therapist when working with suicidal patients: Some transference and countertransference aspects. *British Journal of Guidance & Counselling, 28*(3), 325-337.

Rodgers, B. (2006). Life space mapping: Preliminary results from the development of a new method for investigating counselling outcomes. *Counselling and Psychotherapy Research, 6*(4), 227-232.

Rodgers, B. (2010). *Life space mapping: Developing a new method for investigating counselling outcomes.* Unpublished PhD, University of Abertay, Dundee.

Rodgers, B., & Cooper, M. (2006). *Proposed Scoring Scheme for Qualitative Thematic Analysis.* Glasgow: University of Strathclyde. Available from: www.strath.ac.uk/counsunit/features/articles/.

Rogers, C. R. (1951). *Client-Centered Therapy.* Boston: Houghton & Mifflin.

Rogers, C. R. (1957). The necessary and sufficient conditions of therapeutic personality change. *Journal of Consulting Psychology, 21*(2), 95-103.

Rogers, C. R. (1959). A theory of therapy, personality and interpersonal relationships as developed in the client-centered framework. In S. Koch (Ed.), *Psychology: A Study of Science.* New York: McGraw-Hill.

Rosenzweig, S. (1936). Some implicit common factors in diverse methods of psychotherapy: 'At last the Dodo said, "Everybody has won and all must have prizes"'. *American Journal of Orthopsychiatry, 6,* 412-415.

Roth, A., & Fonagy, P. (2005). *What Works for Whom? A Critical Review of Psychotherapy Research.* New York: Guilford.

Rowan, J. (1990). *Subpersonalities: The People Inside Us.* London: Routledge.

Rowan, J. (2001). Counselling psychology and research. *Counselling Psychology Review, 76*(1),7-8.

Rowan, J. (2004). Three levels of therapy. *Counselling and Psychotherapy Journal, 15*(9), 20-22.

Rowan, J., & Cooper, M. (Eds.). (1999). *The Plural Self: Multiplicity in Everyday Life.* London: Sage.

Rudd, M. D., Mandrusiak, M., & Joiner, T. E. Jr. (2006). The case against no-suicide contracts: The commitment to treatment statement as a practice alternative. *Journal of Clinical Psychology, 62,* 243-251.

Rutter, M. (1987). *Developmental Psychiatry.* Washington, DC: American Psychological Association.

Ryle, A. (1990). *Cognitive Analytic Therapy: Active Participation in Change.* Chichester: Wiley.

Ryle, A. (2005). Cognitive analytic therapy. In J. C. Norcross & M. R. Goldfried (Eds.), *Handbook of Psychotherapy Integration.* New York: Oxford University Press.

Ryle, A., & Kerr, I. B. (2002). *Introducing Cognitive Analytic Therapy: Principles and Practice.* Chichester: Wiley.

Sabat, S. R. (2001). *The Experience of Alzheimer's Disease: Life through a Tangled Veil*. Oxford: Blackwell.

Safran, J. D., & Muran, J. C. (2000). *Negotiating the Therapeutic Alliance: A Relational Treatment Guide*. New York: Guilford Press.

Salkovskis, P. M. (1999). Understanding and treating obsessive-compulsive disorder. *Behaviour Research and Therapy, 37*, S29-S52.

Samelo-Aro, K. (1992). Struggling with self: The personal projects of students seeking psychological counseling. *Scandinavian Journal of Psychology, 33*: 330-338.

Sampson, E. E. (1988). The debate on individualism: Indigenous psychologies of the individual and their role in personal and social functioning. *American Psychologist, 43*, 15-22.

Samuels, A. (1993). *The Plural Psyche: Personality, Morality and the Father*. London: Routledge.

Samuels, A. (1997). Pluralism and psychotherapy: What is good training? In R. House & N. Totton (Eds.), *Implausible Professions: Argumentsfor Pluralism and Autonomy in Counselling and Psychotherapy*. Ross-on-Wye: PCCS Books.

Sanders, P. (Ed.). (2004). *The Tribes of the Person-Centred Nation: An Introduction to the Schools of Therapy Related to the Person-Centred Approach*. Ross-on-Wye: PCCS Books.

Sanders, P., Frankland, A., & Wilkins, P. (2009). *Next Steps in Counselling Practice* (2nd rev. edn). Ross-on-Wye: PCCS Books.

Sartre, J.-P. (1996). Existentialism. In L. Cahoone (Ed.), *From Modernism to Postmodernism: An Anthology*. Cambridge, MA: Blackwells.

Schafer, R. (1976). *A New Languagefor Psychoanalysis*. New Haven, CT: Yale University Press.

Schmid, P. (2007). The anthropological and ethical foundations of person-centred therapy. In M. Cooper, P. Schmid, M. O'Hara, & G. Wyatt (Eds.), *The Handbook of Person Centred Psychotherapy and Counselling*. Basingstoke: Palgrave.

Schmid, P. F. (2001). Comprehension: The art of not knowing. Dialogical and ethical per spectives in personal and person-centred relationships. In S. Haugh & T. Merry (Eds.), *Empathy*. Ross-on-Wye: PCCS Books.

Schottenbauer, M. A., Glass, C. R., & Arnkoff, D. B. (2005). Outcome research on psychotherapy integration. In J. C. Norcross & M. R. Goldfried (Eds.), *Handbook of Psychotherapy Integration*. New York: Oxford University Press.

Schulte, D. (1996). Tailor-made and standardized therapy: Complementary tasks in behavior therapy – a contrarian view. *Journal of Behavior Therapy and Experimental Psychiatry, 27*(2), 119-126.

Schulte, D., Kunzel, R., Pepping, G., & Schulte-Bahrenberg, T. (1992). Tailor-made versus standardized therapy of phobic patients. *Advances in Behaviour Research and Therapy, 14*(2), 67-92.

Schulte-Bahrenberg, T., & Schulte, D. (1993). Change of psychotherapy goals as a process of resignation. *Psychotherapy Research, 3*(3), 153-165.

Scottish Intercollegiate Guidelines Network. (2010). *Non-pharmaceutical Management of Depression in Adults: A National Clinical Guideline*. Edinburgh: Scottish Intercollegiate Guidelines Network.

Seikkula, J., & Arnkil, T. E. (2006). *Dialogical Meetings in Social Networks*. London: Karnac.

Seikkula, J., & Trimble, D. (2005). Healing elements of therapeutic conversation: Dialogue as an embodiment of love. *Family Process, 44*, 461-475.

Seikkula, J., Aaltonen, J., Alakare, B., Haarakangas, K., Keranen, J., & Lehtinen, K. (2006). Five-year experience of first-treatment nonaffective psychosis on open dialogue approach: Treatment principles, follow-up outcomes, and two case studies. *Psychotherapy Research, 16*, 214-228.

Seiser, L., & Wastell, C. (2002). *Interventions and Techniques.* Maidenhead: Open University Press.

Shafran, R., Clark, D. M., Fairburn, C. G., et al. (2009). Mind the gap: Improving the dis semination of CBT. *Behaviour Research and Therapy, 47*(11), 902-909.

Shapiro, D. A., & Shapiro, D. (1982). Meta-analysis of comparative therapy outcome studies: A replication and refinement. *Psychological Bulletin, 92*(3), 581-604.

Shaw, B. E, Elkin, I., Yamaguchi, J., et al. (1999). Therapist competence ratings in relation to clinical outcome in cognitive therapy of depression. *Journal of Consulting and Clinical Psychology, 67*(6), 837-846.

Shlien, J. M. (1984) A counter-theory of countertransference. In R. F. Levant & J. M. Shlien (Eds.), *Client-Centered Therapy and the Person-Centered Approach: New Directions in Theory, Research and Practice.* New York: Praeger.

Shoham-Salomon, V., & Hannah, M. T. (1991). Client-treatment interaction in the study of differential change processes. *Journal of Consulting and Clinical Psychology, 59*(2), 217-225.

Snyder, C. R., Michael, S. T., & Cheavens, J. S. (1999). Hope as a foundation of common factors, placebos, and expectancies. In M. Hubble, B. L. Duncan & S. D. Miller (Eds.), *The Heart and Soul of Change: What Works in Therapy.* Washington, DC: American Psychological Association.

Stanford Encyclopedia of Philosophy. (2006). Value pluralism. *Stanford Encyclopedia of Philosophy.* Available from: plato.stanford.edu/entries/value-pluralism/ (retrieved 1 December 2009).

Stellrecht, N. E., Gordon, K. H., Van Orden, K., Witte, T. K., Wingate, L. R., Cukrowicz, K. C, Butler, M., Schmidt, N. B., Fitzpatrick, K. K., & Joiner, T. Jr. (2006). Clinical applications of the interpersonal-psychological theory of attempted and completed suicide. *Journal of Clinical Psychology, 62*, 211-222.

Stiles,W. B., Barkham, M., Twigg, E., Mellor-Clark, J., & Cooper, M. (2006). Effectiveness of cognitive-behavioural, person-centred and psychodynamic therapies as practised in UK National Health Service settings. *Psychological Medicine, 36*(4), 555-566.

Stiles, W. B., Honos-Webb, L., & Surko, M. (1998). Responsiveness in psychotherapy. *Clinical Psychology: Science and Practice, 5*(4), 439-458.

Stiles, W. B., Leach, C, Barkham, M., Lucock, M., Iveson, S., Shapiro, D., et al. (2003). Early sudden gains in psychotherapy under routine clinic conditions: Practice-based evidence. *Journal of Consulting and Clinical Psychology, 71*, 14-21.

Strickler, G., & Gold, J. (Eds.). (2006). *A Casebook of Psychotherapy Integration.* Washington, DC: American Psychological Association.

Strike, C, Rhodes, A. E., Bergmans, Y., & Links, P. (2006). Fragmented pathways to care: The experiences of suicidal men. *Crisis, 27*(1), 31-38.

Strong, T. (2009). Collaborative goal-setting: Counsellors and clients negotiating a coun selling focus. *Counselling Psychology Review, 24*(3&4), 24-37.

Suchman, A. (2006). A new theoretical foundation for relationship-centered care. *Journal of General Internal Medicine, 21*(S1), S40-S44.

Sundet, R. (2009). Therapeutic collaboration and formalized feedback: Using perspectives from Vygotsky and Bakhtin to shed light on practices in a family therapy unit. *Clinical Child Psychology and Psychiatry, 15*(1), 81-95.

Sundet, R. (2011). Collaboration: Family and therapist perspectives of helpful therapy. *Journal of Marital and Family Therapy, 37*(2), 236-249.

Swift, J. K., & Callahan, J. L. (2009). The impact of client treatment preferences on outcome: A

meta-analysis. *Journal of Clinical Psychology, 65*(4), 368-381.
Szasz, T. S. (1961). *The Myth of Mental Illness*. New York: Hoeber-Harper.
Tajfel, H., & Turner, J. C. (1979). An integrative theory of intergroup conflict. In S. Worchel & W. G. Austin (Eds.), *The Social Psychology of Intergroup Relations*. Monterey, CA: Brooks/Cole.
Thoma, N. C, & Cecero, J. J. (2009). Is integrative use of techniques in psychotherapy the exception or the rule? Results of a national survey of doctoral-level practitioners. *Psychotherapy, 46*(4), 405-417.
Trimble, L., Jackson, K., & Harvey, D. (2000). Client suicidal behaviour: Impact, inter ventions, and implications for psychologists. *Australian Psychologist, 35*, 227-232.
Tryon, G. S., & Winograd, G. (2002). Goal consensus and collaboration. In J. C. Norcross (Ed.), *Psychotherapy Relationships that Work: Therapist Contributions and Responsiveness to Patients*. New York: Oxford University Press.
Wampold, B. E. (2001). *The Great Psychotherapy Debate: Models, Methods and Findings*. Mahwah, NJ: Erlbaum.
Weaks, D. (2002). Unlocking the secrets of 'good supervision': A phenomenological exploration of experienced counsellors' perceptions of good supervision. *Counselling and Psychotherapy Research, 2*(1), 33-39.
Weaks, D., McLeod, J., & Wilkinson, H. (2006). Dementia. *Therapy Today, 17*, 12-15.
Westbrook, D., Kennerley, H., & Kirk, J. (2007). *An Introduction to Cognitive Behaviour Therapy: Skills and Applications*. London: Sage.
Westen, D., Novotny, C. A., & Thompson-Brenner, H. (2004). The empirical status of empirically supported psychotherapies: Assumptions, findings, and reporting in controlled clinical trials. *Psychological Bulletin, 130*(4), 631-663.
Wheeler, S., & Richards, K. (2007). *The Impact of Clinical Supervision on Counsellors and Therapists, their Practice and their clients: A Systematic Review of the Literature*. Lutterworth: British Association for Counselling and Psychotherapy.
White, M., & Epston, D. (1990). *Narrative Means to Therapeutic Ends*. New York: W.W. Norton.
Wikipedia. (2009). *Goal*. www.en.wikipedia.org/wiki/Goal (retrieved 3 November, 2009).
Williams, E. N. (2002). Therapist techniques. In G. S. Tryon (Ed.), *Counselling Based on Process Research: Applying What We Know*. Boston: Allyn and Bacon.
Winter, D., Bradshaw, S., Bunn, F., & Wellsted, D. (2009). *Counselling and Psychotherapy for the Prevention of Suicide: A Systematic Review of the Evidence*. Lutterworth: British Association for Counselling and Psychotherapy.
Worden, W. (2001). *Grief Counselling and Grief Therapy: A Handbook for the Mental Health Practitioner*. London: Brunner/Routledge.
Worsley, R. (2004). Integrating with integrity. In P. Sanders (Ed.), *The Tribes of the Person-Centred Nation: An Introduction to the Schools of Therapy Related to the Person-Centred Approach*. Ross-on-Wye: PCCS Books.
Wosket, V. (2000). Integration and eclecticism in supervision. In S. Palmer & R. Woolfe (Eds.), *Integrative and Eclectic Counselling and Psychotherapy*. London: Sage.
Yalom, I. (2001). *The Gift of Therapy: Reflections on Being a Therapist*. London: Piatkus.

付録 A

あなたのセラピーを最もよいものにするために

クライアントのための情報提供シート

　私たちのサービスに関心をもっていただき，ありがとうございます。

　セラピーは，あなたが人生のさまざまな問題に取り組み，より満足のいく価値ある生き方を見出すための1つの機会です。実証的研究は，セラピーが多くの人々にとってとても役立ち得ることや，多くのクライアントの方々がカウンセリングやサイコセラピーを受け始めた頃にくらべてずっとよい気持ちになってセラピーを終結していることを示しています。しかしながら，実証的研究はまた，クライアントがセラピー開始前にそれがどういうものなのかを知っているほど，よりスムーズにセラピーに入ることができ，より多くのものが得られるようだ，ということも示しています。こうした理由から，私たちは，ここで提供するセラピーについて，また，それがあなたにとって最もよいものになるために，あなたがセラピーをどのようにすることができるかについて，あなたに情報を伝えるためにこのシートをお渡しします。

セラピーの「メニュー」

　私たちのサービスには，あなたを援助するさまざまなやり方があります。ここで提供できるものをセラピーの「メニュー」として示してみましょう。それによってあなたは，どのようにやっていきたいと思うのかを決めることができます。もちろん私たちも相談にのります。クライアントの方々がセラピーで焦点をあてようと選ぶことの多い問題は，次のようなものです。

- 何が起きたのかを理解し，これからどうしたらよいかを考えるために，問題について語ること。
- あなたの心に突き刺さっている問題の出来事について理解すること。
- 問題を解決すること，計画を立てること，意思決定すること。
- 行動を変えること。

- 人生の移行期や発達上の危機について話し合うこと。
- 困難な感情や情動に対処すること。
- 情報を見つけ，分析し，それに基づいて行動すること。
- 自分を責めることをやめて，セルフケアを増やすこと。
- 困難な，あるいは苦痛な対人関係に対処すること。

　クライアントは，これらの課題に一歩一歩取り組むことが最も役立つものになるのをしばしば見出します。セラピーが役に立つあり方の1つは，あなたのセラピストが問題の絡み合った糸をほどく作業をお手伝いし，そして，問題に対処するためにまず何に取り組む必要があるのかをあなたが考える手助けをすることです。

あなたを援助するための柔軟で個別的なアプローチ

　私たちが提供するセラピーは，セラピーに来談する方は，（ご自身ではそう感じていないとしても）自分自身の人生を最もよく知っている人であり，自分の問題にどのように対処したらよいかについてのたくさんのすぐれたアイデアを潜在的にもっている人である，という信念に基づいています。私たちは，セラピストの主な役割の1つは，その人自身の経験や理解を最大限に活かすための援助をすることである，と考えています。

　このことは，私たちのセラピーに対するアプローチ（それを私たちは「多元的アプローチ」と呼んでいます）が，あなたのニーズにできる限り**柔軟**に応えようとするものである，ということを意味します。私たちが見出しているのは（それは実証的研究にも裏づけられていますが），それぞれ異なる人々にはそれぞれ異なるやり方が役立つということです。例えば，悲しみや怒り，恐れといった自分の感情を表現するセラピーが最も役立つことを見出す人たちもいますし，問題を合理的に扱い，「ものごとを考える」ためにセラピーを活用することがより役に立つと思う人たちもいます。セラピーが進行していく中で，ある種の活動が役に立つことを見出した後に，それとは異なるやり方へとセラピストとともにシフトしていくことも可能です。

　私たちはまた，セラピーの実際的な調整についても，できる限り柔軟に対応することにしています。多くの人たちは，毎週同じ時間に1時間のセッション，という形で来談されています。しかし，この種の調整が自身のライフスタイルや気分的なニーズに合わない人たちもいます。あなたが，セラピーの頻度はもっと多いまたは少ないほうがよい，あるいは，1回のセッションの時間はもっと長いまたは短いほうがよいと思ったときには，あなたのセラピストとどうぞ遠慮なく話し合ってくだ

さい。セラピストのスケジュールや部屋の空き具合などによって，できないこともあるかもしれませんが，セラピストはあなたのニーズに応えられるように最善を尽くすつもりです。

　セラピストの選択についても柔軟に対応することが可能です。男性と話すと安心できる人や，女性と話すと安心できる人，同じ背景をもつ人と話すと安心できる人など，いろんな方がおられるでしょう。あなたが，あるセラピストとセラピーを開始して，あなたにとっては——どんな理由であっても——その人が適切なセラピストでないと感じられたら，そのことをセラピストに話すのはよいことです。セラピストは，あなたにとってさらによい別のセラピストが見つかるように最善を尽くすでしょう。

　あなたが受けるセッションの**回数**にも柔軟さが適用されます。1～2回のセッションを受けることで，十分に「正しい軌道」に乗ることができる人たちもいます。また，数カ月にわたってセラピーを受ける人たちもいます。あなたにとって個人的にベストである回数のセラピーを受けることが重要です。選択肢の1つには，私たちが**断続的なセラピー**（intermittent therapy）と呼ぶものもあります。それは，何回かのセッションを受けてみて，中断したいと思ったときにはそうすることができて，その後またセラピーを受けたくなったときにはいつでも受けることが可能で，中断したところからセッションを再開することができる，というものです。

　以下では，あなたがセラピーから最善の利益を得るために準備できることをあげておきます。

1．あなたがセラピーに何を求めているのかを考える

　あなたがセラピーで達成したいことはどういうものなのか——あなたの目標は何か——を知ることは，セラピストにとって重要なことです。あなたの目標とは，あなたとセラピストのある種の「契約」や同意であり，それによってあなたがセラピストに望むことが明確になります。あなたが，新しいソファを買うために家具屋に行ったのに，新しいベッドとカーペットを抱えて帰宅したとしたら，それらがどれほど魅力的な製品だったとしても，買い物に行ったことはまったくの失敗だったと言えるでしょう。それはセラピーにおいても同じことです——セラピーからよい成果を得られるかどうかは，あなたが何を求めてセラピーを受けるのかにかかっているのです。

　しかしセラピーの開始時には，多くの人たちは，まさに何を達成したいのかについてはっきりさせるのは難しいと感じるようです。そこには，セラピーから得たいと思うことについての漠然とした感覚があるだけかもしれません。これは全く普通

のことです——あなたのセラピストは，あなたが目標について話すことを励ますでしょうし，そうすることであなたの目標が次第にはっきりとしたものになっていくでしょう。目標はたくさんあっても，1つだけでもかまいません。目標は途中で変わってもいいのです。大切なのは，あなたがセラピーに望んでいることをセラピストに知ってもらうことなのです。

あなたがセラピーから最善のことを得る1つのやり方は，最初のセッションが始まる前，そして各セッションの間に，自分の目標について自分自身で考える時間をもつことです。自分の目標を忘れないように，それを紙に書き出しておくことも有効でしょう。あなたの目標が変わったときには，そのことをセラピストに伝えることも有益です。

2. 何があなたにとって最も役立つと思うか考える

まず先に述べておきたいのは，セラピーで何が役に立つと感じられるかは人によって大きな違いがあるということです。セラピストがあなたの問題に対処するためにある特定のやり方で取り組もうとしているときに，あなたが，そのアプローチに時間を費やすのは無駄だ！と感じるなら，それはほとんど意味のないことなのです。したがって，あなたが自分にとって何が最善なのかを考えて，そのアイデアをセラピストと共有できれば，そのことがとても役に立ちます。そうするために，あなたは，前にあなたが問題を抱えていたときのことを振り返って考えてみたり，そのときに何が役に立ち，何が役に立たなかったのかを明確にすることができます。また，セラピーがどのように役に立つのか，家族や友人から聞いたことや，テレビで見たことについて考えてみてもよいかもしれません。そうすることで，例えば，違った行動の仕方を教わることが役立つと思う人もいれば，「思いっきり発散する」こと，あるいは，問題を解決するための実際的なやり方を試みることが役に立つと思う人もいます。あなたが考えることはどれもあなたにとって最も役立つものでしょうし，あなたのセラピストはそれによってあなたを援助しようとするはずです。

3. あなたの個人的な強みや資源を明確にする

あなたに提供されるセラピーは，あなたを診断したりレッテルを貼りつけることに興味をもってはいません。そうではなくて，あなたのセラピストは，あなたが現在抱えている問題を乗り越えるために活用することができる一定のスキルや経験，対人関係，能力などをあなたがもっていると考えます。セラピストの仕事の一部は，あなたがすでにもっている強みや資源を明確に見出すことを援助し，そして，あな

たがその強みや資源を今の状況にどのように活用できるのか考えるのを援助することです。例えば，

- ジェシカは抑鬱と孤独に苦しんでいました——彼女は音楽が得意だったので，セラピストは彼女に聖歌隊に入ることを勧めました。彼女はそこで新たな人たちと出会い，自分についてよりよい感じをもつことを学びました。
- ジェリーは，クラスでの発表前にとても不安になる学生でした——彼は，いつも活動的に身体を動かしていたので，クラスでの発表の前にスポーツジムに行って，身体を動かすことはどうかと思いあたりました。そうすることで不安によりよく対処できました。

あなたの強みや資源のリストを作成することができて，その情報をあなたのセラピストと共有することができれば，それはとても役立つものになります。

4. セラピーのセッションとセッションの間も積極的でいる

　セラピーのセッションとセッションの間に，セラピストは前回のセッションで生じたことを振り返り，そして，次のセッションでよりよい方向に進むために何をしたらよいのか考えます。あなたも同じことをするのは価値のあることです。セッションとセッションの間に，あなたが遂行できる「宿題」や「実験」や「プロジェクト」について，セラピストの同意のうえに取り組んでみることも有益なことでしょう。こうしたことはやらなくても，セラピーで生じたことや，あなたが必要としているものが得られているかどうか，セラピーはどのようにもっと改善され得るか，といったことについて考えることもあなたの役に立つでしょう。しかし，こうして考えたことを覚えておくのは大変なので，忘れないための選択肢の1つとしては，セラピー日記をつけるというやり方があります。そこには，セラピーの中であなたに意味があったことを書き記します。

5. あなたのセラピストにフィードバックを行う

　あなたの特有なニーズに合った効果的なセラピーを仕立てるには，セラピストに率直なフィードバックを積極的に与えることが，他のどんなことよりもそれを可能にします。私たちのセラピーでは，毎回のセッションで質問紙に回答するようにお願いしています。それは，セラピーが効果的なものになっているかどうか，そして変えてほしいところはないかについて，セラピストに情報を与えるためのもので

す．その質問紙は，あなたがよい方向に進んでいるかどうかを確認するという点でも，役に立ちます．あなたのセラピストは，セラピーセッションの中で，あなたからのフィードバックやコメントを求めたり，おおよそ6回のセッション毎に，あなたに進捗状況について振り返るための時間を取るように促したりするかもしれません．フィードバックを行う際は，できるだけ率直に，そして詳しく伝えることがとても大事です．あなたのセラピストにとって，質問が多すぎる（あるいは，少なすぎる）といった，あなたが思っていることを聞かされるのは，つらいことかもしれません．しかし，最終的には，あなたのセラピストは純粋にあなたを援助することを望んでいますし，本当はそうではないのに，すべてがうまくいっているような振りをしてほしくはないのです．あなたは，あなたのセラピストに与えるフィードバックは**贈り物**である――つまり，あなたはセラピストの仕事の質を向上させるための学習の機会を提供している――と考えるべきなのです．

何か気になることがあるときには――質問してください

　最後に，私たちのセラピーを効果的に活用できるあなたの能力に違いを生み出すかもしれないことで，このリーフレットに書かれていない，その他の質問があるかもしれません．何か質問があれば，あなたのセラピストに尋ねてください．もしも何らかの理由で，あなたのセラピストに質問しにくいことがあれば，センター長に連絡することもできます．

付録 B

セラピーパーソナライゼーションフォーム
(Therapy Personalisation Form)

以下の各項目を見てください。現時点でのあなたのセラピーにおいて，あなたが変えてほしいと思うことを教えてください。それぞれの問いに対して，あてはまる数字に〇をつけてください。

私が私のセラピストに対して望むのは，

1. 技法やエクササイズをもっと使ってほしい　　　　　　　ちょうどよい　　　　　　　使わないでほしい
   5　　4　　3　　2　　1　　0　　1　　2　　3　　4　　5

2. セラピーにおいてもっとリードしてほしい　　　　　　　ちょうどよい　　　　　　　私にリードさせてほしい
   5　　4　　3　　2　　1　　0　　1　　2　　3　　4　　5

3. セラピストの人間性やユーモアをもっと見せてほしい　　ちょうどよい　　　　　　　もっと形式的であってほしい
   5　　4　　3　　2　　1　　0　　1　　2　　3　　4　　5

4. もっと私の過去に焦点をあててほしい　　　　　　　　　ちょうどよい　　もっと私の未来に焦点をあててほしい
   5　　4　　3　　2　　1　　0　　1　　2　　3　　4　　5

5. もっと助言をしてほしい　　　　　　　ちょうどよい　　　　　　　もっとしないでほしい
   5　　4　　3　　2　　1　　0　　1　　2　　3　　4　　5

6. もっと積極的に変化させようとしたり，質問してほしい　　ちょうどよい　　もっと柔らかく受容的であってほしい
   5　　4　　3　　2　　1　　0　　1　　2　　3　　4　　5

7. もっと挑戦的であってほしい　　　　　　ちょうどよい　　　　　　もっと穏やかであってほしい
   5　　4　　3　　2　　1　　0　　1　　2　　3　　4　　5

0. 特定の目標に焦点をあててほしい　　　　ちょうどよい　　セラピー関係においてもっと私に焦点をあててほしい
   5　　4　　3　　2　　1　　0　　1　　2　　3　　4　　5

9. セラピーを進めていくプロセスについて，もっとセラピストの考えを言ってほしい					ちょうどよい					言わないでほしい
5	4	3	2	1	0	1	2	3	4	5

10. もっと，やるべき「宿題（課題）」を与えてほしい					ちょうどよい					与えないでほしい
5	4	3	2	1	0	1	2	3	4	5

11. もっと私の感情に焦点をあててほしい					ちょうどよい					もっと私の考えや状況に焦点をあててほしい
5	4	3	2	1	0	1	2	3	4	5

12. もっと私の力や能力に焦点をあててほしい					ちょうどよい					もっと私の問題や困難に焦点をあててほしい
5	4	3	2	1	0	1	2	3	4	5

13. もっと私の過去に焦点をあててほしい					ちょうどよい					もっと私の現在の生活に焦点をあててほしい
5	4	3	2	1	0	1	2	3	4	5

14. （話が逸れても）話を遮らないでほしい					ちょうどよい					（話が逸れたら）もっと遮って，集中できるようにしてほしい
5	4	3	2	1	0	1	2	3	4	5

15. 私たちの関係に焦点をもっとあててほしい					ちょうどよい					あてないでほしい
5	4	3	2	1	0	1	2	3	4	5

16. 私の信念や見方をもっと変えてほしい					ちょうどよい					変えないでほしい
5	4	3	2	1	0	1	2	3	4	5

17. もっと最近の私の問題に焦点をあててほしい					ちょうどよい					あてないでほしい
5	4	3	2	1	0	1	2	3	4	5

18. 私にとって最もよいのはセラピストが考えていることだ					ちょうどよい					私が考えていることだ
5	4	3	2	1	0	1	2	3	4	5

19. 人間としてのセラピスト自身をもっと見せてほしい					ちょうどよい					見せないでほしい
5	4	3	2	1	0	1	2	3	4	5

20. 沈黙をもっと許容してほしい					ちょうどよい					許容しないでほしい
5	4	3	2	1	0	1	2	3	4	5

付録 C

目標フォーム

　ここでは，あなた自身の言葉で，このカウンセリングで得たいことを書いてもらいます。
- あなたが援助を求めている最も重要な関心事，問題，あるいは目標を，2つ取り上げてください
- そのそれぞれが，最近（この1週間）どのくらいあなたを悩ませているでしょうか？
- そのそれぞれの目標や事柄が，あなたの人生全体の文脈の中では，どのくらい重要なものでしょうか？
- このカウンセリングによって，それぞれのことがどの程度進展していくことを期待していますか？

1つめの目標あるいは悩み

あなたの感じている最初の目標あるいは関心事について教えてください。
────────────────────────────
────────────────────────────

Q1. このことは，先週どの程度あなたを悩ませましたか？（数字に○をつけてください）

0　　1　　2　　3　　4　　5　　6　　7　　8　　9

全く悩まされなかった：　　　　　　　　　　　　　本当にひどかった：
私は，このことに関する　　　　　　　　　　　　私は，このことに関する
目標の達成に近づいている　　　　　　　　　目標の達成からは遠いところにいる

Q2. あなたの人生全体にとって，このことはどれくらい重要ですか？（数字に○をつけてください）

0　　1　　2　　3　　4　　5　　6　　7　　8　　9

全く重要でない　　　　　　　　　　　　　　　　　　とても重要である

Q3. カウンセリングを通して，このことがどの程度進展することを期待していますか？（数字に○をつけてください）

0　　1　　2　　3　　4　　5　　6　　7　　8　　9

全く期待していない　　　　　　　　　　　　　　　とても期待している

＊2つめの目標あるいは悩み＊

あなたの感じている次の目標あるいは関心事について教えてください。

_____
_____
_____

Q1．このことは，先週どの程度あなたを悩ませましたか？（数字に○をつけてください）

0　　　1　　　2　　　3　　　4　　　5　　　6　　　7　　　8　　　9

全く悩まされなかった：　　　　　　　　　　　　　　本当にひどかった：
私は，このことに関する　　　　　　　　　　　　　　私は，このことに関する
目標の達成に近づいている　　　　　　　　　　　　　目標の達成からは遠いところにいる

Q2．あなたの人生全体にとって，このことはどれくらい重要ですか？（数字に○をつけてください）

0　　　1　　　2　　　3　　　4　　　5　　　6　　　7　　　8　　　9

全く重要でない　　　　　　　　　　　　　　　　　　　　　　　　とても重要である

Q3．カウンセリングを通して，このことがどの程度進展することを期待していますか？（数字に○をつけてください）

0　　　1　　　2　　　3　　　4　　　5　　　6　　　7　　　8　　　9

全く期待していない　　　　　　　　　　　　　　　　　　　　　とても期待している

監訳者あとがき

　本書『心理臨床への多元的アプローチ——効果的なセラピーの目標・課題・方法』は，ミック・クーパーとジョン・マクレオッドの共著"Pluralistic Counselling and Psychotherapy"（London: SAGE, 2010）の全訳である。

　原著者の2人はイギリスで活躍中の，世界的にも広く知られたカウンセリングおよびサイコセラピーの研究者である。2人の著作は，日本でも『エビデンスにもとづくカウンセリング効果の研究——クライアントにとって何が最も役に立つのか』（クーパー著，清水・末武監訳，岩崎学術出版社），『臨床実践のための質的研究法入門』（マクレオッド著，谷口・原田訳，金剛出版），『物語りとしての心理療法——ナラティヴ・セラピーの魅力』（マクレオッド著，下山監訳，誠信書房）として翻訳・出版されている。クーパーとマクレオッドはこれまでに，それぞれ関連する学会や研究会の招きで来日し，私たち日本の研究者や実践家とも交流を深めている。

　パーソンセンタードセラピーや実存的セラピーの若手の旗手として，またカウンセリングにおけるエビデンスベーストの動向に新風を吹き込んでいるクーパーと，ナラティブセラピーの先導的な実践家であり臨床心理学における質的研究のリサーチャーとしても著名なマクレオッドは，この共著『心理臨床への多元的アプローチ——効果的なセラピーの目標・課題・方法』によって，カウンセリングやサイコセラピーの分野に革新的な進歩をもたらそうとしている。

　多元的アプローチの哲学的な背景にある多元論（pluralism）とは，本書によれば，本質的な事柄には妥当ではあるが相互に対立するようなさまざまな解答があり得るという立場のことであり，世界や宇宙は唯一の絶対的な真実や公理によって成り立っているとする一元論の対極にある考え方のことである。こうした思想は，古くはギリシャ哲学の中にも見出すことができるが，特に20世紀以降今日に至る現代思想の中で重要な位置を占めるようになってきたものである。本書ではウィリアム・ジェームズの多元的宇宙論から，マルティン・ブーバー，エマニュエル・レヴィナス，ミハイル・バフチンなどの哲学，そしてアイザイア・バーリンやウィリアム・コノリーらの政治哲学などを参照しつつ，多元論が現代の社会思想や政策，多様な文化や人間の理解，ヒューマンサービスなどにとって，いかに重要な観点であるかが示されている。そのうえで，カウンセリングやサイコセラピーの中で多元論的なアプローチをどのように活かすことができるのかが論じられている。クーパーとマクレオッドによれば，多元的アプローチとは，さまざまなクライアントはさまざ

な時点で，さまざまな事柄から利益を得るという考えに基づくものであり，したがってカウンセラーやセラピストは，クライアントがカウンセリングやセラピーに望むことを援助するために，クライアントに協働的にかかわる必要があるとされる。このような観点は，ともすると，クライアントがカウンセリングに求めることよりも，自分が属する特定の流派の理論や方法を優先してしまいがちな，この分野において現在も払拭されていない傾向を見直すために重要なものである。

　しかし，流派よりもクライアントのニーズを尊重するという点だけで言えば，これまでにも折衷的な，あるいは統合的なカウンセリングやサイコセラピーの動向が形成されてきた。多元的アプローチは，折衷的カウンセリングや統合的サイコセラピーとどういった点において異なり，そしてそれらをどのように乗り越えていこうとするのだろうか。その詳細については本書を熟読してもらいたいが，監訳者が注目するポイントをいくつかあげておこう。

　第1に多元的アプローチは，多元論という哲学的基盤をもっている点である。従来の折衷的あるいは統合的なアプローチには確固とした哲学的な背景が希薄で，クライアントの何をどのように理解し，どのように援助を組み立てるのかについて明確な根拠を示すことが難しかった。それゆえ，場合によっては臨床家自身がアイデンティティに混乱を感じたり，寄せ集めの理論や方法によってクライアントを援助してしまうことにもなりかねなかった。多元的アプローチでは，クライアント1人ひとりが異なる変化や前進の方向性に開かれているという哲学的な基盤のうえに立ち，多様な援助を協働的に構築していこうとする。

　第2に多元的アプローチでは，カウンセラーやセラピストがこれまでに学んできた，あるいはアイデンティティをもっている立場を必ずしも捨て去る必要はない，という点である。例えば，世界的なグローバリゼーションの潮流の中で私たちは日本人であることをすべて捨て去らなくてはならないのかといえば，政治的な多元論からは，そうでないと言える。むしろ，日本人であることの意味を深く掘り下げるほど，他文化や他民族への真摯な理解や尊重は深まるはずである。同様に多元的アプローチでは，パーソンセンタードセラピーであれ精神力動的セラピーであれ，自らが学び実践してきた立場の理論や方法を深く掘り下げつつ，同時に1人ひとりのクライアントとの協働の中で新たに必要とされる理論や方法について真摯な態度で学び，自らのエッジやウイングを広げていこうとするのである。

　そして第3に，これは本書の最大の特徴であるが，目標，課題，方法という明示的なステップによって多元的アプローチを進展させる具体的な枠組みと手続きが示されている点である。私たちは，自分のこれまでの臨床実践をこうした枠組みから見直すこともできるし，この枠組みと手続きを参考にすることで，これからの臨床実践を多元的なものに発展させていくこともできる。おそらく，多元的アプローチ

が今後カウンセリングやサイコセラピーの分野で豊かな拡がりを見せるようになるためには，本書に提示されている具体的な枠組みや手続きが多くの臨床家に共有され，臨床実践や実証的研究によって検証され，修正されていくことが何よりも重要であろう。

　日本においても本書が1人でも多くの臨床家や学習者の目にとまり，多元的アプローチについての理解や議論が深まっていくことを監訳者たちは願っている。

＊

　本書の各章の訳者は巻末に示したとおりである。臨床実践や研究の最前線で活躍している訳者の方たちの力で本訳書が完成できた。各訳者に感謝したい。ただし，最終的な訳語の統一や文章表記については監訳者がその作業を行った。訳文の最終的な責任は監訳者にあることを記しておく。例えば，多元的（pluralistic）アプローチについては，正確を期すならば多元論的（あるいは多元主義的）アプローチとの訳語をあてるべきかもしれないが，ジェームズの多元的宇宙という訳語の流布などを参考にして，多元的という訳語で統一した。また，原著者のひとりMcLeodの日本語表記については，英語の発音に近いマクラウドの方がよいのではないかとの提案も訳者の中からあったが，すでに数冊の訳書がマクレオッドの表記で出版されていることから，本書もそれにならった。さらにこの間，アメリカ精神医学会のDSMが第5版に改訂され，精神疾患名について新たな訳語が用いられるようになった。本書ではDSM-5の日本語表記を参考にし，例えばOCDには強迫症／強迫性障害，LDには学習症／学習障害との訳語をあてた。

　なお，監訳の補助や訳語の統一作業については，法政大学大学院臨床心理学専攻の大学院生の協力を得た。永野美涼，笹有希，田邊夏実，中川文香，埣友之，梶原亜美，佐藤愛子，阿相周一の各院生である。紙面を借りて感謝したい。

　最後に，本書の企画から完成までお力添えをいただいた岩崎学術出版社の布施谷友美氏と長谷川純氏に心よりお礼申し上げる。

2014年11月

監訳者　末武康弘・清水幹夫

索　引

あ行

あがり症　131
アクセプタンス＆コミットメントセラピー（ACT）　42, 187
アサーティブネス　100, 114
新しい経験の創造　137
アップルビィ（Louis Appleby）　45
アメリカ心理学会（American Psychological Association）　38, 166, 175
イギリス消費者協会（Consumer Association）　168
生きることにおける問題　31
意識されていない目標　92
一元論（monism）　10, 20, 50, 225, 226, 228
イデオロギー的な冷戦（ideological cold war）　4
意味づけの作業　69
医療的ケア　45
ウィキ・ノレッジ（wiki-knowledge）　52
ウェルビーイング　26, 29
鬱同盟（Depression Alliance）　229
鬱病／大鬱病性障害　86
英国カウンセリング・サイコセラピー学会（BACP: British Association for Counseling and Psychotherapy）　1, 165
英国国立医療技術評価機構（NICE）　166, 216
エバンス（Chris Evans）　75
エビデンスに基づく臨床実践　2
エリオット（Robert Elliott）　104

援助的な関与　57
オニール（Patrick O'Neill）　156

か行

ガーゲン（Kenneth Gergen）　228
外在化　33
解釈学的シングルケース効力デザイン　180
回避の目標　93
会話　134
果敢なクライアント　201
学習症／学習障害　47
確認　59
学派主義　3, 4, 5, 12, 218, 224, 226, 230
カストンギー（Louis Castonguay）　175
課題（tasks）　17, 116, 118, 119, 194
語ることによる治癒　80
価値の多元論　21, 22
眼球運動による脱感作と再処理（EMDR）　139
関係における自律　46
関係レパートリー　76, 77
患者画一性神話　170
感受力のある概念　97
感情解放テクニック　139
感情焦点化セラピー　119, 132, 138, 206
キースラー（Donald Kiesler）　65, 174
機会　160, 161
技法的な折衷主義　7, 12
逆転移　92
共感的反射　134
共通要因アプローチ　7
協働性　79, 80
協働的な形式　70, 71
協働的なスタンス　38

協働的な治療同盟　26
強迫症／強迫性障害　30, 215
クーン（Thomas Kuhn）　6
クライアントがもっている強みの活用　138
クライアントの活動　15, 17, 130, 148, 173, 175, 177
クライアントの従順　74
クライアントの信念　35
クライアントの目標　86
グリーンバーグ（Les Greenberg）　119
クレパス‐ケイ（David Crepaz-Keay）　24
ケアリー（Tim Carey）　214
芸術療法　2
継続的専門職能力開発（CPD）　190, 210, 211
ケースフォーミュレーション　126, 136
ゲシュタルトセラピー　2, 132, 138
結果をモニターすること　62
原理主義的多元論　225
構造化された問題解決　136
呼吸法　177
心地よい領域　204
個人的な知　149
古典的／フロイト派精神分析　2
コノリー（William Connolly）　6, 20, 224, 226, 230
混合主義（syncretism）　13

さ行

サース（Thomas Szasz）　31
サービス提供　213
最適基準　181
催眠療法　2
サバト（Steven Sabat）　186
サポート性　76
さらなる下位目標（sub-sub-goals）　90, 91
サルトル（Jean-Paul Satre）　26
ジェームズ（William James）　4, 5, 21

自己一致　39, 140
自殺　123, 144
指示性　76
システマティック・ケーススタディ　182
実証的研究の情報に基づく（research-informed）　189
質問　177
社会的アイデンティティ理論　5
社会的ケア　47
社会不安症／社会不安障害　87
修正感情体験　137
宿題　79, 132, 152
主体者であるクライアント　84
主題分析のためのスコアリング法　177
シュミット（Peter Schmid）　55
上位価値　21, 22
上位プロセス　38
上位要素　10, 29
ジョーム（Anthony Jorm）　146
助言　177
ジョンストン（David Jonston）　74
人生の目標　15, 86, 91, 113, 118
心理学的基盤　27
心理的セラピーへのアクセス向上プログラム（Improving Access to Psychological Therapies programme）　2, 44
スーパービジョン　191, 192, 193
スコットランド鬱同盟（Depression Alliance Scotland）　47
精神力動的セラピー　2, 32, 43
セイックラ（Jaakko Seikkula）　55, 56
生命体的な価値づけの過程　114
セカンダリーケア　32
接近の目標　93
セラピー的（な）瞬間　204, 205
セラピーの基本原則　175
セラピーの目標　15, 91, 118
セラピーパーソナライゼーションフォーム（Therapy Personalisation Form（TPF））　74, 77, 162, 227

索　引　267

セラピストの活動　　15, 17, 130, 131, 177
セラピストの柔軟性についての一仮説
　　188
全英サイコセラピー協会（UKCP: UK
　　Council for Psychotherapy）　　1
全英メンタルヘルス財団（UK Mental
　　Health Foundation）　　24
選好　　33, 35, 36
漸進的筋弛緩法　　178
漸進的な分化　　111
先入期待　　33, 35
全般不安症／全般性不安障害　　65, 86,
　　171
専門主義（specialisms）　　12
相互的なやり取り　　53
ソーシャルスキルトレーニング　　161
ソクラテスの問答法　　135

た行

第3世代認知行動療法　　187
第3のスペース　　74
対話的ツール　　183
多元的アプローチ　　8, 19
多元的トレーニング　　199
多元的な観点（pluralistic perspective）
　　11, 12, 16
多元的な臨床実践（pluralistic practice）
　　11, 17
多元的な枠組み　　12, 13, 14
多元論（pluralism）　　10, 16, 225, 226, 228
　　──的哲学　　19
他者性　　21, 218, 226
多重性　　20
多文化理論　　27
多様性　　20
多様な声　　56
段階的ケア　　215
ダンカン（Barry Duncan）　　24
治療同盟　　39, 183
　　──の悪化　　43, 107, 214
提案　　177

デービス（Fabian Davis）　　153
適性処遇交互作用　　32
デブリーフィング　　223
デリダ（Jacques Derrida）　　20
転移　　92
転移（の）解釈　　39, 43, 171
統合的セラピー　　2, 41
ドードー鳥　　31, 32
トールマン（Karen Tallman）　　24
突然の進展　　161
トレーニング　　197, 198

な行

内在化　　33
ニューホライズンズプログラム　　45
認知行動療法　　2, 42, 135, 136, 137
認知的不協和　　5
能動的な当事者　　13, 83

は行

パーソナライゼーション　　47
　　──・アジェンダ　　44
パーソナル質問紙（Personal
　　Questionnaire）　　87
パーソンセンタード・プランニング　　47
パーソンセンタードセラピー　　2, 25, 88,
　　113, 224
バーリン（Isaiah Berlin）　　20, 21
ハイクナー（Richard Hycner）　　55
曝露法　　137, 157, 173
バフチン（Mikhail Bakhtin）　　56
ビジュアライゼーション法　　177
ビッグアウトカム（Big Oc）　　174
人をはじめにおくこと（Putting People
　　First）　　47
ビュートラー（Larry Beutler）　　175
標準的多元論　　225
不安症／不安障害　　37, 176
フィードバックの文化　　70, 162, 182, 183,
　　202
ブーバー（Martin Buber）　　23, 54, 55

夫婦セラピー　42
フェルトセンス　22, 73, 172
フォーサイス（Nicky Forsythe）　14
父権主義的な立場　89
2つの椅子を使った方法　132
物質使用障害　86
プライマリーケア　32, 34, 215
ブラウン（Gordon Brown）　45
プラグマティズム　20, 21
ブランドの争い（battle of the brands）　4
フリードマン（Maurice Friedman）　54
振り返り　59
フレア（Elizabeth Freire）　220
文化的な資源　143, 145
ヘルスケア　45
方法（methods）　17, 130, 194
　──の密度　162
ボーエン（Maria Bowens）　74
北米サイコセラピーリサーチ協会（North American Society for Psychotherapy Research）　175
ポスト構造主義　20
ポストモダニズム　20, 201
ボハート（Art Bohart）　24

ま行

マクレナン（Gregor McLennan）　228
マルチモード・ライフヒストリー・インヴェントリー（Multimodal Life Inventory）　74
マルチモードセラピー（multimodal therapy）　7, 136, 224
無条件の肯定的配慮　26, 39, 140
メァーンズ（Dave Mearns）　149
メタコミュニケーション　65, 67, 68, 69, 71, 72, 202, 219, 227
メンタルヘルス財団（Mental Health Foundation）　229
メンテナンス（の）課題　122
目標（goals）　17, 82, 193
　──の地平線　96, 97
　──の分化のプロセス　111
目標合意と協働　38, 39
目標達成の評定　94
問題マネジメントアプローチ（problem management approach）　8

や行

薬理／薬物療法　2
融合的な統合　7

ら行

ライフスペース・マップ　183
ラザラス（Arnold Lazarus）　7, 72, 159
乱雑な宇宙（messy universe）　5, 20
ランバート（Michael Lambert）　40
リカバリー　46
リトル（Brian Little）　86
リトルアウトカムズ（Little Os）　175
リフレクティング・チーム　64, 71
リラクセーション法　178
理論的な統合　7
レヴィット（Heidi Levitt）　176
レヴィナス（Emmanuel Levinas）　23
レニー（David Rennie）　65, 67
ロジャーズ（Brian Rodgers）　183
ロジャーズ（Carl Rogers）　25, 30, 55, 170, 176, 185
ロック（Edwin Locke）　97

わ行

ワムポルド（Bruce Wampold）　40
われと汝　23, 54
ワーデン（William Worden）　119

アルファベット

BDI-II　101
CORE-OM　64, 101
GAD-7　65

IAPT 64
MIND 47, 229
MYMOP 104
ORS 64
PHQ-9 64

PSYCHLOPS 104
Simplified Personal Questionnaire
  Procedure 104
Strengths and Difficulties Questionnaire 65

著者略歴
ミック・クーパー（Mick Cooper）
　ロンドンの Roehampton 大学のカウンセリング心理学教授（本書執筆時は，スコットランドの Strathclyde 大学教授）。パーソンセンタード，体験的，実存的，関係的セラピーの領域において国際的に注目されている気鋭の研究者である。著書に『エビデンスにもとづくカウンセリング効果の研究』（岩崎学術出版社）などがある。

ジョン・マクレオッド（John McLeod）
　スコットランドの Abertay 大学名誉教授（本書執筆時は，Abertay 大学のカウンセリング心理学教授）。ナラティブセラピー，質的研究の方法論，カウンセラートレーニングの分野で国際的に著名な研究者である。著書に『臨床実践のための質的研究法入門』（金剛出版），『物語りとしての心理療法』（誠信書房）などがある。

監訳者略歴
末武康弘（すえたけ　やすひろ）：監訳，序文，謝辞，第1章担当
1959年　長崎県に生まれる
1989年　筑波大学大学院博士課程教育学研究科満期退学
1989年　女子美術大学芸術学部専任講師，1991年助教授
1992年　明治学院大学文学部専任講師，1993年助教授
1996年　法政大学文学部助教授
2001年　法政大学現代福祉学部助教授
現　在　法政大学現代福祉学部臨床心理学科・大学院人間社会研究科教授，博士（学術）
著　書　『ロジャーズを読む（改訂版）』（共著，岩崎学術出版社，2006年），『（新版）産業カウンセリング　事例に学ぶ』（共著，日本産業カウンセラー協会，2007年），『フォーカシングの原点と臨床的展開』（共著，岩崎学術出版社，2009年），『ジェンドリン哲学入門』（共編著，コスモス・ライブラリー，2009年）
訳　書　『ロジャーズ主要著作集1 カウンセリングと心理療法』（共訳，岩崎学術出版社，2005年），『「グロリアと三人のセラピスト」とともに生きて』（監修，コスモス・ライブラリー，2013年）

清水幹夫（しみず　みきお）：監訳，第9章担当
1944年　東京都に生まれる
1974年　青山学院大学大学院文学研究科心理学専攻修了
1975年　東京農業大学農学部講師，1985年助教授
1996年　千葉大学教育学部教授
2002年　法政大学現代福祉学部教授
現　在　法政大学名誉教授
著　書　『カウンセリングプロセスハンドブック』（分担執筆，金子書房，2004年），『エンカウンター・グループと国際交流』（分担執筆，ナカニシヤ出版，2005年），『人生にいかすカウンセリング』（分担執筆，有斐閣，2011年）
訳　書　『パーソンセンタード・アプローチの最前線』（共訳，コスモス・ライブラリー，2007年），『エビデンスにもとづくカウンセリング効果の研究』（監訳，岩崎学術出版社，2012年）

訳者略歴
高瀬健一（たかせ　けんいち）：第2章担当
1975年　東京都に生まれる
2006年　法政大学大学院人間社会研究科臨床心理学専攻修士課程修了
2006年　水府会カウンセリングセンター心理士，城西大学経営学部非常勤講師
現　在　職場の心理臨床に携わる

著　書　『わかりやすい臨床心理学入門』（共著，福村出版，2009年），『フォーカシングはみんなのもの』（共編著，創元社，2013年）

野中貴美子（のなか　きみこ）：第3章，付録担当
1988年　東京都に生まれる
2013年　法政大学大学院人間社会研究科臨床心理学専攻修士課程修了
現　在　臨床心理士として就学相談員，特別支援アドバイザー等の活動に従事（主な所属先：東京都港区教育委員会）

宮田はる子（みやた　はるこ）：第4章担当
　　　　東京都に生まれる
　　　　英国で大学院修士課程修了，カウンセリング修士
現　在　臨床心理士，産業カウンセラーとして学校や病院，企業などで臨床活動に従事

金築　優（かねつき　まさる）：第5章担当
1977年　和歌山県に生まれる
2007年　早稲田大学大学院人間科学研究科博士後期課程単位取得退学
2007年　早稲田大学人間科学学術院助手
2010年　帝京平成大学健康メディカル学部臨床心理学科講師
現　在　法政大学現代福祉学部臨床心理学科・大学院人間社会研究科准教授，博士（人間科学）
著　書　「大学生の心配に対するメタ認知に焦点を当てた認知行動的介入の効果」（感情心理学研究，2010年）

酒井茂樹（さかい　しげき）：第6章担当
1976年　東京都に生まれる
2005年　東京成徳大学大学院心理学研究科臨床心理学専攻修士課程修了
2006年　社会福祉法人むつみ会母子生活支援施設むつみ荘心理士
現　在　法政大学大学院人間社会研究科人間福祉専攻博士後期課程在学，臨床心理士，フォーカシング・インスティテュート認定フォーカシング・トレーナーとして活動
訳　書　『パーソンセンタード・アプローチの最前線』（共訳，コスモス・ライブラリー，2007年），『解決指向フォーカシング療法』（共訳，金剛出版，2009年）

田代千夏（たしろ　ちなつ）：第7章担当
1983年　熊本県に生まれる
2006年　特別支援を必要する若年者のためのシュタイナースクールにてサポートワーカー
2008年　Cardonald College 学生相談室カウンセラー
2011年　University of Strathclyde, MSc in Counselling 修了
2013年　英国グラスゴーのクリニックにて心理カウンセラー・ボディワークセラピスト
現　在　関西の私設カウンセリングルーム所属の心理カウンセラーとして活動
訳　書　『エビデンスにもとづくカウンセリング効果の研究』（共訳，岩崎学術出版社，2012年）

大迫久美恵（おおさこ　くみえ）：第8章担当
　　　　愛知県に生まれる
1990年　愛知大学文学部哲学科卒業，社会科教師として高等学校に勤める
2006年　大正大学人間学研究科臨床心理学専攻博士前期課程修了
　　　　精神科クリニック，教育相談室，東京成徳大学大学院心理教育相談センター非常勤所員兼非常勤講師，神奈川大学心理相談センター非常勤相談員など勤務
現　在　法政大学大学院人間社会研究科人間福祉専攻博士後期課程在学，新宿南クリニック臨床心理士，東京都スクールカウンセラー，フォーカシング・インスティテュート認定フォーカシング・トレーナー，フォーカシング指向心理療法士として活動

心理臨床への多元的アプローチ
―効果的なセラピーの目標・課題・方法―
ISBN978-4-7533-1092-0

監訳者
末武 康弘
清水 幹夫

2015年7月4日 第1刷発行

印刷 新協印刷(株) ／ 製本 (株)若林製本工場

発行所 (株)岩崎学術出版社 〒112-0005 東京都文京区水道 1-9-2
発行者 村上 学
電話 03(5805)6623 FAX 03(3816)5123
©2015 岩崎学術出版社
乱丁・落丁本はおとりかえいたします 検印省略

エビデンスにもとづくカウンセリング効果の研究
M・クーパー著　清水幹夫・末武康弘 監訳
クライアントにとって何が最も役に立つのか　　　　　本体3600円

フォーカシングの原点と臨床的展開
諸富祥彦編著　伊藤研一・吉良安之・末武康弘・近田輝行・村里忠之著
第一人者たちが論じる哲学的原点とその臨床　　　　本体3800円

改訂 ロジャーズを読む
久能徹・末武康弘・保坂亨・諸富祥彦著
新訳に合わせ，待望の改訂版　　　　　　　　　　　本体3400円

カウンセリングと心理療法──実践のための新しい概念
C・R・ロジャーズ著　末武康弘・保坂亨・諸富祥彦共訳
ロジャーズ主要著作集・1　　　　　　　　　　　　本体7000円

クライアント中心療法
C・R・ロジャーズ著　保坂亨・諸富祥彦・末武康弘共訳
ロジャーズ主要著作集・2　　　　　　　　　　　　本体6300円

ロジャーズが語る自己実現の道
C・R・ロジャーズ著　諸富祥彦・末武康弘・保坂亨共訳
ロジャーズ主要著作集・3　　　　　　　　　　　　本体6200円

カウンセリング実践の土台づくり──学び始めた人に伝えたい心得・勘どころ・工夫
吉良安之著
臨床家としてのぶれない基盤を固めるために　　　　本体2500円

セラピスト・フォーカシング──臨床体験を吟味し心理療法に活かす
吉良安之著
第一人者が紹介するフォーカシングの新展開　　　　本体2500円

癒しと成長の表現アートセラピー
小野京子著
楽しく学べる総合的なアートセラピーの格好の入門書　本体2500円

この本体価格に消費税が加算されます。定価は変わることがあります。